U0526276

国家社会科学基金"十三五"规划2017年度教育学一般项目"大学行政权力清单制度研究"（批准号：BIA170185）的前期成果

中南民族大学中央高校基本科研业务费后期资助项目"大学行政权力合法性研究"（批准号：CSH18009）的最终成果

中国大学行政权力
合法性研究

李从浩 著

Zhongguo Daxue Xingzheng Quanli Hefaxing Yanjiu

中国社会科学出版社

图书在版编目(CIP)数据

中国大学行政权力合法性研究/李从浩著.—北京：中国社会科学出版社，2018.12

ISBN 978-7-5203-3599-7

Ⅰ.①中… Ⅱ.①李… Ⅲ.①高等学校—学校行政—研究—中国 Ⅳ.①G647.2

中国版本图书馆 CIP 数据核字（2018）第 263051 号

出 版 人	赵剑英
责任编辑	田　文
责任校对	张爱华
责任印制	王　超

出　　版	中国社会科学出版社
社　　址	北京鼓楼西大街甲 158 号
邮　　编	100720
网　　址	http://www.csspw.cn
发 行 部	010-84083685
门 市 部	010-84029450
经　　销	新华书店及其他书店
印　　刷	北京明恒达印务有限公司
装　　订	廊坊市广阳区广增装订厂
版　　次	2018 年 12 月第 1 版
印　　次	2018 年 12 月第 1 次印刷
开　　本	710×1000　1/16
印　　张	15.5
字　　数	231 千字
定　　价	66.00 元

凡购买中国社会科学出版社图书，如有质量问题请与本社营销中心联系调换
电话：010-84083683
版权所有　侵权必究

序　　言

近年来，随着全面深化改革和依法治国的深入推进，中国高等教育改革如火如荼。从党的十八大以来的全面深化改革、全面依法治国的战略部署和《国家中长期教育改革和发展规划纲要（2010—2020年）》的颁布，从《关于进一步落实和扩大高校办学自主权　完善高校内部治理结构的意见》《关于深入推进教育管办评分离促进政府职能转变的若干意见》的出台到大学章程制定、《高等学校学术委员会规程》等具体管理规定的实行，大学内部治理结构日益引起学术界、教育主管部门甚至国家层面的关注，而作为完善内部治理结构重要组成部分的大学权力配置则成为各方关注的重要内容，特别是在中国大学"行政权力泛化"的背景下，"高校去行政化"和"扩大高校办学自主权"俨然成为全民热议的话题。"取消实际存在的行政级别和行政化管理模式"[①]成为必然选择，但理想和现实总是存在一定差距。大学行政权力在学术层面上以"任尔东南西北风"的姿态沉默而坚韧地面对批评的声浪，在实践层面上以"国情和历史文化传统不同"构成自身的遁词防线依然我行我素。大学行政权力在大学从"学术共同体"演变成"学术—行政共同体"的过程中是如何产生的？它是否和学术权力一样享有在大学组织中不证自明的"先验"合法性？中国大学行政权力与西方大学行政权力是否存在差别？中国大学行政权力是否具有合法性基础？中国大学究竟能否"去行政化"？理论与

[①] 《国家中长期教育改革和发展规划纲要（2010—2020年）》（http：//www.moe.gov.cn/srcsite/A01/s7048/201007/t20100729_171904.html）［2014-05-15］。

现实背离的缘由值得深思。

中国大学正处在大发展和大改革的时期。大学规模急剧膨胀,校园建设方兴未艾,科研经费逐年攀升,学科专业与日俱增,行政管理推陈出新。但是,在这一片繁荣之下,大学却屡遭社会诟病,从大学理念的缺失到管理的官僚化,批评之声不绝于耳。韩水法先生认为,中国从最高教育行政机关到大学都在一个官僚层级的体系之中,一元化的行政权力贯通整个体系。"这个体系所代表的是一种强大的力量,任何一个个人,即便是一位大学校长,想要孤身一人与他对抗,远不止是困难的,几乎是不可能的。"而这个体系决定了"中国大学的基本状态和发展前景,决定了中国大学的教学和学术生态环境,从而决定了整个中国学术界的学术道德状态。"[①] 在目前政府干预过多、大学缺乏自主权、学术权力和行政权力还没有形成自发平衡的状况下大学行政权力必然遭遇合法性危机。客观还原大学行政权力,真实建构大学行政权力的合法性基础,不仅能够把对大学行政权力的批评引入深层次的思考,也许能够部分回答"为何世上已无蔡元培"的问题。

众所周知,随着大学的产生和发展,大学行政权力与学术权力作为大学内部的两种基本权力随之产生,并随着大学的演变而演变,二者关系在大学发展的不同时期、不同国家,形成了不同的运行模式。总的来看,随着大学的发展,大学内部出现了学术事务与行政事务的分野,为处理好这两类事务,学术权力与行政权力应运而生。从20世纪开始,随着大学从"社会边缘"走向"社会中心",从"象牙塔"走向"动力站",大学开始发挥着越来越重要的作用。同时,社会对大学的需要也越来越多,政府对大学的管制也越来越强,随之大学行政权力在大学发展中也日益起着重要作用。此后,大学如何协调学术权力与行政权力的矛盾就成为其发展的关键问题。

在当前大学学术权力和行政权力冲突的整体氛围中,教师倾向于把行政人员看作专横、专权和短视的官僚,而行政人员则会把教师视

---

① 韩水法:《世上已无蔡元培》,《读书》2005年第4期,第3—12页。

作不谙实际、自我宽容、对标准和程序漫不经心的人。在教师看来，大学的资源危机、价值危机、制度危机、质量危机和公信危机等，都是由于大学中行政权力恶性膨胀和学术权力不断被挤压的结果，而行政管理者成为大学的雇主，教师沦为大学的雇员，大学日益成为一个官僚化的机构。行政管理者则正好相反，把大学存在的诸多问题大部分地归咎于教师，认为教师构成大学改革的障碍，教师以学术自由的名义妨碍改革。大学内两类主要群体的冲突实质上是两种不同的权力冲突，不管它们是否处于对等和对立的地位，我们都必须正视它、认识它和化解它，否则大学的冲突和由此带来的危机会日趋严重。

笔者在高校工作，在实践中对高校权力运行有些许认识，期间发现几个有趣而又值得思考的问题：一是在大学客观存在学术权力和行政权力的情况下，二者的关系更多的是"冲突论"，缺少和谐视角，这是客观事实还是观察事物的不同视角带来的误读？二是学术权力在大学组织中的合法性似乎是不证自明的"先验"，而行政权力似乎是面目可憎的"闯入者"，本是"仆从"突变"主人"，"耀武扬威"之余从不问自己"出身"和存在的合法性。难道行政权力也享有在大学"先验性"的合法存在？三是连篇累牍地对大学行政权力的强势及行政权力对学术权力的入侵进行讨伐时却很少听到行政权力行使者的申辩，即使有也只寥寥数语，大都淹没在张扬学术权力呼声的洪流中。他们为什么会"不在场"和"失声"？是批评得对还是另有苦衷？四是面对学界和理论界铺天盖地的批评声，实践中的行政权力依然我行我素，大学"去行政化"究竟路在何方？

基于以上发问，本书希望在学界普遍泛化研究大学权力的背景下，聚焦大学行政权力的合法合规行使；在大学行政权力备受诟病的背景下，为大学行政权力建立制度和合法性基础；在大学行政权力"自说自话"的背景下，构建我国大学行政权力的话语体系；在"去行政化"甚嚣尘上，而大学行政权力依然故我的背景下，为大学行政权力的合法行使开列清单。

希望通过本书，进一步深化对大学行政权力的历史认识。马克思主义历史观认为，人类的社会和历史都是连续不断的发展进程，从没有哪一个时代能够超脱于连续性的社会历史之外。因此,任何组织的出现都必然有着深刻的历史前提和具体的社会环境,而"历史的叙述帮助我们触及基础,接触系统的基本特性以及它们的原因和后果。历史成为与变革和稳定有关系的事情,特别是那种不被人承认和未见到的事情"①。大学行政权力在大学的目前发展和运行中占据强势地位是不争事实,但这种强势并不是先天存在的,它经历了一个历史演变的过程。历史的研究就是要帮助理解当下:为什么大学行政权力是目前的样态?它是如何发展成目前的样态的?大学发展的历史也许可以帮助我们了解大学行政权力如何从无到有,从弱到强。对大学历史的考察和中国大学权力产生的历史过程的梳理,有助于我们客观认识和理解目前大学权力冲突和行政权力的现状。

同时,希望通过本研究廓清大学行政权力合法性基础,为大学行政权力提供学理支撑。学术权力(早期大学主要是学者权力)伴随着大学的产生而产生,它的存在和合法性是大学存在和发展的逻辑起点,这是不证自明的公设。尽管行政权力难以享有与学术权力同等的"先验合法性",但它的产生既是大学自身发展的结果,也是社会发展对大学提出的要求。内因与外因的共同作用让行政权力在大学中获得了合法性。究竟是哪些因素决定着它的合法性又是如何影响它的合法性?从纷繁复杂的现实镜像中梳理出关键因素,有助于我们透过表象看到本质,为行政权力在大学的合法存在提供学理解释。

此外,希望为行政权力合法行使和合法性的构建提供思维转向。我们都知道,同一术语或同一概念,在不同语境下往往表示的是不同的东西。目前学界除了少数学者认为大学学术权力与行政权力的对立是逻辑上不存在的假问题②或者是认为学术权力与行政权力并非对称

---

① [美]伯顿·R.克拉克:《高等教育新论——多学科的研究》,王承绪、徐辉、郑继伟等译,浙江教育出版社2001年版,第8页。
② 周光礼:《问题重估与理论重构——大学"学术权力"与"行政权力"二元对立质疑》,《现代大学教育》2004年第4期,第31—35页。

概念①外，大部分都认为学术权力和行政权力是二元对立的概念。这种权力二分在学界的盛行不仅容易将研究导向二元冲突的境地，事实上也很难对大学现状以及大学的权力运行现状作出合理的解释。说"应该怎样"相对比较容易，而解释"为什么不是这样"似乎就比较困难了。既然行政权力在大学的存在和发挥作用是不争的事实，那么如何让它在特定空间和场景中针对特定目的与任务合法行使，也许更能破解知易行难的困局。本研究并非为行政权力的现状辩护，价值无涉也不是本文的初衷，"各安其位"亦只能是理想状态。大学的学术自由仅仅通过批评来捍卫肯定不够，呼吁政府为学术发展让渡更多权力也只是一家之言，有时甚至是一厢情愿。毕竟，在一个不对称的权力结构中希望强势一方更多地退让未必可能。但我们在理性分析的基础上，客观地告诉行政权力：你有你的合法存在，更有你合法行使的领域和程序，请勿越权，这不失为一种更加实际的做法。同时通过学者群体社会地位和社会威望的提升等带来的学者力量的增强也可变相削弱行政权力的力量，在一增一减中二者达成新的平衡，这也许是更好也更可能的"各安其位"。若以上皆是理想状态和学者的一厢情愿，那顺应时代大势为行政权力建立清单制度，把"权力关进制度的笼子"也不失为一种更可行的办法。

本人深知，在大学行政权力似乎成为"过街老鼠"的当下，为行政权力"鼓与呼"，甚至是构建其合法性基础，是一件冒险的工作。在人人喊打过街老鼠，而不少人似乎更愿意成为那只老鼠的当下，为大学行政权力合法行使提出对策建议，更是一件冒险的工作。但我们穿过历史的迷雾可以看到，从蒙昧的黑暗时代到如今的信息社会，从茕茕独处的中世纪大学到开枝散叶的现代高校，从遗世独立的"象牙塔"到无限贴近社会的"动力站"，尽管大学在千年时空中早已从低调朴素的社会边缘华丽走向万众瞩目的社会中心，但大学变幻的只是容颜，核心理念和基本精神依然故我，而依附大学而存的大学行政权

---

① 胡四能：《学术权力与行政权力并非对称的概念——对学术权力与行政权力二分法的质疑》，《大学教育科学》2007年第1期，第46—49页。

力也随着大学的发展经历了从无到有、从弱到强的华丽转身。既然大学穿越时空之后依然是大学，大学行政权力伴随着大学的时空穿越是面目全非？还是一如大学般容颜变幻后还有自身？诸多困惑和问题值得冒此险求教方家。

李从浩

2018年3月于武汉南湖畔

目　　录

第一章　绪论 …………………………………………………………（1）
　第一节　对象何为：大学行政权力合法性研究的几个
　　　　　关键概念 ……………………………………………（1）
　　一　学术权力 ……………………………………………………（1）
　　二　行政权力 ……………………………………………………（3）
　　三　合法性 ………………………………………………………（4）
　　四　大学行政权力的合法性 ……………………………………（5）
　第二节　历史足迹：大学行政权力研究的回顾与反思 ………（6）
　　一　关于大学权力的研究 ………………………………………（7）
　　二　关于大学去行政化的研究 …………………………………（17）
　　三　关于大学行政权力的研究 …………………………………（26）
　第三节　视域视角：观察大学行政权力的聚光灯 ……………（31）
　　一　马克思主义唯物史观 ………………………………………（32）
　　二　权力合法性理论 ……………………………………………（35）
　　三　理想类型法 …………………………………………………（44）

第二章　权力的独特
　　　　——大学行政权力的来源与特点 ……………………（50）
　第一节　大学行政权力的来源：让渡和授权 …………………（50）
　　一　大学诞生的时代背景：分裂与分散 ………………………（50）
　　二　大学权力的来源：行会和人才 ……………………………（53）
　　三　大学行政权力的来源：学者让渡和政府授权 ……………（56）

第二节　大学行政权力的特点 ……………………………（61）
一　大学组织的公法人化 ………………………………（61）
二　大学组织的公权力 …………………………………（65）
三　大学组织的私权利 …………………………………（68）
四　政治、学术与行政 ……………………………………（70）

第三章　权力的合法
——大学行政权力的合法性基础与危机 ………………（76）
第一节　大学行政权力的合法性基础 ……………………（78）
一　公共责任 ……………………………………………（78）
二　政治合法 ……………………………………………（82）
三　科层管理 ……………………………………………（85）
四　资源依赖 ……………………………………………（88）
第二节　大学行政权力的合法性危机 ……………………（93）
一　文化认同危机 ………………………………………（93）
二　组织认同危机 ………………………………………（98）
三　程序认同危机 ………………………………………（99）

第四章　权力的寻踪
——中国大学行政权力的发展历程 ……………………（101）
第一节　清末时期的大学权力 ……………………………（102）
一　大学产生背景与制度依据 …………………………（102）
二　制度依据下的组织结构 ……………………………（103）
三　组织结构中的权力关系 ……………………………（106）
第二节　民国时期的大学权力 ……………………………（109）
一　社会背景与制度依据 ………………………………（109）
二　制度依据下的组织结构 ……………………………（114）
三　组织结构中的权力关系 ……………………………（118）
第三节　国民政府时期的大学权力 ………………………（119）
一　历史背景与制度依据 ………………………………（119）

二　制度依据下的组织结构 …………………………… (126)
　　三　组织结构中的权力关系 …………………………… (130)
第四节　中华人民共和国成立以来的大学权力 ……………… (132)
　　一　社会背景与制度依据 ……………………………… (132)
　　二　制度依据下的组织结构 …………………………… (137)
　　三　组织结构中的权力关系 …………………………… (142)
第五节　影响中国大学权力的主要因素 ……………………… (145)
　　一　政府主导大学发展 ………………………………… (146)
　　二　文化取向比较功利 ………………………………… (148)
　　三　自治传统相对缺乏 ………………………………… (150)
　　四　法治环境有待完善 ………………………………… (154)

第五章　权力的土壤
　　——中国大学行政权力的合法性基础与危机 …………… (159)
第一节　大学行政权力的中国语境 …………………………… (159)
　　一　中国大学行政权力的澄明 ………………………… (160)
　　二　中国语境下的大学行政权力范畴 ………………… (162)
第二节　中国大学行政权力的合法性基础 …………………… (164)
　　一　国家主导 …………………………………………… (164)
　　二　政党领导 …………………………………………… (166)
第三节　中国大学行政权力的合法性危机 …………………… (168)
　　一　行政权力过度强化 ………………………………… (168)
　　二　科层管理功能失调 ………………………………… (170)
　　三　资源分配过度依赖 ………………………………… (171)

第六章　权力的行使
　　——中国大学行政权力的合法治理 ……………………… (182)
第一节　自我改造与清醒认识 ………………………………… (182)
　　一　中国大学的公法人改造 …………………………… (182)
　　二　客观认识大学科层管理 …………………………… (185)

第二节　恪守合法性基础 ·· (189)
　　一　承认中国大学行政权力的合理存在 ······················· (189)
　　二　大学行政权力行使要实质和形式合法 ···················· (190)
第三节　依赖消除与应对 ·· (193)
　　一　依赖消除 ··· (193)
　　二　大学的顺从与应对 ··· (195)
第四节　保持张力平衡 ··· (197)
　　一　政府与大学的张力平衡 ······································· (198)
　　二　张力平衡中的合法性再造 ···································· (200)
　　三　学术权力纠偏基础上的张力平衡 ··························· (205)
第五节　实行大学行政权力清单制度 ································· (206)
　　一　何以可能：逻辑与依据 ······································· (207)
　　二　关键问题：界边和章程 ······································· (211)

参考文献 ··· (216)

后　记 ··· (233)

第一章 绪论

第一节 对象何为：大学行政权力合法性研究的几个关键概念

大学行政权力的合法性是本研究的核心概念，对该概念的把握怎么也绕不开学术权力、行政权力和合法性等关键词，而这几个概念又是众说纷纭、莫衷一是。

一 学术权力

国外研究没有在概念的辨析上下功夫。伯顿·克拉克在《学术权力——七国高等教育管理体制比较》中提出了个人统治（教授统治）、集团统治（教授统治）、行会权力、专业权力、魅力权威、董事权力、官僚权力（院校权力）、官僚权力（政府权力）、政治权力、学术寡头权力十种权力。他把从高等教育管理最上层的政府权力、政治权力到最下层的大学的系或讲座享有的权力都叫学术权力。在《高等教育系统——学术组织的跨国研究》中将学术权力归为扎根于学科的权力、院校权力、系统权力、感召力四类。这种学术权力基本上指的是整个高等教育系统中存在的各种权力。他在《学术权力——七国高等教育管理体制比较》导论中清楚地说明："它集中研究经典社会学的核心主题——权力，并在特定的机构背景——高等教育中研究权力"。并且认为，"下面提出的10种权力概念对某一具体问题可能非常适用，也可能基本适用或者大致适用，或者完全适用，不管怎样，这些概念为分析人员提供了一些研究问题的出发点"①。

国内学者一般认为的学术权力的范畴比国外的要小,主要是指高校内部或学术组织和学术行会的权力,实际上与国外的个人统治权力、集团统治权力、行会权力、专业权力等类似。不同的视角和不同的理解对学术权力的概念和范围也有较多争议,主要有以下几种观点:

1. 从权力客体界定

认为"学术权力是管理学术事务的权力,主体可以是教师民主管理机构或教师,也可以是行政管理机构或人员"②。即凡是对学术事务的管理就是学术权力,不分权力的主体,然后又从管理方式上将学术权力划分为学术民主管理权力与学术行政管理权力。这种定义首先认为学术权力是一种管理权力,只是客体是学术事务,而主体的宽泛性则很难解释实践中如果谁都可以是学术权力的主体,那为什么还会存在错位和对立。

2. 从主客体两方面界定

认为"学术权力就是学术人员和学术组织对学术事务拥有的权力"③。这种理解将主体限制在学术人员和学术组织,将客体限定为学术事务,从主客体上应该是合理的,但对拥有什么样的权力并没有表述,实际上也没有真正说清楚学术权力的实质。

3. 从来源上界定

认为"学术权力是以学术和具有学术能力的专家为背景的,从现象上看,学术权威在很多情况下是学术权力代名词"④。这种理解揭示了学术权力的本质来源,但没有区分权力和权威。权威与权力的关系体现在学术权威越大,权力行使的合理性就越大,但学术权力不能

---

① [加] 约翰·范德格拉夫等编著:《学术权力——七国高等教育管理体制比较》,王承绪、张维平、徐辉等译,浙江教育出版社2001年版,第185页。
② 别敦荣:《学术管理、学术权力等概念释义》,《清华大学教育研究》2000年第2期,第44—47页。
③ 孔明:《对学术权力的再审视》,《现代大学教育》2004年第1期,第45—48页。
④ 秦惠民:《学术管理中的权力存在及其相互关系探讨》,《中国高教研究》2002年第1期,第49—51页。

等同于权威。

本书赞同下述界定：学术权力是因大学组织的知识生产需要而赋予一部分学者在学术场域中制订规则和分配资源的话语权力。① 这种界定既避免了从主客体出发带来的混乱和矛盾，也说清了学术权力的实质（大学组织的知识生产需要）、权力行使的领域（学术场域）和权力行使的主要任务（制订规则和分配资源），是目前学术权力的界定中较为科学和合理的一种。

二　行政权力

由于行政管理的历史性和规范性，对行政权力的概念界定基本相似，不同的表述都从不同的侧面反映了行政权力的科层化、制度化、法定赋予等本质和特点，主要有以下几种：

1. 认为"行政权力是以行政管理体制为基础，以行政管理职能为依归，由行政机构或行政人员所行使的一种法定权力。这种权力由制度所赋予，是一种授予权"②。从权力主体、权力来源、权力形式等方面做了比较全面的界定。

2. 认为行政权力是"社会组织中的行政机构或人员为实现组织目标、依照一定的规章对社会组织进行管理的能力"③。

3. 认为行政权力是"某一政治主体依靠一定的政治强制力，为达到某种目标而在实际政治过程中体现出来的对于政治客体的制约能力"④。

本书赞同下述界定：行政权力是指在层级组织中按照制度规则赋予处在一定层级或职位上的组织或成员的权力。⑤ 该定义较好地界定

---

① 冯向东：《大学学术权力的实践逻辑》，《高等教育研究》2010年第4期，第28—34页。
② 别敦荣：《学术管理、学术权力等概念释义》，《清华大学教育研究》2000年第2期，第44—47页。
③ 武立勋、李汉邦、徐极巍：《对大学组织特性及行政与学术权力关系的思考》，《山西大学学报》2004年第3期，第34—36页。
④ 张国庆：《公共行政学》，北京大学出版社2006年版，第88页。
⑤ 冯向东：《大学管理中的权力冲突（讲演稿）》，华中科技大学，2007年4月23日。

了行政权力的行使场域（层级组织）、行使原则（制度规则）以及行使特点（一定层级或职位）。

按照上述行政权力的界定，本书认为，大学行政权力就是大学及其组织中按照制度规则赋予处在一定层级或职位上的组织或成员的权力。如此定义较好地避免了目前通过主客体或来源方式定义带来的混淆，也较好地反映了行政权力的基本特征。

三 合法性

合法性（legitimacy）是一个内涵和外延都非常复杂的概念。高丙中先生认为合法性的形容词"legitimate"有7条基本的义项：①根据法律的，符合法律的；②合法婚姻所生的；③以继承权的原则为依据的；④与既定的规章、原则、标准相一致的；⑤符合推理规则，有逻辑的，并因而有效力的；⑥正当的；⑦正常的或通常类型的[1]。德鲁克认为："'合法性'乃是一个纯功能的概念。根本就没有绝对的合法性。权力只有在涉及基本社会信念时才可能是合法的。'合法性'的构成乃是一个必须根据特定的社会及其特定的政治信念来回答的问题"[2]。而法国学者让－马克·夸克对合法性的界定则是："合法性是对被统治者与统治者关系的评价。它是政治权力和其遵从者证明自身合法性的过程。它是对统治权力的认可"[3]。而哈贝马斯则认为合法性必须满足"正面建立规范秩序"和"人们必须相信规范秩序的正当性"这两个条件。[4] 可见，虽然"合法性"为人们广泛使用，但仍是见仁见智，从中也可折射出这一概念的丰富内涵。

一般来说，合法性有实质合法与形式合法之分。实质合法主要是

---

[1] 高丙中：《社会团体的合法性问题》，《中国社会科学》2000年第2期，第100—109页。

[2] ［美］彼得·F.德鲁克：《工业人的未来》，黄志强译，上海人民出版社2002年版，第26页。

[3] ［法］马克·夸克：《合法性与政治》，中央编译出版社2002年版，第360页。

[4] ［德］尤尔根·哈贝马斯：《合法化危机》，刘北成等译，上海人民出版社2000年版，第128页。

指符合理性、正义、自然法的属性；形式合法则指符合宪法、法律等规范性文件所规定的程序、规则、方式的属性，而不对这些规范性文件做"善恶"的价值判断。

与"合法性"相伴的另一个概念是"合法化"。按高丙中先生的解释，合法性表示的是与特定规范一致的属性，是一种客观性；合法化表示的是主动建立与特定规范相联系的过程，是一种主观性。合法化可以理解为在合法性可能被否定的情况下对合法性的维护，亦即合法化是指合法性的基础被质疑的时候为实现合法性的某种努力①。也就是说只有在不自动具备合法性的条件下才需要合法化。

同时，合法性和合理性的耦合构成了权力的基础和前提。一个合法的权力并不一定合理，一个合理的权力也可能并不合法。合法性解决的是权力何以可能的问题，而合理性着眼于权力何以有效的问题。合法性和合理性在权力系统中从价值和工具两个向度形成了啮合紧密的结构。正如德鲁克指出："一种权力只有在已被社会接受的道德伦理或先验的原则认为正当合理的时候才是合法的。"②

本研究无意为"合法性"这个众说纷纭的概念进行界定，但在使用"合法性"这个概念时认为：合法性也就是合乎法则法规性。某种意义上，合乎法则性就是实质合法性，也就是满足合法性中的合理性，而合乎法规性就是形式合法性。也就是说，在合法性的法则和法规的二重性中任何一方面的合法都意味着合法性，但只有二者最大程度的自洽才是真正意义上的合法，而追求一方面或者两个方面合法性的过程也就是合法化的过程。

四 大学行政权力的合法性

按照上述大学行政权力和合法性的界定和理解，本研究认为，大学行政权力的合法性是指大学及其组织中处于一定层级或职位的成员

---

① 高丙中：《社会团体的合法性问题》，《中国社会科学》2000年第2期，第100—109页。
② ［美］彼得·F. 德鲁克：《工业人的未来》，黄志强译，上海人民出版社2002年版，第26页。

按照大学法则和大学法规行使权力的统一。

本定义有两个权力主体：大学及其组织中处于一定职位的成员。大学作为权力主体行使行政权力时主要是在与政府和其他社会组织打交道时代表大学履行公共职责时行使的公权力，而大学组织中处于一定职位的成员作为权力主体行使行政权力主要是保证大学作为现代科层组织正常运行所需的内部管理。

同时合法性有两个核心要素：大学法则和大学法规。大学法则就是大学之为大学的根本属性，某种程度上也就是大学之为大学的"法理"，是大学作为传承和创新知识的学术组织而有别于其他社会组织的内在规定性，也就是通常所说的大学逻辑。在合法性中就是实质合法，就是合法性中的合理。大学法规是指行政权力在大学组织作为社会组织实行科层制管理必须遵守的法律法规和有关制度规则，它既包括大学行使公权力时的权力来源和行使程序，也包括内部管理所需的规章制度的制定和行使程序，也就是合法性的形式合法。

还有一个基本要件：统一。大学法则从合理性上决定着大学行政权力的合法性，大学法规从程序上决定着大学行政权力的合法性，只有在实质和形式的统一中才能构成大学行政权力的合法性。二者的任何缺失或偏废都将导致大学行政权力的合法性危机。只有在二者的统一中，大学行政权力才能取得合法性，也只有在二者的统一中大学行政权力才能合法行使。

第二节　历史足迹：大学行政权力研究的回顾与反思

尽管本研究主要聚焦大学行政权力，但研究事涉大学权力、大学去行政化和大学行政权力等多方面，只有将各方面的研究尽可能囊括其中，才能避免"管中窥豹、只见一斑"的局限。

一 关于大学权力的研究

（一）研究的基本情况

为了基本把握目前我国大学权力研究的热点和趋势，本研究采用文献计量学的方法，在中国学术期刊网络出版总库（CNKI）中以1988—2012年为时间段、以高等教育为学科分组、以"权力"为检索词、以核心期刊与CSSCI来源期刊为检索类别进行检索，在2014年3月共检索到有效文献484篇。对该有效文献运用CiteSpace信息可视化软件进行分析处理，可以大致揭示目前我国大学权力研究领域的基本现状。

1. 研究发表年份和机构分布

全部文献极不均匀地分布于各个年份。2000年之前大学权力研究较少，年均发文基本在5篇以下，表明此时期学者虽已开始关注大学权力并展开了部分研究，但成果较少，可视为大学权力研究的萌芽阶段。从2000年开始，大学权力研究成果出现大幅度的增长，2012年达到峰值70篇，表明这一时期是大学权力研究的快速发展期，权力研究成为高等教育研究中的热点，研究内容逐渐深入和多元。

从研究机构的分布看，华中科技大学以22篇遥居榜首，其次是浙江大学、华东师范大学、北京师范大学，这4家机构发文数量占所有文献的16%，说明这4家机构在大学权力研究中的重要地位和活跃度。这些机构在对大学权力进行深入研究的同时，对学术权力、行政权力、权力运行机制、学生权力等领域，在研究团队建设、专著及论文等方面都取得了较大成果。另外一些高校虽然具备较强研究能力，但在大学权力上研究较少，部分成果仅限于同一高校不同院系间的合作。

2. 研究的热点主题

从学术研究的角度，关键词出现的频次基本能反映该研究领域的热点所在。针对CiteSpace软件，研究热点的判断标准之一即关键词的出现频次，出现频次越高的词汇表明该研究越具有研究热度。通过词频软件对全部文献的关键词进行分析，研究显示，"行政权力"

"学术权力"出现频次最高,表明了学者的研究重心与倾向,除此之外,"学术自由""学术管理""现代大学制度""学生权力"等关键词也频现于文献中,是此时期大学权力研究的热点所在。

在 CiteSpace 分析中,另一个判断研究热点的标准就是关键节点的中心度。一般以中心度作为节点来显示连接作用大小的度量,中心度越高的节点,"媒介"作用越强,连接的关键词越多。研究发现,"行政权力"的中心度最高,为 1.29,"学术管理""学术自由""现代大学制度"和"权力博弈"紧随其后。综合以上两方面可以看出,"行政权力""学术权力""学生权力""学术自由"和"学术管理"成为大学权力研究中的热点主题。

"学术权力"作为出现频次最高的关键词在 2011 年达到最大值。学术权力研究始于 20 世纪 90 年代,主要涉及学术权力概念辨析、权力运行、学术权力的彰显与强化、学术权力与行政权力关系等方面。学术权力概念一直是本领域研究的焦点,学者可谓仁者见仁、智者见智,也有研究者并未对其所使用概念进行严格界定,但归结起来大致有两种理解,广义的学术权力泛指对大学内部学术活动和学术资源管理的一切权力,狭义的学术权力指学术人员和学术组织所拥有和控制的权力。

"行政权力"是知识图谱中中心度居第一位、出现频次居第二位的节点,2009 年出现频次达到最高值 21 次,连接着"学术权力""学术自由""学术管理"等关键节点。行政权力是大学行政机构及行政人员依据国家法律、政府政策、学校规则的授权而拥有的影响和支配内部成员和机构的一种权力形式。国内行政权力研究主要关注的是行政权力泛化、行政权力与学术权力的辩证关系等问题。

"学生权力"是知识图谱中频次居于第三位的节点,近几年出现的频次相对较高。学生权力是高等教育系统中的一项重要权力,在高校权力结构中的重要性逐渐凸显。目前我国对学生权力问题的研究主要涵盖学生权力的概念、学生权力在高校内部权力结构中的地位、学生权力缺失、学生权力的必要性和意义、学生权力的保障等方面,其中对学生权力缺失及其原因的探讨居多。

"学术自由"是知识图谱中出现频次居第三位、中心度居第四位的节点。学者在探究大学学术权力时,往往将其与学术自由联系在一起,文献中多位学者辨析了学术权力与学术自由的关系问题。学者提出,学术自由与学术权力二者和谐共生。一方面,学术自由是学术权力的价值取向,是学术权力存在的合理性与合法性基础;另一方面,没有学术权力的有效运行机制,也难以保障高校学术自由。另外,与"学术自由"密切相连的还有"教授治校"这一节点。

"学术管理"是知识图谱中中心度居第二位的节点,2009年之后出现频次有下降趋势,与其相连的节点有"大学管理",因为学术管理是大学管理的核心,也是大学管理区别于政府管理、企业管理的根本所在。为进一步加深认识,研究者对学术管理、行政管理等相关概念进行了甄别。目前实践中,学术管理决策方面表现出较严重的行政权力泛化倾向,加强学术管理已成为我国高校内部管理体制改革的关键所在。

3. 研究热点的演进

通过主题词出现频次的时间,我们可以发现国内大学权力研究热点的时间分布。20世纪90年代至今,学术权力与行政权力研究持续受到关注。20世纪90年代初部分学者已开始关注学术权力与行政权力问题,据关键词词频统计,"学术权力""行政权力"2002—2012年各年出现频次分别为4、6、15、21、22、19、25、20、19、29、18次和4、7、14、14、18、13、17、21、15、17、17次,表明近10年对两种基本权力的研究一直贯穿始终,且研究热度越来越高。

20世纪90年代后期,大学校长的权力问题成为学者的关注点。大学校长权力是高等教育权力系统的重要组成部分,是影响高等教育系统运作的重要因素,随着大学内外部关系的变化,大学校长的权力也在逐渐发生改变,学者开始对大学校长的权力构成及其运行模式展开研究。

从2002年开始,学生权力受到学者关注,在此之前,我国学界关于大学内部权力的研究主要围绕学术权力和行政权力的关系演绎以及协调展开,学生权力一直在被有意无意忽视。但随着高等教育管理民主化进程的不断推进和大学生主体意识的不断觉醒,学生有权参与学校管理;社会、大学和人的和谐发展对学生权力的彰显提出了新的诉求;同时尊重学生权力是发挥学生主体性、提高教育教学质量的基础和前提。

在 2002—2012 年,除了"学生权力"外,"现代大学制度""权力运行""学术权力合法性""学术组织研究"成为主要节点。随着人们对制度创新重要性认识的升温,建立现代大学制度的议题逐渐引起更多关注,且如何梳理、协调好学术权力与行政权力的关系是现代大学制度建设的核心问题之一。

(二) 研究的基本内容

上述我国大学权力研究的基本图谱大致描述了本研究领域的基本状况,在各自的具体研究内容和研究观点上大致又可以分成权力关系、权力现状、权力结构等几个方面,基本涵盖了本研究所涉及的对象和领域。

1. 大学权力关系研究

国外比较权威和经典的研究主要体现在伯顿·R. 克拉克的《学术权力》和《高等教育系统——学术组织的跨国研究》以及弗兰斯·F. 范富格特主编的《国际高等教育政策比较研究》这三本书中。他们首先提出了对整个高等教育系统的权力体系描述的"学术权力"以及国家权力、市场力量和学术权威构成的"三角形的协调模式"①。后来,诺丁汉大学校长科林·坎普贝尔又讨论了高等学校内部的学术、行政和市场力量的关系问题。② 国外的研究呈现从概念到模式的过程。

国内关于大学权力关系研究始于 20 世纪 90 年代后期,目前主要有以下几种观点:

(1) 二元权力论。普遍认为存在学术权力和行政权力对立的二元

---

① [美] 伯顿·R. 克拉克:《高等教育系统——学术组织的跨国研究》,王承绪、徐辉、殷企平等译,杭州大学出版社 1994 年版,第 154—162 页。
② 教育部中外大学校长论坛领导小组:《中外大学校长论坛文集》,高等教育出版社 2002 年版,第 229 页。

结构，学术权力与行政权力是两种具有不同含义和性质的权力，具有各自不同的运行方式以及价值取向。谢安邦[1]、眭依凡[2]等分别从不同角度讨论了大学学术权力和行政权力的问题，张德祥出版了专著[3]专门讨论这个问题。钟秉林等认为，"一般而言，大学内部事务可以分为学术事务和非学术事务（或行政事务）。与此相对应，大学内部存在着两大并行的权力系统。一种是以行政管理组织结构为网络的行政权力系统，另一种是以教授、专家、学者为核心，以学术组织为主体的学术权力系统。"[4]

（2）三元权力论。费坚、巫丽君[5]等学者则认为，行政权力和学术权力是大学中的传统权力，而现在，市场权力、学生权力等分化出来成为独立的影响力量，学术权力、行政权力和市场权力或者学生权力等构成三种不同性质的力量。

（3）多元权力论。林荣日认为，中国大学除了行政权力和学术权力外，还有"始终处于主导性地位"的政党权力以及"来自中央和地方政府的行政权力，来自社会的市场权力等"[6]。陈玉琨、戚业国则将国外大学的权力分为学术权力、行政权力以及学生权力，将我国大学的权力分为政党权力、行政权力、学术权力、学生权力和外部权力[7]。别敦荣认为，行政权力在中国大学"除校长及其管理体制的行政权力外，共产党组织、共青团组织、工会组织等的影响力也行政

---

[1] 谢安邦、阎光才：《高校的权力结构与权力结构的调整——对我国高校管理体制改革方向的探索》，《高等教育研究》1998年第2期，第20—24页。
[2] 眭依凡：《论大学学术权力与行政权力的协调》，《现代大学教育》2001年第4期，第7—11页。
[3] 张德祥：《高等学校的学术权力与行政权力》，南京师范大学出版社2002年版。
[4] 钟秉林：《高校学术与行政权力如何协调》，《光明日报》2011年4月14日第5版。
[5] 费坚、巫丽君：《我国大学行政权力的重新配置——基于"三权制衡"模式的思考》，《扬州大学学报》2005年第2期，第37—41页。
[6] 林荣日：《论高校内部权力》，《现代大学教育》2005年第2期，第69—74页。
[7] 陈玉琨、戚业国：《论我国高校内部管理的权力机制》，《高等教育研究》1999年第3期，第38—41页。

化，成为与校长管理体制分享高等学校管理权力的重要团体组织"①。

尽管国内学者对大学内部权力有不同的划分，但大部分都认为行政权力和学术权力是一对范畴，并且认为两者存在冲突。但周光礼认为二者之争是一个逻辑上不存在、现实中缺乏依据的假问题，两者其实"指的是一个东西"，是英美法系和大陆法系对同一种权力的不同称谓，系我国学者误引②。

2. 大学权力结构研究

由于"办学自主权"的"扩大"问题的反复，研究也经历了从广泛讨论高等教育系统的权力结构向关注大学内部的权力结构的转向，而大学内部结构主要关注两个方面："一是大学与政府权力关系的层面，一是大学内部权力关系层面"③。国内外关于大学权力结构的研究主要有以下几种观点：

（1）层次说：伯顿·R. 克拉克提出了系或讲座、学部或学院、整所大学或学院、多校园的学术组织、州（省、市）政府、国家的政府及其有关的部局与立法机构六个层次④。国内，姚锡远提出，高等教育的"组织层次是学术权力结构的具体表现形态"⑤。柯森认为："通过层次分析，在确定各个管理层次的性质和功能的基础上，提出有关不同层次的权力模式的建议。"⑥ 王志成认为："高等学校的组织结构是一个既有纵向的权力分层，又有横向的职能分工的'科层制'

---

① 别敦荣：《我国高等学校管理权力结构及其改革》，《辽宁高等教育研究》1998年第5期，第38—42页。

② 周光礼：《问题重估与理论重构——大学"学术权力"与"行政权力"二元对立质疑》，《现代大学教育》2004年第4期，第31—35页。

③ [美]伯顿·R. 克拉克：《高等教育新论——多学科的研究》，王承绪、徐辉、郑继伟等译，浙江教育出版社2001年版，第24页。

④ [美]伯顿·R. 克拉克：《高等教育系统——学术组织的跨国研究》，王承绪、徐辉、殷企平等译，杭州大学出版社1994年版，第121—123页。

⑤ 姚锡远：《关于高校学术权力问题的思考》，《黑龙江高教研究》2003年第6期，第11—12页。

⑥ 柯森：《高校内部管理改革：观察与思考》，《高教探索》1999年第4期，第42—45页。

结构。"①

层次说并不能很好地解释大学的运行。潘发勤认为:"权力往往通过一系列层次加以实现,特别是一些中间层次会使权力的强度有所增强或减弱,使权力作用的方向产生偏离,从而使权力的运行呈现非常复杂的情况。"② 约翰·范德格拉夫③则通过权力的等级性和决策的内聚性来描述。

(2) 主体说:刘亚敏认为,"根据大学内部团体利益的差别,可分为三大权力主体,即教师、管理人员和学生。由这三种权力主体派生出三种权力类型,即学术权力、行政权力和学生权力。"④ 李福华则在指出布鲁贝克的高等教育哲学中"没有提供学生权力存在的政治学基础,在高等学校的权力结构中找不到作为主体之一的学生的位置"⑤的基础上,进一步强化主体结构观点,"大学者,非仅大师之谓也,实大学生之谓也。大学意味着大学生,学生权力构成大学权力的重要一极"⑥。

权力主体作为一种分析视角,与大学实际情况有一定出入。首先,"不但'学术权力'与'行政权力'的主体是交叉重叠的,而且'学术权力'与'行政权力'的客体也是交叉重叠的,甚至它们的实现方式也是交织在一起的"⑦,同时,即使学生权力作为大学权力主体,那教辅人员、后勤人员是大学中没有权力的人还是权力的客体?

---

① 王志成:《高等学校管理中几个问题的组织行为学分析》,《扬州大学学报》(高教研究版) 2002 年第 3 期,第 31—35 页。
② 潘发勤:《学术系统中的权力分析》,《山东理工大学学报》(社会科学版) 2003 年第 4 期,第 77—80 页。
③ [加] 约翰·范德格拉夫等编著:《学术权力——七国高等教育管理体制比较》,王承绪、张维平、徐辉等译,浙江教育出版社 2001 年版,第 186—198 页。
④ 刘亚敏:《大学内部权力结构及其调整》,《现代大学教育》2004 年第 2 期,第 95—97 页。
⑤ 李福华:《高等教育哲学基础新探——兼评布鲁贝克高等教育哲学基础观》,《华东师范大学学报》(教育科学版) 2003 年第 4 期,第 25—33 页。
⑥ 李福华:《对高等学校学生权力的探讨——学生主体地位的政治学视角》,《教师教育研究》2004 年第 2 期,第 15—21 页。
⑦ 周光礼:《问题重估与理论重构——大学"学术权力"与"行政权力"二元对立质疑》,《现代大学教育》2004 年第 4 期,第 31—35 页。

（3）分配说：认为内部权力结构是权力在大学内部分配形成的关系。"大学的学术特点决定了其具有不同于一般社会组织的特殊的权力结构，学术权力和行政权力两种力量并存、共同发生作用，只允许其中一种权力发挥作用，将会导致否认和压制另一种权力，这是不合理的，也不利于大学的健康发展。"[①] 大学内部的权力结构"实际上就是权力在大学内部各组群之间的分配问题"[②]。

（4）生态结构说："高等教育系统制度生态建设除了理顺高等学校与政府的关系，建立一个有利于高等教育发展的外部制度生态环境外，还要落实到大学自由、学者治校的大学理念，在高等学校内部建立以学术为中心的组织结构和权力结构"。"高等学校内部制度生态环境就是相对于高等学校学术这一主体而言的外部世界，即以高等学校学术为中心，对学术的产生、发展和创新起着调控作用的多维空间和多元的环境系统"[③]，其典型特征就是"以学术权力为中心，组织起大学内部的相关机构，大学事务真正为学术权力所领导"[④]。生态结构说明确提出了高等学校权力结构中的"学术中心"思想，具有重要意义。

3. 国内大学权力关系研究

国内学者从应然和实然两种关系出发探讨大学权力关系，特别是大学行政权力与学术权力的关系较多。从应然出发，多数学者考虑到大学组织的学术性以及中世纪（早期）大学的传统，强调学术权力在大学权力系统中应处于主导地位，而行政权力只能处于从属的、服务于学术权力的地位。"学术权力作为一种内在力量发挥着支配作用，行政权力则作为一种外在的结构形式维系着高等学校组织的存在和发

[①] 黎琳：《中国现代大学制度中的权力制衡问题》，《现代大学教育》2001年第1期，第34—36页。
[②] 周光礼：《问题重估与理论重构——大学"学术权力"与"行政权力"二元对立质疑》，《现代大学教育》2004年第4期，第31—35页。
[③] 贺祖斌：《高等教育制度生态环境及其优化》，《现代大学教育》2004年第3期，第16—19页。
[④] 张应强：《高等教育创新与我国现代大学制度建设》，《深圳职业技术学院学报》2002年第3期，第67—72页。

展。""在学术管理活动中,正常和健康的权力运行机制,应该是行政权力受学术权力支配,行政权力服务于学术权力,行政权力的运行要符合学术权力的要求并为实现学术权力的意志提供行政保障。"[①]这些论述和主张没有考虑到不同国家在文化、传统、政治体制以及校情等方面的巨大差异,采取了理想化的思维方式,更多的是立足于对西方大学权力构成状况介绍的基础上,认为我们也应该如此。

除了应然关系的表述之外,也有一定量的研究立足于对中国大学内部权力格局现实的描述和介绍,认为我国高校的权力模式属于行政权力主导型,存在行政权力泛化、学术权力弱化、权力集中偏上等问题,将中国现代大学权力系统归纳为行政权力处于统治地位,学校事务完全由行政权力支配,而学术权力处于弱势、被边缘化地位。中国大学的管理机制绝对行政化、层级化,加上学术机制不健全,导致在大学管理过程中,学术权力处于一个生态环境较差、地位较低、影响较弱、机制不健全的状态,这种状态不仅影响了中国高等教育质量的提升及其功能的发展,而且影响了学术权力在大学管理中作用的发挥和学术本身的发展,并造成学术权力与行政权力不对称和学术权力的长期边缘化。这些研究关注到现实中行政权力处于强势地位,学术权力处于弱势地位,也涉及一些原因的探究。不过这种实然研究仍然是一些比较宽泛的描述和归纳,并没有从更具体、微观层面进行深入的分析。

许多学者认为,行政权力的合理性问题的本质就是对学术权力的保障。张楚廷就认为,"大学行政权力就是有效地保障了学术权力的正常发挥,就越是有效地保证了自身功能的充分发挥","对学术的尊重、维护、保障,是行政权力应有的理念、义务和责任"。[②] 这种义务和责任是大学里的行政权力区别于其他机构行政权力的基本标志。

---

① 秦惠民:《高校学术管理应以学术权力为主导》,《中国高等教育》2002年第3期,第25—27页。
② 张楚廷:《高等教育哲学》,湖南教育出版社2004年版,第280页。

此外，就学术权力和行政权力关系问题还有一些国别比较研究，主要对欧洲、美国、英国、日本四种代表性的权力结构模式的介绍和评价。如范德格拉夫的《学术权力》、伯顿·R.克拉克《高等教育系统》《高等教育新论》以及托尼·布什《西方教育管理模式》等著作。这些都是在对西方诸多国家学校权力系统状况归纳的基础上，提炼出了不同国家不同的权力模式，并分析了权力模式形成的根源等。

4. 学术评价

简述这些观点可以发现，上述观点都在一定范围和一定程度上具有合理性，但任何一种观点也都不能完全解释大学内部错综复杂的权力关系，特别是在权力范畴和权力来源两个方面都存在不足之处。

（1）权力的范畴。我们知道，大学的各种权力不是处于平行状态，而是复杂交联构成一种网状立体结构。而在一个系统结构之中，"关系重于关系项"，"深层结构重于表层结构"[1]。现有的研究主要考虑了构成权力结构的"关系"，而未考虑"关系项"之间的"深层结构"，不同性质的权力并行罗列，位置随意移动而不用考虑彼此的关系和牵扯。

按照主体划分，学术权力与行政权力不是一个层面的范畴，学术权力与政府权力和市场权力也不是同一个层面，与政府权力和市场权力在同一逻辑层面的是学校权力。很多研究在探讨学术权力与行政权力之争时，最终都将建议之一指向学术权力和政府权力。而在一个多维的权力系统中的多重价值的非等值权重，不仅决定权力的运行取向，而且会现实地转化成为相应的实际任务[2]。所以不管权力的范畴或逻辑层面的同一性来讨论问题很容易陷入混乱。

（2）权力的来源。现有的研究尽管从不同的层面和视角分析了大学内部的权力结构及其相互关系，但很少询问权力的来源，似乎各种权力都是"君权天授"，具备不正自明的合法性。而按照合法性理

---

[1] 张楚廷：《张楚廷教育文集》（第二卷），湖南教育出版社2007年版，第238页。

[2] [美]戴维·伊斯顿：《政治生活的系统分析》，王浦劬译，华夏出版社1999年版，第350页。

论，权力来源的合法性也是权力合法的重要途径。

通过考察大学的历史和大学内部权力的演变可以发现，大学的权力主要来源于学者权力和政府权力（政党权力），而行政权力属于内生权力和衍生权力，来源于学者权力和政府权力的授予和让渡。

权力让渡理论来源于社会契约论，主要用于解释国家公权力的来源和形成。该理论认为，权力拥有者基于保证基本利益的需要让出部分权力形成某种公权力。权力让渡和契约理论在大学这个微观组织中的公权力具体表现为行政权力，它是权力各方契约的某种表达，是大学各种力量博弈的结果。大学的行政组织某种程度上既可以是一个正式建立的以完成特定公共目的的"中介组织"，也可以是学者控制的集团，还可以是为履行政府政策承担部分责任的类政治组织，更可以是服务性机构①。在学术权力和政府权力方向相反的撕扯以及市场等因素作用下，大学行政权力的面目和形态混沌不清，找不到各方皆大欢喜的"期待点"，只能努力找到各方忍受范围的"极限点"，在平衡中落了个"里外不是人"的局面。

当然，几乎所有的研究都从以下几个方面提出了对策研究：一是权力适当分离。"提高学术权力在权力结构中的地位，建立正式的组织机构，并从法规和制度上维护组织的合法权力。"② 二是权力适当分散。权力在更多不同利益群体，特别是教师之间进行分配，保证不同利益群体都有参与决策的机会。三是权力重心适当下移。主要是扩大学院和系的自主权，不仅是学术权力，还包括一定的人事、机构设置和资源配置权。

二 关于大学去行政化的研究

"去行政化"这个概念最早在司法领域而不是教育领域提出。

---

① ［美］伯顿·R. 克拉克：《高等教育系统——学术组织的跨国研究》，王承绪、徐辉、殷企平等译，杭州大学出版社1994年版，第145页。

② 教育部中外大学校长论坛领导小组：《大学校长视野下的大学教育》，中国人民大学出版社2005年版，第32页。

2002年周士君在《南风窗》撰文提出《会展当"去行政化"》①。2003年针对我国司法制度的行政化弊端，提出应以司法改革的去行政化为行为方向，应从外部去行政化及内部去行政化②。所以，在2005年的司法改革中，审判委员会的"去行政化"成为一个重要内容。同时，2006年，随着村民自治中出现的村委会的过度行政化，学界探讨了社区自治组织行政化的表现、原因和对策。③ 2007年后，"去行政化"研究开始涉及高等教育评估中介组织④、工会体制改革⑤等领域。2008年开始，我国国企尤其是地方性国企加快了去行政化步伐⑥。

随着"去行政化"概念在各个领域的流行，高等教育领域的"去行政化"也开始引起关注。2008年林善栋在分析我国大学行政化的现状及根源的基础上，就去行政化与现代大学制度之间的内在关系进行了简要探讨⑦。2009年教师节，南方科技大学朱清时表示"南方科大必须去行政化"⑧。自此，大学去行政化引起广泛议论，特别是在2010年全国"两会"期间，更是成为热门话题。争论的结果是在《国家中长期教育改革和发展规划纲要（2010—2020年）》中提出："随着国家事业单位分类改革推进，探索建立符合学校特点的管理制度和配套政策，克服行政化倾向，取消实际存在的行政级别和行政化

---

① 周士君：《会展当"去行政化"》，《南风窗》2002年第15期，第7页。
② 王竹青：《司法改革的整体设计行为方向——司法体制的去行政化》，《河北师范大学学报》2003年第4期，第15—20页。
③ 向德平：《社区组织行政化：表现、原因与对策分析》，《学海》2006年第3期，第24—30页。
④ 康宏：《我国高等教育评估中介组织发展研究》，《高教探索》2007年第3期，第36—38页。
⑤ 颜江伟：《行政化与回归社会：中国工会体制的弊端与选择》，《中共浙江省委党校学报》2007年第3期，第29—34页。
⑥ 舒向尔：《上海国企"去行政化"改革值得期待》，《中国经济周刊》2008年第43期，第25页。
⑦ 林善栋：《去行政化与现代大学制度的建立》，《教育评论》2008年第6期，第8—10页。
⑧ 易运文：《高校要去行政化——专访南方科技大学（筹）校长朱清时》，《光明日报》2009年10月22日第5版。

管理模式"① 以及《国家中长期人才发展规划纲要（2010—2020年）》提出的"克服人才管理中存在的行政化、'官本位'倾向，取消科研院所、学校、医院等事业单位实际存在的行政级别和行政化管理模式。建立与现代科研院所制度、现代大学制度和公共医疗卫生制度相适应的人才管理制度。"②

在中国知网上仅以"去行政化"为关键词搜索就可发现，2008年有2篇，2009年6篇，2010年54篇，2011年以后基本保持在百余篇。仅从论文发表的数量来看，学术界对大学去行政化的关注在2010年的"两会"和这两个《纲要》出台后越来越高，直至今日成为一个只要讨论大学就似乎怎么也绕不开的热门话题。

（一）关于大学行政化是什么的问题，目前学界主要有四种观点

1. 行政权力越界说

认为大学行政权力来自学术，其合法存在的唯一基础是为学术活动的有效开展服务，应从属和服从于学术权力，应有其法制边界、专业边界和价值边界，由于法制不完善、教育行政体制缺陷以及公众参与决策机制不完善等原因，行政权力很容易逾越边界，具有了主导性、控制性，从而产生了大学行政化③。主要表现就是行政力量在大学管理中被泛化或滥用，把大学当作行政机构来管理，把学术事务当作行政事务来管理④。从整体而言，把行政权力和学术权力混同，甚至是用行政权力替代或削弱学术权力；从个体而言，用校长的行政权力代替教授的学术权力⑤。其过程表现为：官级越升越高、官级越来

---

① 《国家中长期教育改革和发展规划纲要（2010—2020年）》（http：//www.gov.cn/jrzg/2010-07/29/content_1667143.html）［2015-05-20］。
② 《国家中长期人才发展规划纲要（2010—2020年）》（http：//www.edu.cn/zong_he_870/20100607/t20100607_482879_7.shtml）［2015-05-20］。
③ 龙耀：《论教育行政权力的边界——基于中国高等教育行政化问题的研究》，《中国高教研究》2011年第6期，第43—47页。
④ 钟秉林：《关于大学"去行政化"几个重要问题的探析》，《中国高等教育》2010年第9期，第4—7页。
⑤ 王庆环：《大学要创造宽松的学术环境——访全国人大代表、武汉大学校长顾海良》，《光明日报》2010年3月17日第11版。

越普遍、官味越来越浓厚、大学由"学场"变成了官场①。

2. 治理方式倒错说

认为"高校行政化"是指高等学校在组织机构的设置及其运作上完全按照行政体制的结构和运行模式设置与运行②,按照行政手段、行政方式、行政运行机制管理教育和学术,外部行政化表现在机构设置、等级划分等方面,内部行政化表现在机构设计、党政关系、权力配置、分配制度、工作作风与氛围等方面③。大学行政化从形式上看是大学体制和机制问题,从实质上看是大学的性质和功能问题,主要表现在大学管理的行政科层化、大学行政权威的绝对化、学术在大学被边缘化④以及学术事务的行政化、资源分配的行政化、高校及其人员的行政化、人事任命和聘用的行政化⑤。

3. 外部行政化说

有学者认为外部行政化即政府对大学的过度控制是矛盾的主要方面或者主要矛盾,认为我国教育管理体制上高度集权和政府包揽过多的"教育行政化弊端"是影响教育健康发展、妨碍学术水平和教育质量提高的重要原因⑥。教育涉及的行政部门之多、权限之大、管理之复杂构成了我国教育行政化的显著特点,行政部门对高等学校的干预和管理有越来越深入、越来越全面的趋势,并呈现出一种全能主义的管理理念和行为⑦。

---

① 彭道林:《大学行政化的外在表现及其危害》,《高等教育研究》2010年第10期,第19—23页。

② 韩建华:《高校去行政化的理性审视》,《教育发展研究》2010年第5期,第25—29页。

③ 杨德广:《关于高校"去行政化"的思考》,《教育发展研究》2010年第9期,第19—24页。

④ 别敦荣、唐世刚:《我国大学行政化的困境与出路》,《清华大学教育研究》2011年第1期,第9—24页。

⑤ 龙献忠:《治理理论视野下的政府与大学关系研究》,湖南大学出版社2007年版,第107页。

⑥ 杨东平:《治理教育行政化弊端的思考》,《教育发展研究》2010年第9期,第50—55页。

⑦ 陈学飞:《高校去行政化:关键在政府》,《探索与争鸣》2010年第9期,第63—67页。

4. 官本位说

认为所谓行政化是以行政为价值本位,也就是官本位。高校的行政化问题分为外部和内部。前者在于高校与政府关系下的自主办学问题,后者在于高校内部的官本位问题①。人们所痛斥的行政化是指过度行政管理所导致的官僚化②,本质是政治权力和行政权力对于学术权力的压制,官僚文化和行政文化对于学术文化的强制③,行政化的存在某种程度上是科层化程度不够的反应④。

从上可以看出,虽然学界对大学行政化的界定有不同,但基本都认为行政化在价值观念上是以行政价值为导向,以官为本位;在权力配置、资源配置和制度安排上主要是按照行政机构的属性和特点展开;在运行方式和管理手段上主要体现直接命令和以控制为主等行政特性;在利益分配格局上体现以行政为主导;在表现上都有外部行政化与内部行政化。

(二)关于大学行政化的危害问题

许多学者认为行政化必然使大学异质化、行政化必然导致大学核心价值的转移、行政化必然使大学权力错位、行政化终归要导致学术腐败⑤;同时,大学行政化导致大学偏离大学精神取向,严重损害了高校的公众形象,增加了社会的不安定因素,增加了高校的破产风险和政府的负担⑥,而众多案例也说明高校腐败的根本原因在于"高校

---

① 张建林:《高校去行政化需要找准平衡点》,《学习月刊》2009 年第 11 期,第 33 页。
② 陈运超:《大学行政化是个问题》,《复旦教育论坛》2010 年第 5 期,第 23—28 页。
③ 王建华:《中国大学转型与去行政化》,《清华大学教育研究》2012 年第 1 期,第 23—32 页。
④ 阎光才:《关于高校"去行政化"议题的省思》,《清华大学教育研究》2011 年第 1 期,第 13—19 页。
⑤ 彭道林:《大学行政化的外在表现及其危害》,《高等教育研究》2010 年第 10 期,第 19—23 页。
⑥ 成巧云、施涌:《我国经济体制变革与高等教育"去行政化"的诉求》,《海南大学学报》(人文社会科学版)2010 年第 4 期,第 116—120 页。

行政化趋势的增强,以及与此相伴的高校权力过分集中"[1]。长此以往,有可能大学教授无权利、无尊严,进而无气节、无学问;大学生无志向、无品德、无修养;大学教育精神和文化传播徒有虚名的现象、大学价值和意义无从产生[2]。外部行政化容易滋长不正之风,不利于教育家办学,把高校分成不同的等级,使教育机构、学术机构变成了行政机构、官僚机构。内部行政化导致官本位渗透到学术领域,影响大学自主权的发挥,影响大学的民主管理,导致大学难以办出特色,不利于形成尊重知识、尊重人才的氛围[3]。政府行政权力的自我膨胀使高校从政府那里获得大量资源的同时,对政府的依附性越来越强,自主、自治的空间越来越狭窄[4]。外部行政化使大学发展规则成为一定程度上具有中国特色的"政治权力事件",而非"知识权力事件",从而对大学组织的合法性造成了威胁[5]。

(三) 关于大学行政化形成原因的研究

学界已从政治体制、政党制度、政治权力、历史根源、文化氛围、心理机制、资源依赖和人性根源等方面进行了全方位、全景化研究。认为"教育部办学"强化了政府权力,现行干部管理制度强化了"官本位",现行资源配置方式加剧了行政权力膨胀,使大学行政化呈加剧之势[6]。政府过于强势和利益上的诱惑使大学不得不依附于政府来获得生存空间和足够的资源,让个人或小团体对利益的追求转

---

[1] 马毅鹏:《高校不再前"腐"后继,需"去行政化"改革》,《法制日报》2009年10月13日第3版。

[2] 王长乐:《大学"去行政化"争论的辨析》,《教育发展研究》2010年第9期,第30—33页。

[3] 杨德广:《关于高校"去行政化"的思考》,《教育发展研究》2010年第9期,第19—24页。

[4] 陈学飞:《高校去行政化:关键在政府》,《探索与争鸣》2010年第9期,第63—67页。

[5] 王飞、王运来:《制度拯救:大学"去行政化"及其合法性的复归》,《现代大学教育》2012年第2期,第51—55页。

[6] 杨东平:《治理教育行政化弊端的思考》,《教育发展研究》2010年第19期,第50—55页。

变成对权力的过分追求①。从资源依赖的角度,外部使大学成为了政府机构的下属组织,丧失了办学自主权和大学精神,内部造成学术人员对行政人员的资源依赖,使学术事务由行政人员以行政方式主导②。从历史的角度,近代政府通过设计制度、任命人员和控制经费等方式控制大学,使中国大学具有与生俱来的行政化管理色彩,导致大学政治性过高,学术性不足③。从文化的角度,中国"大一统"社会本位观念使得自上而下的官僚权力成为整个社会的支配性力量,"官学合一"制度使大学成为政府的官僚机构,集体主义观念和计划经济体制下"统一领导,集中力量办大事"的成功经验强化了由行政系统垄断教育资源配置的权力,单位制度强化了政府对大学的管控,加重了大学对政府的依赖④,而中华人民共和国成立后大学的政治化改造、学者的双重所有制和大学的高度复杂化等因素也是行政化的重要成因⑤,而历史文化背景、社会心理基础和大学行政化的体制根源亦是成因⑥。

(四) 关于大学去行政化去什么的问题

总体上主要有四种观点:

1. 大学去行政化就是大学要去官化:即在科学发展观的视野中,按照教育规律和学术规律治理教育和管理学校,去除行政权力和非学术力量对教育、科学研究不恰当的干预,建立新型的政校关系,实现

---

① 林善栋:《去行政化与现代大学制度的建立》,《教育评论》2008年第6期,第8—10页。

② 马健生、孙珂:《高校行政化的资源依赖病理分析》,《北京师范大学学报》(社会科学版)2011年第3期,第40—46页。

③ 刘少雪:《我国近现代大学行政化管理模式的历史探索》,《清华大学教育研究》2011年第2期,第20—24页。

④ 查永军:《中国大学"行政化"的文化背景分析》,《高等教育研究》2011年第7期,第51—55页。

⑤ 别敦荣、唐世刚:《我国大学行政化的困境与出路》,《清华大学教育研究》2011年第1期,第9—24页。

⑥ 文明:《我国大学行政化的深层背景与根源探析》,《国家教育行政学院学报》2010年第4期,第14—16页。

"教育家办学"①。

2. 大学去行政化应该从取消大学行政级别入手②，认为取消高校行政级别是对教育的尊重③，然后再通过制度设计将学术与政治、行政与学术进行合理区分与重构④。当然，通过取消大学行政级别实现大学去行政化也是一个争议不小的话题。有学者认为，高校的行政级别是高校"行政化"的表现之一，但不是高校"行政化"的主要原因⑤，现阶段取消大学的行政级别会降低大学的社会地位，弱化大学的社会影响⑥。取消高校行政级别是一个短视的观点⑦。大学取消行政级别的改革，需要谨慎、需要智慧、需要相关领域的配套改革⑧。

3. 大学去行政化就是减少大学被政府行政化。认为大学去行政化必须要重构学术与政治的关系，只有通过制度设计实现学术与政治的相对分离，大学的行政才能回归本位⑨，关键是国家高教决策层对大学中党政关系本质理解的改变，突破口是大学校长实现教授委员会或公开选聘⑩。大学章程是大学自主办学权的法律基础和管理自主权

---

① 王庆环：《大学要创造宽松的学术环境——访全国人大代表、武汉大学校长顾海良》，《光明日报》2010年3月17日第11版。

② 杨德广：《关于高校"去行政化"的思考》，《教育发展研究》2010年第9期，第19—24页。

③ 郭翠日：《取消高校行政级别是对教育的尊重》，《学习月刊》2010年第4期，第37页。

④ 王建华：《中国大学转型与去行政化》，《清华大学教育研究》2012年第1期，第23—32页。

⑤ 赵峰：《论高校的政治权力与"去行政化"》，《西北师范大学学报》（社会科学版）2011年第3期，第86—90页。

⑥ 宣勇：《大学必须有怎样的办学自主权》，《教育发展研究》2010年第7期，第1—9页。

⑦ 冉亚辉、易连云：《取消高校行政级别是一个短视的观点》，《江苏高教》2007年第5期，第6—7页。

⑧ 刘尧：《大学去行政化之路布满荆棘》，《评价与管理》2012年第3期，第31—33页。

⑨ 王建华：《中国大学转型与去行政化》，《清华大学教育研究》2012年第1期，第23—32页。

⑩ 王长乐：《大学"去行政化"是一项系统工程》，《学习月刊》2009年第11期（上），第31—32页。

的法律依据，制定大学章程是大学去行政化的有效途径①。由于权力天然的扩张性，通过行政指令"去行政化"无疑是抱薪救火。因此，回归宪政和法治的过程才是大学"去行政化"的过程②。

4. 大学去行政化就是防止大学内部行政管理过度化。认为应在高校内部重新进行资源配置和权力分割，通过"决策过程的分权化、学术事务管理的学术化和人员职权划分的明确化"，来提高学术人员在资源配置中的地位③。在行政权力的内部关系上变统一管理、绝对服从和强制执行为服务性、协调性和协商性管理，使大学行政工作的性质符合学术组织本质的要求④。

从上述梳理可以发现，学界虽然进行了有益的探索，取得了不少具有深度的成果。但是单个学者视角层次单一，成果形式基本上以学术论文为主，有分量的研究报告和专著还不多见。内容比较零散，最常见的仍是"国外如何""政府应如何""大学应如何"式的议论，缺乏系统性、集成性的认识，尚不足以支撑、指导和推动教育改革。应该说，大学去行政化研究还是一个研究不充分的新兴领域。

其次，研究方法运用比较单一，且远未达到方法论自觉的程度。研究主要以一般性的非实验性的逻辑推理和哲学思辨为主，严谨实在的实证分析、个案分析和文献分析较少。同时，借助政治学、交易费用政治学、新制度经济学和公共政策学中的相关理论工具，通过跨学科与多学科的理论工具的突破必将给研究注入新的活力。

最后，研究总体处于从问题中心上升为体系建构的起步阶段。基本的理论支撑非常缺乏。针对行政化问题所提出的诸多策略，多是大而化之、应然式、理想化的对策建议，缺乏微观问题的"小切口，深挖掘"。

---

① 宣勇：《外儒内道：大学去行政化的策略》，《教育研究》2010年第6期，第62—93页。
② 高飞：《大学"去行政化"的宪政思考》，《学园》2011年第1期，第76—79页。
③ 马健生、孙珂：《高校行政化的资源依赖病理分析》，《北京师范大学学报》（社会科学版）2011年第3期，第40—46页。
④ 别敦荣、冯昭昭：《论大学权力结构改革——关于"去行政化"的思考》，《清华大学教育研究》2011年第12期，第22—27页。

三 关于大学行政权力的研究

关于大学行政权力的研究，主要隐现在大学权力的研究之中。从国外的研究来看，对于行政权力，早在布鲁贝克的《高等教育哲学》中就指出："大学和学院从包含校长和院长在内的教授组成的学者团体中抽调出校长和院长，是学院或大学的日常事务方面职能的专门化需要的结果。"[①] 美国帕森斯（Talcott Parsons）将大学组织与其他社会组织进行比较后认为大学的"行政管理权力"的运行是不同于严格的科层组织的，"大学在某些方面是一种独特的'逆权威'类型的组织，它的'顶层管理部门'（行政管理部门）通常受一套明确的规定支配，限制其权威干涉教师（他们在某种意义上是'下级'）的职权范围。大学强调教师的职务占有制，而且另一方面是实行学术自由的规定，容许在广阔的领域内自由地教学、谈论和写作，而不受干扰。"[②] 他的这一结论是有背景和根据的，因为他所在和所观察到美国大学是市场机制所驱动的，其行政管理是大学发展内生的、属于服务性的，因此所谓的"行政权力"是服从于学术活动及"学术权力"的，他指出，"大学行政官员必须站在辅助立场上服务于组成大学的学者和科学家团体的需要，适应他们的各种怪癖；如果允许相反的关系发挥作用，就不可避免造成失败和浪费。"[③] 当然，在我国，由于国情和历史的不同，我国大学中的行政管理是受国家委托管理大学，行政权力则是国家权力的一种延伸。

国外对于行政权力的运行机制和模式的研究则隐含于他们的教育管理著作中。如英国教育管理家托尼·布什（Tony Bush）著的《西

---

① [美] 约翰·S. 布鲁贝克：《高等教育哲学》，王承绪、郑继伟、张维平等译，浙江教育出版社 2001 年版，第 37 页。

② Talcott Parsons, *Structure and Process in Modern Societies*, The Free Press of Glencoe: Division of MacMillan, 1963: 56.

③ [美] 塔尔科特·帕森斯：《现代社会的结构与过程》，梁向阳译，光明日报出版社 1996 年版，第 87 页。

方教育管理模式》①就是对西方教育管理模式进行了归纳，其研究的教育管理模式包含了整个西方教育系统。美国威廉·伯格奎斯特（Willian Bergquist）著的《学术机构的四种文化：改善学院组织领导权的认识和策略》提出了大学学院模式、官僚模式、发展模式和协商模式四种文化模式下对大学领导权力分解的不同规则：即学者个人的感召力、建立机构和层级授权、大学内部各团体自身的民主管理、大学内部利益冲突时对领导权的牵制作用。②美国罗伯特·伯恩鲍姆（Robert Birnbaum）著的《大学运行模式》③通过构建"控制"的概念，对四种组织模式的权力运行进行了分析，他认为：学会组织模式是学者共同分享权力，官僚组织模式则是权力等级化，政党组织模式是以团体实力影响大学决策，无政府组织模式是各个系统各自决策、彼此不加控制，由此提出"控制组织模式"，即组织中的成员以"学校目标作为各团体和个人所共有的一系列的价值为前提"限制条件，形成各自行为准则，指导各自的行为。这里大学内部各权力主体之间"自动"调整权力关系的机制来自"学校目标"，由此出发，伯恩鲍姆设计出大学内权力结构：由管理体系（行政系统，官僚化）、专业体系（评议会或学术委员会，学院化或专业化）、责任体系（管理委员会，理事）三种权力主体构成权力结构，而三种权力之间相互制约，保持均衡。其中管理体系行使科层权力，专业体系把持学术权力，责任体系担负规划、财政、监督和协调职能。这种权力结构设计注重了相互制约与促进的关系，分工明确，凸显了学术自由和大学自治，适合于规模较大的研究型大学，但是这个权力结构体系中学生群体的权力依然缺位。美国克拉克·克尔则针对美国大学形态的变化，提出了"巨型大学"的概念，并以此解释大学整体化的原因来源于

---

① Tony Bush, *West Burnham John*, *The Principles of Educational Management*, Pitman, 1998.

② William H, Berquist, *The Four Cultures of the Academy*, *Insights and Strategies for Improving Leadership in Collegiate Organizations* (*Jossey Bass Higher and Adult Education Series*), Jossey-Bass Inc Pub, 1992: 250.

③ ［美］罗伯特·伯恩鲍姆：《大学运行模式》，别敦荣主译，中国海洋大学出版社2003年版。

外界环境的变化，进而大学行政管理权力在大学权力结构中的地位和作用随之发生变化，他认为校长必须在"分享权力的集团为权力斗争的情况下寻求一致"。[①]

国内关于行政权力的研究起步较晚，从时间上看大致经历了两个阶段。

第一阶段：20世纪八九十年代。20世纪90年代前，由于研究主要关注高等教育管理体制，国内对大学行政权力的研究没有构成一个独立的学术问题，而是包含在大学党政体制的研究中。如刘鹏[②]等、王亚朴[③]、孙昌立[④]、姚启和[⑤]等围绕校长负责制、高校管理体制等问题进行了初步的探索。这一时期有关行政权力的研究多以从属的形式隐现，其研究内容主要包括三个方面。

一是校长负责制与党政关系。中国大学经历了20世纪50年代的校长负责制、50年代末的党委领导下的校务委员会负责制和60年代末的党委领导下以校长为首的校务委员会责任制、"革命委员会"制后，学界认为"党委权力过于集中，精力过于分散，造成党政不分、以党代政，党不管党，政不议政的现象"[⑥]，是高校管理体制的主要弊端，提出"学校逐步实行校长负责制，设立校务委员会和建立教职工代表大会制度，目的是要把党组织从过去那种包揽一切的状态中解脱出来，把精力集中到党的建设和加强思想政治工作上来，保证和监督党的各项方针政策的落实和国家教育计划的实现。并提出党政组织

---

① Clark Kerr：《大学的功用》，陈学飞等译，江西教育出版社1993年版，第135页。
② 刘鹏、李富明、张述禹：《谈高等学校的校长负责制》，《辽宁教育研究》1985年第1期，第19—24页。
③ 王亚朴：《论高校领导管理体制——双轨制》，《高等教育研究》1986年第2期，第41—45页。
④ 孙昌立：《高等教育的集权、分权与均权》，《现代教育管理》1990年第5期，第79—82页。
⑤ 姚启和：《对高校内部领导体制的若干认识》，《高等教育研究》1991年第1期，第21—24页。
⑥ 余长根：《关于高等学校内部领导体制改革的探讨》，《上海高教研究丛刊》1981年第1期，第82—88页。

决策、协调、执行、监督分工等对策。"①

二是关于大学内部权力结构研究,主张重心下移,特别要发挥教研室的作用。20世纪80年代中期,由于我国大学开始组建学院,研究开始从关注校、系、教研室的"旧三层"向校、院、系的"新三层"转变,认为在"新三层"管理中,学院应享有科研、教学、人事方面的决定权。

三是开始介绍国外的大学管理体制。20世纪80年代初是中国高等教育睁眼看世界的起步时期,开始对美国②等发达国家的大学管理模式进行介绍。

第二阶段:20世纪90年代中期至今。20世纪90年代开始,随着中国高等教育改革的快速推进和对国外大学学术管理模式的进一步了解,大学学者的学术权力意识开始觉醒,而在研究学术权力时必然涉及行政权力。此时期国外学者有关学术权力或高等教育管理体制的研究成果在中国陆续出版,引起国内学者的关注,开始围绕学术权力与行政权力关系、学术权力扩张的可能性与限度等问题进行探讨。

此时期行政权力的研究主要有以下几个特点:其一,研究的落脚点仍在学术权力上。"高等学校中主要有两种权力——学术权力和行政权力。高等学校基本活动方式的特性和社会组织的特性决定了两种权力的合理性、必然性和局限性。"③ 其二,在对多国大学学术权力和大学管理体制进行比较研究的同时也介绍了各国大学行政权力的情况。

研究中形成的焦点在于行政权力与学术权力关系研究,这是最为集中的内容,占研究成果的绝大多数。一是激进冲突论。指出两种权力的矛盾性和对抗性,认为二者间的矛盾和冲突主要表现为:"第一,

---

① 王亚朴:《论高校领导管理体制——双轨制》,《高等教育研究》1986年第2期,第41—45页。

② 吴小平:《美国大学的内部管理体制》,《外国教育动态》1986年第3期,第21—27页。

③ 张德祥:《高等学校的学术权力和行政权力》,《高等教育研究》1997年第6期,第9页。

两种权力的载体与追求目标存在必然矛盾。第二，两种权力主体在高校中所处的位置存在必然矛盾。第三，两种权力的实现方式存在必然矛盾。第四，两种权力的发展趋势亦存在矛盾。"[①] 二是制衡协调论。认为尽管两种权力的来源、价值取向等存在差异，但目标一致，二者既对立又统一，所以大学应平衡这两种权力。

研究中存在的不足之处主要在于：一是大学行政权力的来源和存在的必要性问题。现有的研究基本不问大学行政权力从何而来，似乎大学行政权力享有中国传统的"君权天授"的权力观地位，与学术权力在大学存在一样具有"先验合法性"，但从大学的历史和逻辑来看并非如此。同时，由于大学行政权力与学术权力的冲突占据主要视野，对大学行政权力在大学中的正当性的讨论几乎是一笔带过，这与大学行政权力在大学中的强势地位和重要作用形成了鲜明对比。许多研究仍停留在概念和表面现象的泛泛讨论，或是满足于对欧美大学制度的简单引介与模仿，对中国大学所处的特殊社会背景缺乏应有关照，对大学行政权力的内在运行逻辑缺乏深入剖析，对社会政治力量形塑大学行政权力的具体机制缺乏细致入微的考察。二是研究中存在就行政权力言行政权力的问题。对复杂的权力现象研究，既没有对大学行政权力概念进行清晰的界定，也没有把研究建立在政治学、社会学、历史学等多学科有关权力分析理论的基础上，研究缺乏深度。有的研究试图采用跨学科的方法，但简单套用之下对大学行政权力的性质和特性把握不够，难以体现大学行政权力应有的特点。三是忽视大学行政权力的复杂性与整体性。由于现有研究主要集中在现代大学制度范畴内的学术权力在大学中的合法性以及学术权力和行政权力的关系上，对大学行政权力的复杂性、大学行政权力的内在逻辑、大学行政权力的合法性基础等问题缺少深入研究，对大学行政化的历史与文化根源以及社会政治与行政制度的现实土壤缺乏深入探讨，因此，为中国大学学术权力与行政权力和谐共生开"药方"的不少，但愈演

[①] 阎亚林：《论我国高校学术权力行政化》，《陕西师范大学学报》2003年第1期，第94—100页。

愈烈的"应然"与"实然"的差距让"药方"总给人"不对症"的感觉。谁都知道应该怎样做，谁都知道这样做不对，但谁都还在这样做。也许"它不只是认定一就是一，二就是二，而且还关注一何时不是一，二何时不是二"①。

第三节　视域视角：观察大学行政 权力的聚光灯

所谓"视域"是一个被胡塞尔、海德格尔、狄尔泰等现象学和解释学哲学家赋予了特殊意义的概念。就个体而言，视域是个体领会或理解世界的架构或视野；就具体问题而言，要获得对历史现象的理解，人们必须尽力得到一个历史的视域，并且通过历史存在者本身和过去传统的视域来进行解释。关于大学行政权力研究的视域，本研究既不是纯粹就历史现象进行现象描述，也不是从当代的价值取向和判断出发重构历史，而是要努力在一个连续的历史视域和社会视域中来研究大学行政权力的历史背景和社会基础。换言之，也就是研究大学行政权力之所以能够产生并且随着大学发展而发展的历史必然性和社会偶然性。

所谓"视角"，即观察、分析、解释一个事物、一种现象的特定角度。观察渗透着理论。任何一个视角都意味着一套特定的"话语系统"，即一套从基本范畴、命题到方法原则构成的理论话语。真正影响研究走向和结果的，是具有这种视角意义的研究方法，只有从特定的研究视角出发，才能具体回答"是什么样""是如何"的问题。如前所述，本研究认为，目前大学行政权力存在的主要问题是逾越自身的合法性基础而产生的综合性矛盾，所以选取大学行政权力的合法性作为研究视角，而要构建大学行政权力的合法性基础过程中又要事涉国家、历史、文化、政治、大学等多方面因素，面面俱到必然难以达到，故此用理想类型法这盏聚光灯试图穿越历史的隧道努力照亮大学

---

① 张楚廷：《教育学为何需要哲学》，《高等教育研究》2011 年第 9 期，第 1—5 页。

行政权力合法性基础这个舞台，以期实现"片面"的深刻。

一　马克思主义唯物史观

在《德意志意识形态》手稿中，马克思明确指出："我们仅仅知道一门唯一的科学，即历史科学。历史可以从两方面来考察，可以把它划分为自然史和人类史。但这两方面是不可分割的；只要有人存在，自然史和人类史就彼此相互制约。自然史，即所谓自然科学，我们在这里不谈；我们需要深入研究的是人类史。因为几乎整个意识形态不是曲解人类史，就是完全撇开人类史。意识形态本身只不过是这一历史的一个方面。"[①] 这段文字清楚地表明了马克思思想最高的、一元的范畴就是历史，从某种程度上说整体的马克思学说就是历史科学。

对于如何认识和研究历史，马克思主义唯物史观揭示了几个重要观点：首先是如何看待历史的问题，就是要承认历史和尊重历史，认为社会必然是一个连续不断的发展过程；其次是联系历史来观察和分析问题。只有有了历史的观点，我们看待、分析和处理问题才会更加全面、客观，才能更加符合实际和更加接近事物本身；最后是如何对待历史的问题，也就是有选择性地继承并发展历史。运用马克思主义唯物史观研究历史问题的关键在于用一元多维的方法来分析具体的历史事实，在坚持历史与逻辑的统一中获取普遍性的历史经验。

众所周知，马克思主义唯物史观最为重要的观点就是历史唯物主义的方法论，也就是在唯物史观的前提下，在确定了唯物主义一元论的历史本体论的情况下，对事物、社会、问题应当而且必须从不同角度、不同层面、不同范围、不同意义上进行认识才是科学、全面和辩证的，才符合"马克思主义的最本质的东西、马克思主义的活的灵魂：具体地分析具体的情况"[②]，因为"从来没有一个马克思主义者认为马克思的理论是一种必须普遍遵守的历史哲学公式，是一种超出

[①] 《马克思恩格斯选集》（第1卷），人民出版社1995年版，第66页。
[②] 《列宁选集》（第4卷），人民出版社1972年版，第290页。

了对某种社会经济形态的说明的东西"①。因此，马克思主义的历史观应该是一元多维的，即分层次、有结构、成系统的。

人们认识事物总是遵循"是什么""怎么样"和"为什么"的基本路径，社会历史研究同样如此。关于历史的本质是什么的问题的回答，马克思主义理论的答案是：马克思主义者是历史唯物主义者，坚持唯物史观，也就是社会历史的本质是社会存在，是社会存在决定社会意识。当"是什么"的问题解决之后，马克思主义历史观随之而来的就是回答"怎么样"的问题，是静止的还是运动的？如果是运动的，是循环往复还是螺旋上升？答案是：多样性的统一。"自然历史过程""合理运动过程""主体选择过程"和"社会形态理论"等都是从不同角度、不同层面、不同目的、不同价值取向上的不同回答。那么作为社会存在的人类历史何以能运动、变化和发展，也就是"为什么"的问题，答案有"劳动史观""实践史观""生产力史观""阶级斗争史观""社会矛盾史观"等。需要注意的是，这些史观在各自有据的条件之内回答"历史何以发展"的问题无疑都是正确的，也是马克思主义历史观的丰富和发展，但要说是"放之四海皆准"的绝对真理则无疑又是片面的。

"历史与逻辑的统一"最早由黑格尔提出。他认为，"哲学体系在历史中的次序同观念的逻辑规定在推演中的次序是一样的。"② 随后，恩格斯科学论述了"历史与逻辑的统一"。他认为："对经济学的批判，即使按照已经得到的方法也可以采用两种方式：按照历史或按照逻辑。既然在历史上也像在它的文献的反映上一样，整个说来，发展也是从最简单的关系进到比较复杂的关系，那么，政治经济学文献的历史发展就提供了批判所能遵循的自然线索，而且整个说来，经济范畴出现的顺序同它们在逻辑发展中的顺序也是一样的。""历史常常是跳跃式地和曲折地前进的，如果必然处处跟随着它，那就势必不仅会注意许多无关紧要的材料，而且也会常常打断思想进程……因

---

① 《列宁选集》（第1卷），人民出版社1995年版，第58页。
② 《列宁全集》（第38卷），人民出版社1995年版，第271页。

此，逻辑的研究方式是唯一适用的方式。但是，实际上这种方式无非是历史的研究方式，不过摆脱了历史的形式以及起扰乱作用的偶然性而已。"①

　　同样，在教育问题的研究特别是教育史的研究中也需要把握"历史与逻辑的统一"。教育的历史研究要求对教育发展历程作"原生态式的把握"②，"帮助人们寻求历史发展的线索，使人们的目光始终不离开历史发展中的重要曲折过程和偶然现象"③。教育的逻辑研究则要求研究者按照定义、判断和推理等形式逻辑的要求揭示教育发展历史的内在规律。历史主要采用事实描述的形式，逻辑则主要采取理论论证与哲学思辨的形式。两种方式各有利弊，但谁都不能"包打天下"。"历史是人类过去的活动，但是人们对于历史的认识却不仅仅是限于要求知道或确定历史事实而已，他们还要求从历史事实中能总结出一种理论观点来，即把编年史的记录提升到一种思想理论高度上来，寻求历史发展和变化的某种规律，从历史事实中演绎出义或者是对历史事实赋之以意义，从而把历史事实归纳为一种理论体系。"④只有把历史方法与逻辑方法统一起来，"从历史中发现逻辑，用逻辑去考察历史"⑤，才能真正透视教育的内在规律。

　　因此，我们在用马克思主义唯物史观来分析和解读大学行政权力的合法性时，就需要全面、科学、辩证地看待大学行政权力连续的历史发展和具体的社会背景，按照"一元多维"的分析模式，先后回答大学行政权力"是什么""怎么样""为什么"的问题。按照这种思路和分析框架，遵循历史与逻辑统一的原则，就本研究而言，也就是要回答大学行政权力是如何在大学历史发展中通过学者权力让渡和政府权力授权而来，又是如何适应大学发展的内在需要从大学组织内

---

① 《马克思恩格斯选集》（第2卷），人民出版社1972年版，第122页。
② 申国昌、周洪宇：《论教育史研究中历史与逻辑的统一》，《湖北大学学报》（哲学社会科学版）2007年第1期，第113—116页。
③ 吴泽：《史学概论》，安徽教育出版社2000年版，第151页。
④ 何兆武、陈启能：《当代西方史学理论》，上海社会科学院出版社2003年版，第3页。
⑤ 张岱年：《中国哲学史方法论》，中华书局2003年版，第64页。

部"生长"出来的。从历史的角度,主要关注行政权力为什么会在大学产生以及如何演变成今天的形式?大学行政权力产生后能持续至今的原因何在?按照"历史与逻辑最终统一于历史实践"的观点,大学行政权力在大学中的合法存在既不是大学按照大学逻辑演绎的结果,也不是"后天"按照大学逻辑阐释的结果,而是大学历史的必然和大学发展的逻辑必然,是大学历史实践的必然,也是"存在既合理"的必然,而这种必然本身就是历史与逻辑的统一。同时,大学行政权力作为以大学为载体的权力,与政府行政权力或其他行政权力又不同。也就是说,大学行政权力如果完全按照政府行政权力中的逻辑、规则和程序行使,也会因为不符合大学的逻辑而不具备合法性。换言之,大学行政权力只有在"学术—行政共同体"中按照大学的逻辑行使才具有合法性。

二 权力合法性理论

关于合法性研究自韦伯始就变成了一个关键、复杂而又充满争议的概念,几乎所有著名的政治学家和社会学家都曾从不同角度进行过探讨,众说纷纭,观点纷呈。正如政治学家杰克曼所说:"在政治学词汇里,很少有比'合法性'因明确的原因引起更大麻烦的术语。"[1] 正因为如此,本研究只选取在合法性概念的发展和演变中具有代表性的学者在合法性内涵、合法性基础以及合法性危机等方面的论述进行简要梳理,以期为大学行政权力的合法性基础提供理论基础。

(一)合法性内涵

关于合法性研究的起源,哈贝马斯曾这样说:"如果不是从梭伦开始,那么至迟也是从亚里士多德开始,政治学理论就从事于合法化统治兴衰存亡的研究。"[2] 诚然,在亚里士多德对各种政体的原则特性、生存维系方式、蜕变消亡历程的探讨中,都渗透着合法性思想。

---

[1] [美]罗伯特·W. 杰克曼:《不需暴力的权力:民族国家的政治能力》,欧阳景根译,天津人民出版社 2005 年版,第 124 页。

[2] [德]哈贝马斯:《交往与社会进化》,张博树译,重庆出版社 1989 年版,第 186 页。

在他看来，政治学研究的一项重要内容就是"在给定的前提下，一个政体起初是如何产生出来的，通过什么方式可以使它长时间地保持下去"①。他指出，"一种政体若想长期维持下去，那么城邦的所有部分都应该愿意看到其存在和维持"②，"对于一切城邦或政体都相同的一条普遍原则，即城邦的各个部分维持现行政体的愿望必须强于废弃这一政体的愿望"③。在这里，亚里士多德已经从民众的同意、认可与支持方面涉及了政治合法性的核心。

学界普遍认为，明确提出合法性这个概念的是卢梭。他在《社会契约论》中指出："我要探讨在社会秩序之中，从人类的实际情况与法律的可能着眼，能不能有某种合法的而又确切的政权规则。"④ 卢梭的这种基于契约论基础上的合法权力观是当时思想家们的普遍看法。继卢梭之后对合法性概念的界定及理论体系的研究产生了决定性影响的则是韦伯。

在韦伯看来，所谓统治，就是具体命令得以服从的机会，然而服从并非都是出自经济利益，还有"对合法性的信仰"。"一切经验表明，没有任何一种统治自愿地满足于仅仅以物质的动机或者仅仅以情绪的动机，或者仅仅以价值合乎理性的动机，作为其继续存在的机会。毋宁说，任何统治都企图唤起并维持对它的'合法性'的信仰。"⑤ 显然，合法性是对政治统治的一种信仰或者说信任。

按照合法性信仰，韦伯划分了三类合法性统治：法理型统治、传统型统治和魅力型统治。法理型统治："在依照章程进行统治的情况下，服从有合法章程的、事务的、非个人的制度和由它所确定的上司——根据他的指令的正式合法性和在他的指令的范围内服从他。"⑥

---

① [古希腊]亚里士多德：《亚里士多德选集》（政治学卷），颜一编，中国人民大学出版社1999年版，第122页。
② 同上书，第61页。
③ 同上书，第147页。
④ [法]卢梭：《社会契约论》，何兆武译，商务印书馆1980年版，第5页。
⑤ [德]马克斯·韦伯：《经济与社会》（上卷），林荣远译，商务印书馆1998年版，第238—239页。
⑥ 同上书，第241页。

法理型统治就是合法律性的统治，这种统治是建立在法律授权基础之上，而统治过程即行政命令符合法律，这是韦伯合法型统治的第一个明确无误的含义。传统型统治："在最简单的情况下，这种统治团体首先是一个由于教育共性所决定的恭顺的团体。统治者不是'上司'，而是个人的主子。"① 即合法统治是建立在相信传统的神圣性和由传统授命实施统治的统治者的合法性之上。"在魅力型的统治情况下，服从具有魅力素质的领袖本人，在相信他的这种魅力的适用范围内，由于个人信赖默示、英雄主义和楷模榜样而服从他。"② 即合法性统治是建立在一个人以及由这个人所创立的制度的神圣性或英雄气概的魅力基础上，也就是我们通常所说的卡里斯马型统治。

作为韦伯研究重点的合法型统治的第二个支点是官僚制。在韦伯看来，"合法型统治的最纯粹类型，是那种借助官僚体制的行政管理班子进行的统治"③。官僚制在技术上可以达到最完善的程度，因而是实施统治形式上的最合理的形式。它推动或者带动了所有其他领域的团体组织形式的现代化，能够成为组织社会的中枢机制。把合法型统治的两个支点结合起来，我们可以发现，在韦伯那里，合法型统治是一种以理性法律而组织起来的高效率政权，由于这个政权具备法律性和有效性这两个关键要素而值得信仰。合法性是一种关于服从的信仰，服从统治是因为其产生和行使权力的过程是都合乎法律程序的。之所以信仰这个基于法律而产生的统治，是因为这个统治（即政权）能以官僚制的形式高效地把国家、社会组织起来。如果统治无效，一切都是空谈，更谈不上对它的信仰。可见，韦伯是从经验研究的角度对既定社会事实加以认定，即在现实政治中，任何成功的、稳定的统治，无论其以何种形式出现，都必然是合法的，而"不合法"的统治本身就没有存在的余地。韦伯之后，经验主义合法性理论遂成为现代政治分析的主流范式。

---

① ［德］马克斯·韦伯：《经济与社会》（上卷），林荣远译，商务印书馆1998年版，第252页。
② 同上书，第283页。
③ 同上书，第245页。

合法性概念在韦伯之后沉寂了几十年被李普塞特激活。在李普塞特看来,"任何一种特定的民主的稳定性,不仅取决于经济发展,而且取决于它的政治系统的有效性和合法性。有效性是指实际的行动,即在大多数居民和大企业或武装力量这类有力量的团体看政府的基本功能时,政治系统满足这种功能的程度。"① 实际上,李普塞特所说的"经济发展"和"有效性"本质上还是韦伯所说的"官僚制"。"所谓合法性,也可以说是社会的组织机构自认为以及被认为是正确和正当的程度。"② "合法性是指政治系统使人们产生和坚持现存政治制度是社会的最适宜制度之信仰的能力。当代民主政治系统的合法性程度,主要取决于解决造成社会历史性分裂的关键问题的途径。"③ 那什么样的政治才能化解历史性分裂呢?在李普塞特看来,只有西方的选举式民主才具有合法性,而选举式民主只有建立在均质性文化的基础上才是稳定的。

尽管韦伯所开创的经验主义合法性研究范式备受推崇,但还是遇到了以哈贝马斯为代表的当代西方马克思主义理论家强有力的挑战。哈贝马斯在对此前的合法性理论进行清算的基础上提出,有效的合法性信念应当被视为同真理有一种内在联系,其外在基础包含着一种合理的有效性要求,这种有效性要求可以在不考虑这些基础的心理作用的情况下接受批判和检验。"理解为一个政治秩序被认可的价值,合法性要求则与某个规范决定了的社会同一性的社会一体化之维护相联系,合法化被用来证明合法性要求是好的,即去表明现存(或被推荐的)制度如何,以及为什么适合于通过这样一种方式去运用政治力量。在这种方式中,对于该社会的同一性具有构成意义的各种价值将能够实现。"④ 哈贝马斯的合法性理论,弥补了把合法性构筑在单纯

---

① [美]西摩·马丁·李普塞特:《政治人:政治的社会基础》,张绍宗译,上海人民出版社 2011 年版,第 47 页。
② 同上书,第 21 页。
③ 同上书,第 47 页。
④ [德]哈贝马斯:《交往与社会进化》,张博树译,重庆出版社 1989 年版,第 206 页。

的经验分析与心理认同上的经验主义合法性理论不足，而强调从政治秩序本身的正义性和真理性出发去赢得大众的信仰、认可和忠诚，从而揭示了现代社会合法性的建构所应当具有的价值关怀与旨趣。如果说以韦伯为代表的经验主义合法性理论提供了技术工具，那么以哈贝马斯为代表的规范主义合法性理论则为其指明了价值旨归。

（二）合法性基础

学界关于合法性基础的理论建构与合法性范畴的复杂程度相当，也是见仁见智、众说纷纭。规范主义合法性理论主要从善、正义等价值规范的角度来探讨合法性基础；而经验主义合法性理论则主要从制度、绩效、意识形态、个人品质等角度去思考合法性基础。综合两派学者的研究，具体来说，合法性基础包括价值规范、制度法则、经济绩效、意识形态和个人品格等方面。

价值规范：主要从政治秩序所蕴含和彰显的公平、正义、公意等价值规范来审视政治合法性基础。早在古希腊时期，亚里士多德在对各种政体的兴衰更迭进行探源时就提出："政治上的善即是公正，也就是全体公民的共同利益"[1]。社会契约论认为，政治权力只有代表公共利益或人民意志才具有合法性。罗尔斯明确提出："正义是社会制度的首要价值，正像真理是思想体系的首要价值一样。一种理论，无论它多么精致和简洁，只要它不真实，就必须加以拒绝或修正；同样，某些法律和制度，不管它们如何有效率和有条理，只要它们不正义，就必须加以改造或废除。每个人都拥有一种基于正义的不可侵犯性，这种不可侵犯性即使以社会整体利益之名也不能逾越。"[2] 哈贝马斯认为，"合法性意味着，对于某种要求作为正确的和公正的存在物而被认可的政治秩序来说，有着一些好的根据。一个合法的秩序应该得到承认。合法性意味着某种政治秩序被认可的价值。"[3]

---

[1] [古希腊] 亚里士多德：《亚里士多德选集》（政治学卷），颜一编，中国人民大学出版社1999年版，第100页。

[2] [美] 罗尔斯：《正义论》，何怀宏等译，中国社会科学出版社2003年版，第3页。

[3] [德] 哈贝马斯：《交往与社会进化》，张博树译，重庆出版社1989年版，第184页。

制度法则：主要是韦伯所强调的"建立在相信统治者的章程所规定的制度和指令权力的合法性之上"①。韦伯后来的追随者如政治学家戴维·伊斯顿在分析合法性源泉的时候，把依据一定制度和程序来产生政治角色，并且遵循相应的权利义务规范来运行政治职能和行使政治权力的制度化政治结构看作是具有独立效应的合法性基础，他称之为结构的合法性②。也有学者对合法性基础的制度与法律进行了进一步区分，认为只有"合法性法律和制度"才能成为合法性的源泉。马克·夸克认为："合法律性，或者说是对合法律性的信仰，并不构成一种独立的合法性，而是这种合法性的一种指数。"③ 只有合法性法律才能以一种具体的方式界定权利义务，确定不应逾越的边界，并因此成为既能支配统治者又能支配被统治者的规则④。亨廷顿更是响亮地提出能保障公共利益的政治制度就是合法性的。他认为，"公共利益既非先天地存在于自然法之中或存在于人民意志之中的某种东西，也非政治过程所产生的一种结果。相反，它是一切增强统治机构的东西。公共利益就是公共机构的利益。它是政府组织制度化创造和带来的东西。在一个复杂的政治体系中，政府的各种组织和程序代表着公共利益的不同侧面"⑤。

经济绩效：当今许多学者都把经济绩效作为合法性的来源和基础。李普塞特认为："几代人时间的长期持续的有效性，也可以给予一个政治系统合法性。在现代世界，这种有效性主要指持续不断的经济发展。"⑥ 凭借绩效来寻求民众对政治统治的支持和认同，是当今

---

① ［德］马克斯·韦伯：《经济与社会》（上卷），林荣远译，商务印书馆1998年版，第22页。
② ［法］马克·夸克：《合法性与政治》，佟心平译，中央编译出版社2002年版，第360页。
③ 同上书，第33页。
④ 同上书，第35页。
⑤ ［美］塞缪尔·P.亨廷顿：《变革社会中的政治秩序》，王冠华、刘为等译，上海人民出版社2008年版，第19页。
⑥ ［美］西摩·马丁·李普塞特：《政治人：政治的社会基础》，张绍宗译，上海人民出版社2011年版，第51页。

世界各国的执政党所普遍采用的一个合法化战略。特别是发展中国家因与西方发达国家在经济、科技、国民生活水平等方面差距甚大,面对现代化赶超的压力,发展中国家的执政党普遍地不得不把经济绩效放在第一位,以免被时代所淘汰、被人民所抛弃。亨廷顿提出的"绩效困局"的概念揭示了绩效是合法性的必要基础,但不是充分基础;统治者把合法性建立在绩效基础之上的同时,还应着手培育与构建长远的、稳定性的合法性程序基础,以便使政府的更迭不会导致根本政治制度的坍塌和政治秩序的失控。

意识形态:意识形态是古往今来的统治阶级最常使用的合法化工具。马克思明确指出,"国家作为第一个支配人的意识形态力量出现在我们面前。社会创立一个机关来保护自己的共同利益,免遭内部和外部的侵犯。这种机关就是国家政权。"[①] 达尔也认为,任何政治体系的领袖通常都会维护和弘扬一套意识形态,来赋予他们的领导以合法性,即把他们的政治影响力转换成权威。伊斯顿更是把意识形态看作是构成合法性的三大基础源泉(意识形态、结构、个人)的首要方面。他认为,意识形态能够用来为政治体系的合法性提供道义诊释和说明,并以其特有的心理感召力,增强人们对政治体系的合法性情感和支持。当代新制度经济学派的代表道格拉斯·诺思则从经济学的角度对意识形态的合法化功能作了精辟的分析:成功的意识形态能够克服白搭车问题,能够产生重大推力,使成员行动起来,不按简单的、享乐的、个人对成本收益算计来为团体注入活力。而如果没有这种行动,无论维持现存秩序还是废除现存秩序都不可能。意识形态虽然是合法性的重要基础,但是,其对政治体系的支撑力也是有限的。一方面这种局限性是由意识形态本身的性质决定的,即作为精神的力量,它势必受到物质力量的制约。如马克思所言:"占统治地位的思想不过是占统治地位的物质关系在观念上的表现,不过是以思想的形

---

① 《路德维希·费尔巴哈与德国古典哲学的终结》,《马克思恩格斯选集》(第4卷),人民出版社1995年版,第253页。

式表现出来的占统治地位的物质关系。"① 另一方面，随着科技发展与社会进步，意识形态的合法化潜能也在逐渐地发生"贬值"，人们越来越用理性的眼光来审视政府，政治合法性也越来越取决于统治阶级的实际作为和社会公平正义的实现程度。

（三）合法性危机

合法性资源是一个随着执政环境的变迁、执政能力的强弱、执政绩效的高低而增加或流失的变量，当这种合法性资源的流失低于政治体系维持正常运转的临界点时，就会爆发合法性危机。

发展中国家的政治合法性危机：学者们研究发现，第二次世界大战后广大发展中国家在其从传统社会向现代社会的变迁过程往往是政治合法性危机的高发期。李普塞特认为，合法性的危机是变革的危机，其根源必须从现代社会变革的性质中去寻求。在向新的社会结构过渡期间，合法性危机源于以下两方面：（1）主要的保守组织机构的处境在结构变革时期受到威胁；（2）社会上的主要团体在过渡时期或至少在他们一旦提出政治要求时，不能进入政治系统。在新的基础上确立合法性的时期内，满足主要团体（基于"有效性"）的期望，则会出现新的危机②。派伊把发展中国家在发展过程中遇到的社会政治问题归结为五种危机，即分配危机、认同危机、合法性危机、渗透危机、参与危机。其中合法性危机是指该国人民及社会精英对执政者的施政纲领、政策采取不接受、冷淡甚至抵触的态度，使执政者的合法性发生危机③。亨廷顿则认为，发展中国家在现代化进程中出现合法性危机的原因在于：（1）现代化提高了人们的政治意识，增加了人们的政治需求，扩大了政治参与，而政治组织化和制度化的速度却偏低；（2）现代化涉及价值观、态度和期望的根本转变，由于新旧价值观的冲突，现代化容易造成疏远感、颓废感和反常现象。在用以创立

---

① 《德意志意识形态》，《马克思恩格斯文集》（第1卷），人民出版社2009年版，第550页。

② [美] 西摩·马丁·李普塞特：《政治人：政治的社会基础》，张绍宗译，上海人民出版社2011年版，第55—56页。

③ 李元书：《政治发展导论》，商务印书馆2001年版，第88页。

新组织的新技术、新动机和新资源出现以前,新的价值观已经动摇了旧组织和旧权威的基础①。因而,政治不稳定、政治衰败、政治合法性危机的爆发就不可避免。

发达国家的政治合法性危机:发达国家经历了几个世纪的现代化发展,其社会生产力和民主法治程度都达到了比较高的水平,但并不等于其合法性危机已不存在。哈贝马斯就认为,虽然资本主义发达国家通过民主进程、政党竞争、社会福利和社会改革等机制,使其合法性得以延续,但其仍然面临着深刻的合法性危机。只不过在传统社会,合法性危机是由深嵌于社会结构中的阶级冲突引起的(哈贝马斯语境中的阶级结构不是基于社会经济分工而出现的,而是作为等级、种姓、身份以及诸如此类的东西的特权结构而出现的),而在现代资本主义社会,借助于社会福利和大众民主的实行,资产阶级已经成功地卸去了工人阶级的"对系统反抗的导火索",并通过制度化的政权的更迭而使得合法化的收回"通畅化",从而成功地消解了由结构性冲突而引发的合法性危机。但危机仍然存在,危机的根源则是来自于系统的局限性和行政干预文化传统所带来的意外副作用(政治化)②。也就是说,现代资本主义国家的合法性危机表现为政治体系的功能危机和市民社会的公共文化危机。虽然哈贝马斯的观点偏离了马克思主义关于资本主义的经济危机观,但对于我们审视当代资本主义的生命力仍极具启示。

在挂一漏万地回溯了合法性这个复杂概念的方方面面之后,我们可以有趣地发现,它在"诸神"之间的论述有时是彼此冲突的,它自身也已经从单向度的经验性、工具性的概念演变为多维度的兼具工具与价值的概念。发现这些转变有助于我们更好地理解合法性。

合法性具有"因时因地"性:不同的时代有不同的合法性、正当性的观念。韦伯的官僚制是合法性,李普塞特的选举授权是合法性,

---

① [美]塞缪尔·P.亨廷顿:《变革社会中的政治秩序》,王冠华、刘为等译,上海人民出版社2008年版,第32—37页。
② [德]哈贝马斯:《合法化危机》,刘北成、曹卫东译,上海人民出版社2000年版,第68页。

亨廷顿则以统治能力为合法性，罗尔斯又以正义原则为标准的良序社会是合法的。可见，合法性是一个产生于特定时代、特定社会经验的概念，都是回应大时代的产物。另一方面，不同的国家有不同的合法性诉求。这是由国家发展阶段、国家的文化基因禀赋所决定的。在不同国家的不同发展阶段上有最急需的合法性需求，如果彼此倒置或错位，不仅不会促进合法性，反而会带来合法性危机。目前世界政治格局充分地证明了这点。因国家禀赋差异，比如同质化文化与异质化文化的差异，把同质化文化下的合法性工具运用到异质性文化之中，结果不是合法性政治，而是灾难性政治，是非道德的无政府状态。

合法性是合法律性、有效性和正义性的统一：合法律性是一切现代政治的前提和基础，在此基础上的有效性增进了合法性。从韦伯式官僚制有效性，到李普塞特所说的长期有效性有助于合法性，再到亨廷顿所说的作为有效性的统治能力，以及罗尔斯强调的政府责任的有效性，都是合法性须臾不可缺的要素。有效性是最没有争议的合法性政治的基石。需要注意的是，尽管合法律性是大家普遍认同的现代政治基本原则，但合法律性并不必然意味着具有正当性（即符合正义原则）。正义性是衡量其他指标的最高原则。

本研究主要从权力合法性理论的视角考察大学行政权力的合法性基础，并以此来分析中国大学行政权力遭遇的合法性危机是否因为偏离了合法性基础，进而提出大学行政权力合法行使的对策。

三　理想类型法

众所周知，人类的研究活动起源于纷繁复杂的大千世界。当人们面对千变万化的自然现象与社会现象时就需要努力去寻找解释万事万物为何会产生这些变化以及如何来预测或者改变这些变化的规律说明或者体系化解释，而要实现这个目的就必须寻求一定的叙述方式，也就是解释自然和社会现象的方法论。

在社会学领域自它产生之日起就存在着实证主义和反实证主义这两大对立的方法论阵营。以孔德、斯宾塞为代表的英法早期实证主义者，在自然科学特别是物理学和生物学方面取得巨大成果的背景下，反对超自然力量和抽象思辨，把社会现象视为与物理现象相同的自然现象，期冀用自然科学方法和手段来研究社会和人，建立一套完整而严密的研究范式。而深受德国人文熏陶的狄尔泰，则从本体论出发，将科学分为自然科学和精神科学。在他看来，无论实证主义的自然主义，还是客观唯心主义的历史哲学，都无法反映社会生活和社会精神的特殊性，自然科学所做的工作仅仅是依照自然规律，把一些观察到的事物与另外一些事物联系起来，并对它们作出解释。新康德学派的另一个代表人物李凯尔特同狄尔泰一样，反对将自然科学的方法移植到人文科学。他认为，"自然与文化是两种不同的东西：自然是任其自生自长的东西的总和，与自然相对，文化或者是按照预计目的直接产生出来的，或者是虽然已经现成，但至少是由于它所固有的价值而为人们特意地保存着的"[1]。韦伯秉承了李凯尔特的思想，认为文化科学的任务是获得关于具有完全特殊性质的文化现象的知识，因此，任何一般化概念都无法完成这个具体任务。于是，韦伯认为要想社会学成为真正的科学，就必须如自然科学一样，建构一套精确而谨慎的概念体系作为衡量现实的标准，审视现实与概念之间的差距，并对此差距做出因果解释，韦伯称其为"理想类型"。

韦伯认为，理想类型一词适用于指关于行动者与行动要素之间的关系的分类和陈述，亦即根据或参照行动者心中的思想和行动取向所依据的一个或几个行为准则所作出的分类和陈述。它通过单方面地强调一个或几个观点，并将与这些单方面强调的观点相匹配的现象，亦即许多弥漫的、无联系的、或多或少存在和偶尔又不存在的个别现象，综合成为一个具有内在一致性的思维图像。这个思维图像由于其概念的纯粹性，所以在现实中的任何之处都不可能由经验来发现它。它是一个乌托邦。理想类型是关于肯定了某些要素组合的存在的一般形式的陈述，这些要素只是由于属于每一类型所指的一类现象的例证而在经验上是相近的。理想类型是一个思维图像，它既不是历史现实（即其内容不是具体现实

---

[1] [德] 李凯尔特：《文化科学和自然科学》，涂纪亮译，商务印书馆1986年版，第20页。

的完全再生），也不是"真正的"客观现实（即它不是从绝对意义上表现了现实的"本质"），它的目的甚至不是作为现实的一部分可以在其中找到其作为一个例证的位置的图式（即它不是一个真正的一般概念），但是它必须被解释为一个纯限定概念，亦即为了强调经验现实中的某些有意义的部分而与所研究的现实进行比较所用的概念。①

通过韦伯的论述，我们可以发现，理想类型法大致具有如下基本特征：

第一，"理想类型"是一种"片面的深刻"。简单说来，"理想类型"的确定，是撷取社会生活中的某一个最足以代表事物本质与特征的内容作为对整个事物进行分析的框架。"理想类型不是对实际社会存在的概括，它只是理论家为了分析现象理解现实而构想的理论模式"②，因而它也就不需要穷尽事物的全部特征。需要注意的是，模式的片面性并不因此而否定了它的科学性以及在学科研究中的意义。"在人类认识发展或一门科学的发展过程中，当人们还未获得对研究对象的细致深入的总体认识之前，总会出现一些片面地孤立地研究问题的某一方面的理论；而这些片面的理论，只要深入地考察和揭示了某一方面的具体关系和具体问题，它就为整个科学的发展提供了有益的思想材料，从而具有不可否认的科学价值和积极的意义。"③从某种意义上说，科学研究正是在这种"片面的深刻"基础之上，通过逐步进入到整体性的分析，才能够真正逼近事物的发展真相。

第二，"理想类型"虽然是一种理性的模式建构，但并不意味着它是一种虚构。严格来说，一个有用的"理想类型"必须是在综合许许多多"弥漫的、无联系的、或多或少存在和偶尔又不存在的个别具体现象"的情况下形成的。这就说明，对于这样一种"理想类型"而言，它源于研究者根据经验获得的解决相关问题的基本思路，并在

---

① ［德］马克斯·韦伯：《社会科学方法论》，杨富斌译，华夏出版社1999年版，第90—103页。
② 李强：《自由主义》，中国社会科学出版社1998年版，第146页。
③ 樊纲：《现代三大经济理论体系的比较与综合》，上海人民出版社1994年版，第149页。

这些相关的经验中获得一种规律性的理解，最后将其确立为解决相关问题的一种通用性的方法。自然，由于"理想类型"只是一种有关社会现实的抽象的、近似的概括，因而必然会出现与这种模式不合的情况，韦伯将其称为与"理想类型"的偏离。也就是说，"理想类型"是一种对理性状态下事物的正常形态所作的概括，但是，所有非理性的、受感情支配的意向关系都指导行为，例如个人就可以仅凭自己的好恶来从事某些活动，所以，"从构建类型的科学角度出发，研究和描述这些意向关系的最清晰的方法，是把它们看成从假想的合目的的纯粹理性过程的偏离"①，这样既维护了"理想类型"本身的合理性，同时也可以通过异常行为的分析，来检验"理想类型"是否"理想"。

第三，"理想类型"是一种方法论上的分析结构。通过这种分析方法，可以使其与经验实在相比较，"以便确定它的差异或同一性，用最清楚明白的概念对它们进行描述，并且从因果性上对它们进行理解和说明"②。这就是说，"理想类型"在研究者手中，实际上就是一把尺子，用来衡量典型情况下人的典型行为，同时也用来确定具体情况与现实生活的同一或者差异。韦伯本人对"理想类型"寄予厚望，认为："参照一种理想类型，我们可以使这种关系的特征实际地变成清晰的和可理解的。对于启发的和说明的目的来说，这一程序可能是必不可少的。理想类型的概念将有助于提高我们在研究中推断原因的能力：它不是'假设'，但它为'假设'的构造提供指导；它不是对现实的描述，但它旨在为这种描述提供明确的表达手段"③。可见"理想类型"的功能主要是启发与说明，它有助于学者通过模式的确定，达到理解和阐释事物本质的目的。

第四，"理想类型"有逻辑力量。韦伯说，"理想类型"的概念

---

① ［德］马克斯·韦伯：《社会学的基本概念》，胡景北译，上海人民出版社2000年版，第1页。

② ［德］马克斯·韦伯：《社会科学方法论》，杨富斌译，华夏出版社1999年版，第140—141页。

③ 同上书，第185—186页。

是"生成性概念",所选取的特征是与研究对象的"文化意义"相联系的,有助于推究特定文化意义的成因。① 所以说,理想类型法并不意味着可以随心所欲地为某个研究对象建构一个"理想类型",恰恰相反,"理想类型"的建构过程必须有逻辑上的一致性,不能违反经验的因果关系。正如阿隆所说,韦伯的"理想类型是与社会和现代科学的特点,即理性化的过程联系在一起的。这种理想类型的建立,表明各门学科都在努力寻找物质的内在合理性,并以某种半成型的物质为基础建立这种合理性,使物质为人们所理解"②。

"理想类型"的分析结构在方法论上有着极为重要的意义。英国学者特雷伯认为:"理想类型不仅是一种精巧的、假设对'现实'专业知识的有效性能够进行条文缕析的理智建构,它还是恰当关系的一种精巧的理智安排,它为'因果作用'的逻辑推理提供了'一般方向'。这些精巧的步骤可以用来解释我们所感兴趣的'文化现象'。"③ 我国学者郑戈认为,"理想类型"的方法论意义在于:"一方面,各种理想类型所蕴涵的不同信息得以区分出各种文化现象之间的差异,同时又可以保障这些差异是根据同一种逻辑而言的;另一方面,理想类型又与经验事实之间保持着一定的距离,它有助于研究者把握与其研究旨趣相一致的经验对象。"④ 就此而言,前一种功能是逻辑上的,它能够成为一个标准,用以区分相关社会现象的同一与差异;后一种功能是理解上的,它高于经验又可以用来解释经验。

如上,本研究希望运用理想类型法聚焦大学行政权力,建构出大学行政权力合法性基础的理想因素,为大学行政权力的合法建构提供基础和平台。

本研究遵循"是什么""为什么""应怎样"的思路,以大学行

---

① 转引自陈洪捷《德国古典大学观及其对中国的影响》,北京大学出版社2006年版,第51页。
② [法]雷蒙·阿隆:《社会学主要思潮》,葛秉宁等译,上海译文出版社1988年版,第549页。
③ [美]哈特穆特·莱曼、京特·罗特:《韦伯的新教伦理——由来、根据和背景》,阎克文译,辽宁教育出版社2001年版,第156页。
④ 韦伯:《法律与价值》,李猛译,上海人民出版社2001年版,第43页。

政权力为研究对象，通过梳理大学的历史说明大学行政权力的来源，解决"是什么"的问题；运用合法性理论构建大学行政权力的合法性基础，还原大学行政权力的本来面目，在此基础上，通过梳理中国大学行政权力的产生和演变过程，总结出影响中国大学行政权力合法行使的主要因素，对照大学行政权力的合法性基础，解决"为什么"的问题，进而为中国大学行政权力的合法行使提出建议和对策，回答"应怎样"的问题。

第二章 权力的独特
——大学行政权力的来源与特点

社会和历史的发展是连续不断的过程，没有哪个时代能超越于连续性的历史进程之外，任何历史中出现的事物和人物都必须还原到具体的历史背景和社会空间中阐释。根据马克思主义历史观，大学的出现必然有着深刻的历史前提和具体的社会环境。在具体研究大学行政权力的来源之前，必须首先明晰大学诞生的历史背景和社会基础，只有在这个基础上才能全面深刻理解大学行政权力在大学的产生和发展。

第一节 大学行政权力的来源：让渡和授权

一 大学诞生的时代背景：分裂与分散

众所周知，大学肇始于中世纪的欧洲，是一个独特的既分权又分裂的社会的偶然产物[①]。如何认识和理解"既分权又分裂"的中世纪欧洲是我们理解大学诞生的时代背景和社会环境。翻开欧洲历史可以发现，自煊赫一时的罗马帝国被北方蛮族彻底撕碎之后，曾经强大的中央集权分崩离析，曾经灿烂夺目的欧洲古典文明逐渐成为历史的记忆，欧洲大陆呈现一个极为凄凉的局面：旧的秩序被破坏，新的占领者却无足够智慧和能力统治这片广阔的土地。于是，分裂、战争、蒙

---

① [美]伯顿·R. 克拉克：《高等教育新论——多学科的研究》，王承绪、徐辉、郑继伟等译，浙江教育出版社 2001 年版，第 5 页。

昧便无可选择地替代了曾经的统一、和平和文明。

(一) 世俗政权的分裂

北方蛮族入侵后的欧洲大陆，世俗政权零碎而离散，尽管国王、贵族、骑士等构成了金字塔般的等级制度，但他们各自的权利和义务都相对有限，"我的附庸的附庸不是我的附庸"这句流行于中世纪欧洲的谚语精准地描述了当时社会的政治特征。封臣和封君之间不存在互有义务的主从关系，城堡成为了社会的基层核心。从国王或者皇帝到最底层的农奴之间有好几层级，每个层次的领主又有自己分封的属下，每个下属只对自己上一层级的直接领主负有责任和义务，而更高一级的领主甚至是国王或皇帝，尽管拥有显赫的名头和炽盛的权势，但对下级领主的附庸却鞭长莫及。这种复杂的金字塔等级制度使得欧洲封建国家长期处于割据状态，无法形成统一的稳固政权，这与同时期中国"普天之下莫非王土，率土之滨莫非王臣"的中央集权的封建君主专制制度大相径庭。

(二) 教会的分裂

我们知道，中世纪的欧洲实际上"从头到脚"都处于皇权和教权的分裂、分治和争治之下。皇权的分裂和离散、皇权和教权的统治权之争大多数人没有异议，但教权的分裂和离散并不是一个广为人知的状况，因为人们长期认为，整个中世纪时代教会都具有统一性和单一性，但实际情况并非如此。更确切地说，此时的教会已不再有11世纪之前的盛景，虽然上帝依然是绝大多数人无可怀疑的真神，人们对耶稣也依然足够虔诚，但上帝的意志由谁来诠释、怎么诠释，已经开始出现了严重的分裂。

从早期基督教的历史来看，东西两派教会同根同源于犹太教，在罗马皇帝君士坦丁之前并不存在原则上的分歧和根本性的冲突，甚至在其手中以武力胁迫的形式召集两派共同签订了《尼西亚信经》，将基督教定为国教。其后随着罗马帝国的衰落，东西教派的理论冲突开始浮出水面，并逐步演变成尖锐的权力冲突。西罗马帝国灭亡后，西派教会在蛮族入侵和拉丁文化的双重影响下，对教义的理解与东派教会的分歧日益加剧。为了各自的唯我独尊，东西教会终于在公元

1054 年正式分裂为以罗马为中心的西派教会和以君士坦丁堡为中心的东派教会，而东派教会随着东罗马帝国的灭亡而逐渐衰落，最终退出了与西派教会的争雄。东派的衰落并没有让西派一枝独秀，反而由于世俗政权崛起导致争相扶持自己的教会代言人而使西派教会也陷入了分裂，同时两个教皇对峙甚至三个教皇鼎立带来的互相攻击和互相开除对方教籍等行为使教会和教皇的威信在信徒中大幅下降，最终在1378—1417 年间西派"阿维尼翁"教皇与天主教的大分裂使得教会基本上丧失了对世俗世界的统治权。

（三）经济的离散

政治的分裂必然体现在经济的离散上。整体而言，中世纪的欧洲还是自给自足的小农经济，不过与中国封建社会小农经济的依附和统一相比，显得更加独立而复杂。一方面，这种落后、近乎自给自足的经济受到乡村和庄园渗透性和深入的支配；另一方面，产生了商品交换的贸易网络，并从中发展出城镇和商会，开始部分脱离地方农业经济。

英伦三岛由于较少受到蛮族入侵破坏尚保留着较完整的封建庄园制度，使之形成了既具领主和农奴之间的封建依附关系，又具有鲜明的村民自治特征。正如布卢姆指出："村庄共同体作为一个自治体，支配、管理着公共资源，指导着各项经济活动，监督着本地居民的集体生活。……村庄共同体对村庄生活的调控，因当地实际需要、习俗传统以及村庄自治所能达到的最大程度而各有不同。"① 戴尔也证实："村庄共同体是真实存在的，而且在实际生活中发挥着作用。村庄有它自己的内部组织结构和自治的传统。领主和政府利用这部机器实现他们自己的目的，甚至会给予村庄以新的功能。"② 与英伦三岛的平静相比，饱受蛮族肆虐的北部欧洲却变得支离破碎，但天主教势力却

---

① Jerome Blum, "The internal structure and polity of the ruropean village community from the fifteenth to the nineteenth century", *The Journal of Modern History*, Vol. 43, No. 4 (Dec., 1971): 541.

② Christopher Dyer, "The english medieval village community and iIts decline", *The Journal of British Studies*, Vol. 33, No. 4 (Dec., 1994): 148.

在这种破碎中日益壮大，教士们不仅从精神上牢牢攫取了信徒们的献祭，还从经济上控制了北欧的庄园。他们不仅是外部世界及其文明的主要联系纽带，还是主要的收税人、道德维护者和教育者。而南欧作为曾经欧洲古典文明的腹地，古希腊的城邦自治和罗马法的契约精神虽历经风雨但仍一脉相传，加之较少受到蛮族入侵的影响，因此相对保留了较良好的社会状况、充满活力的公民生活以及独特的外部环境，经济方式便呈现出独立于封建庄园形式的商会组织。

（四）文化习俗的离散

罗马帝国凭借强大的政治力量建立的统一文化拼合体在中世纪随着欧洲大陆的烽烟四起而分崩离析，剧场、浴池、道路等公共设施被摧毁后无力也无愿去建设，繁荣富足的城市生活成为历史的回忆，最基本的文学作品和拉丁文字也只有少数人能懂，光辉灿烂的古典文化成为历史的绝响。在整个欧洲范围内，英国人、德国人沿用着日耳曼语，法国人、意大利人则使用着罗曼斯语，而作为欧洲文明一体化象征的古代语言几乎消失殆尽。整体而言，大多数欧洲人在中世纪基本生活在野蛮的习俗之下，整个欧洲也没有任何一个发号施令的中心权力，而是形成了由一系列小规模、交错互动的社会网络所组成的群体[①]。

二 大学权力的来源：行会和人才

"大学"（University）这个概念尽管在今天有着明确的内涵和定义，但其滥觞之处却是从行会而来，其后在社会发展的需求中不断变化。因此，要弄清大学权力的来源，首先必须要理解大学的行会背景和社会需求。

（一）大学权力的行会基础

中世纪欧洲大学的特征有着十分通俗形象的勾画："一个明智之士对自己说无论何时何地，只要能找到几个愿听他宣讲的人，他就开始把自己的智慧鼓吹一番，……久而久之，某些年轻人开始按时来聆

---

① 邓磊：《中世纪大学组织权力研究》，人民出版社2014年版，第46页。

听这位伟大导师的智慧言词,……这就是大学的起始。在中世纪,大学就是这样一个教授和学生的联合体。"[①] 这个联合体就是中世纪特有的一种社会形式——行会,其意指同种职业者组成的法人社团。10世纪至12世纪的欧洲,随着手工业和商业的发展,出现了早期的城市。城市中新兴的工商业者在与封建领主的抗争中获取了越来越多管理城市的权力,而城市中各种行业则相互联合,在保护行业利益的同时加强自身管理,形成了分工极细的行会制度。可以看出,行会的权力源自人们发展经济的需求和商业往来的需要,是为了保护本行业利益而相互帮助、限制内外竞争、规范业务范围、保证经营稳定、解决同行困难而成立的一种组织。不管是政治团体、商业团体还是学者团体,都是各行业自发形成,是一种微型的民主机构,是一种"共和制度下的共和政体",实行行会执政人制度,其治理权来自成员宣誓自愿遵守的行会法令[②]。随着循序渐进的发展,欧洲的学者行会逐渐开始主要集中在罗马法得到最完整承继的博洛尼亚和神学研究最为兴盛的巴黎。由于不同的历史和政治环境的差异,从而诞生了两种完全不同风格的学者组织:博洛尼亚以学生主导的学生行会和巴黎以教师主导的学者行会。不管这两地的行会由谁主导,但成立的目的是高度一致的:保护自己和同伴的利益。

需要注意的是,即使在博洛尼亚也同时存在教师社团(Collegia doctorum),并且学生行会在学者组织创建的初期对教师的学术权力并无异议,对教师团控制的高等学业也无丝毫染指企图,只不过后来教师社团始终不愿正视学生行会的自治权,并且还试图以"师父与学徒"的关系来界定自己与学生行会的地位,并以此介入学生行会的内部治理,最终招致学生行会使用"结伙抵制"的集体弹劾权而获得了教师薪金的控制权,随后顺理成章地剥夺了教授团体的学术权力,逐渐获得了大学的实际统治权。由于学生行会巨大的规模优势和对城

---

① [美]亨德里克·威廉·房龙:《人类的故事》,刘子缘、吴维亚、邢惕夫等译,生活·读书·新知三联书店1998年版,第221页。
② 邓磊:《中世纪大学组织权力研究》,人民出版社2014年版,第70页。

市经济的极大贡献，城市当局和市民对学生行会充满敬畏，使之不断妥协满足学生行会限制教师薪资和改变教师薪资发放方式的要求①。而巴黎由于北欧宗教势力的强大和经院学说的盛行，学者行会则体现出显著的教会性格和文化性格。所有的学生和教师被理所当然地视作神职人员而享有教会法庭之上的审判豁免权，并且不需要任何世俗政权或地方宗教部门的认证，甚至一度获得了教师对自己的学生和自己的教师的审判权。教师行会自主颁发执教权利的特权让数量剧增的教师与大教堂学校建立起紧密的联系，任何想要成为教师的人都必须在比较权威的教士门下求学才能获得执教资格，同时自己的首次、正式、公开的讲座（后称"教师就职礼"）必须要有一位正式教师的主持才能获得教师行会的认可。这两种学者正式登上教学岗位不可或缺的权威认证逐渐成为教师行会的一种不成文规定和原则性存在②。

（二）大学权力的社会需求

按照马克思一元多维的历史观，中世纪欧洲社会生产的发展是大学诞生和权力获得的根本因素，同时受到其他各种因素的影响。

自公元 10 世纪起，饱受数百年战火肆虐的欧洲社会开始渐趋稳定，生产力开始逐渐恢复和发展，最显著的标志就是城市的兴盛和市民阶层的出现。城市的兴起产生了新的市民阶层，新的市民阶层又促进了世俗文化和世俗教育的发展，对政治的参与又催生了近代议会制度的产生。同时，城市的繁荣带动了商品经济的发展，而城市与王权的结盟又强化了世俗王权的权力。对大学而言，生产的发展和城市的兴起为大学的出现提供了赖以生存的资本和环境，同时增加了对律师、医生、教师等受过高深学问训练的专业人才的需求，这种需求进一步促进了大学的产生、发展和大学权力的获得。

除了生产发展的一元因素外，教会的广泛性也对大学的产生和权力的获得产生重要影响。中世纪欧洲社会是一个高度整合的基督教社会，无论教皇、国王还是大学学者，都有一个共同的身份——上帝的

---

① 邓磊：《中世纪大学组织权力研究》，人民出版社 2014 年版，第 71 页。
② 同上书，第 74—76 页。

信徒，都认可同一个统治理念——神权的统治，只不过教皇是上帝在精神领域的代言人、国王是上帝在世俗领域的代言人、学者是神权统治的解释人而已。大学正是建立在这种超民族、超世俗的基督教意识形态基础之上，从而奠定了自身的普世教会性格，而大学学者基本都拥有教会身份，其特权也是基于教会权力的基础之上。可以说，基督教意识形态权力是中世纪大学产生的权力基础。

还需要注意的是，政治文化传统也对大学的产生并形成不同形态和风格产生了重要影响。欧洲北部受蛮族入侵后其文化传统基本丧失殆尽，查理大帝实行的政教合一的君主统治加强了学校教育与教会的联系，所以诞生了巴黎大学这样的神学圣地，而南部由于其文化传统没有彻底灭绝，尽管教会实力不容小觑，但并未占据统治性地位，所以诞生了世俗色彩和实用性格突出的博洛尼亚学生大学。

需要强调的是，不管是城市和经济发展需要人才，还是社会需要基于或超越基督教意识形态的社会意识引领，以及在不同文化传统中的文化传承创新，都是建立在人才的基础上。正是大学的出现满足了将知识分子集于一堂形成了稳定的知识分子社群，通过人才培养和知识传承创新才实现了社会的发展、知识文化的延续和意识形态的巩固革新。自此，人才培养作为大学的核心功能不断传承。

三　大学行政权力的来源：学者让渡和政府授权

尽管大学的诞生和权力的获得在"既分权又分裂"的时代背景下有其历史必然性，其组织形式和权力获取渠道受到偶然因素的作用而呈现差异，但我们把视野放到更广阔的大学历史长河中就可以发现，大学行政权力基本上是由学者让渡和政府授权而来。

如前所述，中世纪大学根据主导的不同形成了两类迥异的大学类型：一类是以博洛尼亚为代表的学生大学；另一类是以巴黎大学为代表的教师大学。海斯汀·达斯达尔在《中世纪的欧洲大学》和雅克·韦尔热在《中世纪大学》的研究表明，博洛尼亚大学中不论是教师的选聘、学费的数额，还是学期的时限、授课的时数等均由学生决定，而巴黎大学教师则享有包括经费使用、学位授予、校长遴选等大部分权力。此时的大学是一个社会组织,旨在保护自身利益和教师或学生团体,自身规模很小,以培养人才和教学为主。自然,大学内部的各种管理事务非常有限,行政事务与学术事务合一,控制大学的主要是学生行会或学者行会,大学管理者就是学生或学者。若有管理,也基本上只有两项基本任务:保障大学的特许权和组织教学工作。① 换言之,此时大学还没有真正现代意义上的行政事务,自然也没有专职的行政人员和完整的行政机构,也就无所谓行政权力与学术权力之分。

"在国外,特别是西方,大学行政权力系统只有到了中世纪后才初见端倪"②,这与当时国家的行政和意识形态的变革有关系。一方面,国家将13世纪尚属简单的国家机器变成极其复杂的官僚机构;另一方面,国家概念本身,即"君主之形象"在中世纪末有所丰富,鼓励学习、优惠大学成为国家声望的要素之一,随后又成为国家政治的必然选择③。随着大学的增加,大学生数量也整体增长,学位获得者在国家官僚机构的某些层面与依赖出身就能获得职位的贵族开始竞争。自此,大学开始向国家提供发展所需的人才。

尽管大学在中世纪末的政治作用相当有限,但却开始让政府不安,也让政府开始控制大学的自治。"实际上,在西方各大君主国中,都在实施一种全面限制各种特权,特别是限制教会特权的政策,并将这些特权纳入由皇家司法确定并实施的皇家'共同法律'之中。"④ 15世纪末的欧洲大学与13世纪的欧洲大学已有较大差异:大学从经常因暴力冲突而分裂、但富于活力和独特生活的独立行会以及研究和教学的发源地退居为"服务于国家的职业培训中心",并由国家严密控制。国家逐步取代了教会,感到为大学的发展与维护做出了真正的

---

① [法]雅克·韦尔热:《中世纪大学》,王晓辉译,人民出版社2007年版,第41页。
② 刘尧:《大学内部学术权力与行政权力的演变》,《现代教育科学》2006年第2期,第1—5页。
③ [法]雅克·韦尔热:《中世纪大学》,王晓辉译,人民出版社2007年版,第110页。
④ 同上书,第133页。

牺牲，不情愿给予大学正式荣誉，也不为大学的学位获得者提供良好职位。但这些大学却得以常规性地运行，辅佐着政府的行为，培养着合格的教士、法学家和医生，同时也避免了成为知识的、社会的、政治的或宗教的动乱之源。"对于大学社会作用的这一转变，在于许多大学的主动依附。"①

18世纪，耶鲁大学形成了一个包括校外人员和牧师组成的董事会的管理模式。随后，一些州通过立法把大学的领导权交与董事会，董事会对大学的财务管理、教师、学生和行政人员具有处理上的权威。这种董事会对大学的直接管理在第一次世界大战后逐渐从大学内部管理中撤出，董事会主要只介入大学的人事任命等方面。"在1575年创建的莱顿大学设有评议会，大学总长由皇室任命，作为行政首长，两个常任总长从荷兰各州遴选，负责大学的发展，有权出席评议会会议。这就开创了一个重要先例，即大学以外人员开始参与学院和大学的首脑机关的运作。"② 18世纪后，校长作为大学与公众的纽带，逐渐成为了大学真正的行政首脑。

我们可以看出，在早期大学中一般没有专职行政人员，管理工作大都由教师兼任，主要是与教学相关的事务，教师在大学管理中自然拥有无可争辩的权力和地位。随着大学的世俗化和科学教育进入大学，大学结构开始变得复杂，而大学结构复杂带来的大学学术活动的事务性工作也日趋繁杂，学术管理本身自然也变得越来越复杂。于是，传统由教师承担的许多学术管理工作也由于教师精力的有限而逐步转由专职行政人员负责。"当大量校园行政人员相互联系在一起的时候，有关自身的准自治文化将同校园中的教师文化和学生文化一起形成。"③ 随着工业革命的迅猛发展，大学开始走出"象牙塔"，大学规模开始扩张，大学事务开始增加，出现了专门从事管理的机构和阶层，大学组织的科层化开始显露，行政权力开始萌芽。

---

① [法] 雅克·韦尔热：《中世纪大学》，王晓辉译，人民出版社2007年版，第136页。
② 李家宝：《一流大学的管理与改革》，哈尔滨工业大学出版社1994年版，第36页。
③ 别敦荣：《中美大学学术管理》，华中理工大学出版社2000年版，第98页。

随着柏林大学办学模式的成功和各国大学的仿效,科学研究自此成为大学的又一职能,而科学研究必然带来的教授地位和作用的提高使教授在大学的各种管理中依然占据主导地位。[①] 随着美国《莫雷尔法案》带来的大学社会服务职能的增加,大学逐渐从社会的边缘走向社会的中心。大学的社会中心地位、大学发展导致的职能增加和大学规模的扩大无疑带来了大学内部事务的日益复杂以及大学与外界的联系日益广泛,造成了大学管理的复杂化,"客观上要求大学有一套行政机构、组织和人员来专门处理大学的日常事务。"[②] 至此,大学行政权力从大学内部管理中分离并显现出来,大学组织的科层制也逐渐形成。第二次世界大战以后,新科技革命的兴起,推动现代大学成为了一个独立实体,"这个实体是由许多部门和工作构成的一个系统。学者独立的工作无论是教学还是科研,仅是这个庞大系统的一部分,有组织的活动越来越多,学科的联系和依存在加强。"[③] 而随着大学日益巨型化,客观上要求大学不断强化行政权力,以应对社会快速发展对大学提出的要求。

我们可以看出,中世纪大学的权力主要是学生和学者的行会权力以及学者的学者权力,并且此时的学者权力还处于"混元一体"的状态,没有分化出学术权力,也更谈不上行政权力。至 19 世纪初,由于工业革命的迅猛发展,大学逐渐贴近社会,规模不断扩大,职能日益多样化,大学管理事务日益增加,客观上需要专门从事管理的机构和阶层来保证大学规范和高效运行。于是,早期由教师兼职的管理岗位逐渐被以行政为职业的人员所占据,开始行使由学者权力让渡而来的行政权力,逐渐在大学中形成了一个独立的"行政阶层",大学中也建构了一个完整的行政体系。随着行政权力从学者权力中分化而

---

① 别敦荣:《我国高等学校管理权力结构及其改革》,《辽宁教育研究》1998 年第 5 期,第 38—42 页。
② 李家宝:《一流大学的管理与改革》,哈尔滨工业大学出版社 1994 年版,第 36 页。
③ 戚业国、陈玉琨:《论我国高校内部管理的权力机制》,《高等教育研究》1999 年第 3 期,第 38—41 页。

来，大学也由纯粹的"学术共同体"转变为"学术—行政共同体"①。

随着大学的职能越来越多，规模越来越大，对社会的作用和影响越来越大，国家或政府发现，大学不仅是个学术组织，还是个社会组织，需要按照社会组织进行管理。于是，政府通过行使行政权力来加强管理，同时授权大学行使某些公共管理以便大学更好地为社会服务。原本在大学内部管理中行使的行政权力开始在政府的授权中增加公共行政管理职能，在此过程中大学逐渐发展成为学术和行政兼备的双重性组织。而政府管理大学主要通过两种途径来实现。

一是法律授权。法律是政治意志的集中体现。政府对大学组织的控制主要是通过法律法规以及其他规章制度等形式来实现的。古有中世纪大学的"特许令"，今有大学的"成立批复"，概莫能外。法律法规以及规章制度既可以赋予大学组织存在的合法性，也可以表达国家与政府的政治意志对大学组织进行合法性的取缔。大学由于是面向所有社会公众进行准公共产品生产，为保障国民受教育的基本权利和国有资产的保值增值，国家需要制定相应的法律法规并授权政府及其职能部门对高等教育进行行政管理。

二是职权性主体的授权。主要指国家行政机关，特别是高等教育行政管理机构授权社会机构或民间组织，比如各行业协会和各行业协会中的专门组织，对高校进行一定的行政管理。由此产生的行政权力不属于管制性的，而是属于服务性的，其主要功能是为高校提供咨询、信息服务。

通过这两种途径，政府行使公权力对大学的设置权、管理权、人事任免权和经费分配权等进行控制，以体现国家意志和政府意图。政府管理大学的公权力要在大学内部得到实现和执行，必须有其途径和体系，而大学由于知识生产方式的特殊性导致政府又不能像管理其他社会组织一样管理大学，于是，大学行政权力当仁不让地承担起执行政府公权力的角色。自此，大学行政权力外在地从政府获得授权，一

---

① 冯向东：《大学学术权力的实践逻辑》，《高等教育研究》2010年第4期，第28—34页。

定程度上执行政府管理大学的职能。

从大学行政权力演变的历史，我们可以发现：在大学的起源上并不存在所谓的大学行政权力，有的只是学者权力或教学权力。随着大学的发展和社会的演变，原本混沌一体的大学学者权力开始分化，将一部分权力让渡出来形成行政权力，由它来承担大学的日常事务管理和代表大学与政府或其他社会组织打交道。在这个过程中，学者权力的让渡不是自愿而是身不由己的。从发生学的角度，大学行政权力的部分来源是大学内生的，内生的逻辑起点是大学本身，内生而形成的行政权力为学术、学者和大学服务自然是题中之义。同时，随着大学成为学术、社会兼备的组织，政府管理和接受政府管理势所必然。至此，大学行政权力通过学者权力的让渡实现大学的内部管理，通过执行政府的授权实现大学的公共职责，从而在大学的内外取得了合法性来源。

第二节　大学行政权力的特点

从大学行政权力的来源可以看出，它在执行政府授权时某种程度上是在行使公权力，这种公权力与大学组织的公法人地位和大学组织的公权力密切相关，而在大学组织内部进行内部管理时又在行使私权利。这种公与私的结合，甚至是公与私的密不可分在大学行政权力的行使中表现独特。

一　大学组织的公法人化

不管大学的权力系统如何复杂，它实质上主要包括了大学与政府以及大学内部两个层面的关系，前者实际上是权力在政府与大学之间如何分配的问题，这一问题在西方是一个大学自治权的问题，在我国则是一个大学办学自主权的问题[1]，这个问题在中西方大学的体现各

---

[1] 周光礼、叶必丰：《"学术权力"与"行政权力"之争的行政法透视》，《武汉大学学报》2004年第4期，第459—464页。

不相同。西方大学的自治权是指大学内部人员为保障学术自由而共同治理校务的权力,它来源于如前所述的大学内部权力的让渡,主要包括大学自治权主体对大学自治范围内的事务免受外部干涉的自主决定权和权利主体的自我管理能力两层含义[①]。我国大学的自主权是指在特定历史环境中形成并发展的自主处理学校内部事务的管理权,其内容主要包括人事推荐及任免权,课程编制权,规章制度制定权,财政支配权,设施管理权[②]等,主要来源于法律授权。比较西方大学的自治权和我国大学的自主权可以发现,尽管二者具有某些共同点,但基于本质和权力来源的不同,二者在权力主体、行使方式、权力范围等方面都存在显著区别。

尽管二者存在明显不同,但二者权限的大小都与大学的法律地位密切相关,而现代公立大学的组织形态正朝着公法人化的方向发展。一般认为,公法人和私法人的区别标准主要在于设立的准据法以及根据组织的目的、所从事的活动的性质[③],主要有以下几条标准:①设立法人的法律。凡依公法设立的为公法人,反之则为私法人。②法人的设立者。凡由国家或地方公共团体设立的为公法人,由其他主体设立的则为私法人。③法人是否行使或分担国家权力。凡行使或分担国家权力或政府职能的为公法人,反之则为私法人。④法人存在的目的。凡是或主要是为增进社会公共利益而存在的为公法人,反之则为私法人[④]。

以法国和德国为代表的大陆法系国家都将大学视为公法人。法国的公法人主要包括国家、地方团体与公务法人三类,其中公务法人又包括行政公务法人、地域公务法人、科学文化和职业公务法人以及工商业公务法人四种。随着1968年的《高等教育方向指导法》和1984

---

① 刁胜先等:《在公权力与私权利之间:论我国公立高校管理权的法律定位》,《重庆文理学院学报》2008年第6期,第83—87页。
② 唐玉光、薛天祥:《大学自治与高校办学自主权》,《上海高教研究》1994年第4期,第34—36页。
③ 吴庚:《行政法之理论与实用》,三民书局1996年版,第151页。
④ 申素平:《论我国公立高等学校的公法人地位》,《中国教育法制评论》(第2辑),教育科学出版社2003年版,第14—37页。

年的《高等教育法》的颁布，法国大学经历了最初的行政公务法人向科学文化和职业公务法人的转变。

德国的公法人主要包括国家行政机关和公法人两类，其中公法人又包括公法机构（营造物法人）、公法社团（公法团体）及公法财团。根据德国政府 1976 年颁布的《联邦德国高等教育总法》和 1998 年新修正的《大学基准法》的有关规定，德国高等学校是公法社团与国家机构兼具的双重身份[1]。作为公法团体，大学与政府之间是一种外部行政法律关系。大学一旦受到政府违法行政行为的侵害，可以提起行政诉讼，而政府的监督内容和方式不得超出法律的界限干预高等学校的自治管理。作为国家机构，大学与国家是一种内部行政法律关系，大学制定的基本章程必须由州政府审批，并且接受政府的法律监督，也就意味着即使大学与政府发生纠纷，也不能提起诉讼。

由于大学在完成自身教学科研的同时，还要执行国家委托的服务社会的任务，因此，将大学定位为"公法人及国家机构"符合大学的使命。德国《大学基准法》规定前者为"大学自治行政事务"，后者为"国家委办事务"。当大学完成自治行政事务时，属公法人，依法享有立法自主权、人事自主权、组织自主权、财政自主权及计划自主权等；当大学完成国家委托事务时，属不具独立权利能力的国家机关，属公共行政范围（公权力），但二者均由大学内部的行政机构来完成，都属于行政权力[2]。

英美法系国家没有严格的公私法划分，因此很难看到公法人与私法人的严格区分，而英美由于大学来源的复杂和性质的不同，大学的法律地位也千差万别。

英国既有中世纪民间建立的牛津、剑桥，也有后来政府建立的大学、多科技术学院及其他学院，其法律地位既有早期通过获得皇家特许状取得法人身份，也有后来通过议会法获得法人地位，还有以公司

---

[1] 梁慧星：《民法总论》，法律出版社 1996 年版，第 29 页。
[2] 董保城：《教育法与学术自由》，月旦出版社股份有限公司 1997 年版，第 150 页。

形式注册的学院。① 判定这些不同类别的大学的法人性质的标准首先是设立依据。如果是依法设立或者是通过皇家特许状建立，就是行政法上的公法人，要求它严格遵循自然正义原则②，并可以使用调卷令与强制令之类的特别救济③，因此可得到行政法和普通法的双重救济。如果是依章程或注册设立，就是普通法上的私法人，其权利取决于契约，其救济手段主要是禁制令、宣告令或损害赔偿等普通救济④。

美国的大学按性质可分为公立大学与私立大学。公立大学在法律地位上又分政府机构、宪法上自治、公共信托三种⑤，根据各州的不同又有不同的法律地位，而私立大学一般具有法人地位，受普通法管辖，拥有较多的自治行政权。依州法律设立的高校在法律上是政府机构的一部分，受联邦宪法、州宪法和行政法的约束，同时享有土地及财产的征用权、所在州的"主权豁免"⑥等特权。这类大学有的有法人地位，有的则没有。美国有35个州赋予大学宪法上的自治地位，对其法律地位和权限作出明文规定，限制州政府和议会对大学事务的干涉。这35个中的21个州的大学又独立于州政府，但受州立法机关控制，而14个州的大学又同时独立于州政府与立法机构，具有充分的自治地位。公共信托是委托人将财产权转移给受托人，受托人依信

---

① 曾繁正等编译：《西方主要国家行政法行政诉讼法》，红旗出版社1998年版，第35页。

② 自然正义原则是英国行政法最核心的内容，是对政府机构和法定公共机构行为的原则要求，是法官据以控制公共行为的基本程序原则，主要包括任何人均不得担任自己案件的法官和法官应听取双方的陈述这两个基本要求。

③ 英国法制除了普通法的救济外，还有行政法上的特别救济，包括调卷令、禁令和强制令。这些特别救济只能针对政府机构和法定公共机构使用。

④ [英]威廉·韦德：《行政法》，徐炳等译，中国大百科全书出版社1997年版，第220页。

⑤ 申素平：《论公立高等学校的公法人趋势》，《清华大学教育研究》2002年第3期，第65—70页。

⑥ 主权豁免（Sovereign Immunity），指如无政府同意就不能对其提起诉讼的司法原则。基于"国王不会做坏事"的古老原则，除非此豁免为法律或立法行为的必要结论所明示放弃，否则即禁止让政府或其政治分支机构为其官员或机构的侵权行为负责。不过，现在大多数州及地方政府已在不同程度上放弃了豁免。此外，联邦宪法第11修正案也赋予州在某些案件中免于在联邦法院被诉的豁免权。参见Black'Law Dictionary (sixth edition)，Minn，West Publishing Co，1990：p.1396。

托文件为受益人或特定目的管理或处分信托财产的法律关系①。以公共信托形式存在的大学仍然是公共机构或公法人,不属于政府机构,不受州行政法的约束,但也不能主张州的"主权豁免"。为了保证大学切实履行受托人责任,美国制定了《统一公益信托受托人监督法》,赋予公益信托主管机关强制执行信托的请求权,并由州检察长行使监督权。

可以看出,这三类大学虽然具有不同的法律地位,但它们都属于公法人。除了普通法的规范外,还必须遵守联邦宪法和州宪法关于政府权力、公共权力的条款以及所在州的各项行政法规与规则,尤其是规范州公共机构的有关规定,这与主要受制于普通法约束的私立学校极为不同。

总之,英、美对大学法律地位的规定虽然不如大陆法系国家那样规范和具体,甚至有的还有些模糊,但仍然可以看到,公立大学,无论在美国还是英国,也无论在不同的州、不同的判例中被冠以什么样的名称,其基本法律定位仍然是公共机构或公法人。同时由于大学自身的特点,也被赋予了一些特别于普通公法人的地位。在美国是宪法上的大学自治制度,在英国则源于大学自治的历史传统。

由于大学是依公法成立,为公益目的存在,行使一定公权力,且具有不同于行政机关特征的特殊的组织,赋予其公法人的地位,既满足了国家实施高等教育公务的需要,又适合于大学的特性,因此,从各国的法律来看,赋予大学公法人地位是各国共同的特点和趋势。自然,作为公法人的大学,它的行政组织作为大学的代表和代言人责无旁贷地行使着公法人的权利和承担着公法人的责任。此时,大学行政权力"跃然纸上"。

二 大学组织的公权力

关于公权力有不同的说法,狭义说认为公权力是国家机关所拥有

---

① 周小明:《信托制度比较法研究》,法律出版社1996年版,第3页。

的针对管理相对人或其他国家机关的权力①,广义说认为公权力是除纯私经济活动以外的一切公共行政领域内的国家活动,甚至是公务员职务上的一切行为②,还有人认为公权力包括国家公权力、社会公权力和国际公权力③。尽管对公权力的范围有不同的说法,但大多数研究认为公权力应该是在合理政治秩序下以维护公共利益为宗旨的公共证明④,也就是说公权力的行使要满足三个条件:一是要在经过大多数人认可的政治秩序环境中运行;二是要以维护公共利益为根本宗旨;三是行使过程中要以大多数人认可的方式进行自身的公共性证明。三个条件中任一环节的缺失都可能导致公权力的合法性危机。

如前所述,大学行政权力的公权力来源于大学组织公权力的执行。关于大学是否在行使公权力,我们可以对照公权力的三个条件分析,看是否满足公权力的基本条件。通过上述大学组织公法人化的趋势描述,可以发现,大学不管处于哪种类型依据哪种法律,但都认为政府设立大学是国家教育权的体现。国家或政府通过制定高等教育政策对大学进行管理来行使并实现国家教育权。大学不管是在政府的授权下行使公共管理职能还是在大学内部行使自身的管理职能,都是高等教育行政的重要组成部分,是高等教育行政链条上的最后一环。离开了高等学校的行政管理,国家教育权无法具体实施,国家或政府的高等教育目标也不能实现。从这个意义上说,大学组织的权力是在大多数人认可的政治秩序中运行。

至于公共利益,有人认为,公共利益是由社会总代表所代表的,凌驾于社会之上的,形式上或实质上的社会利益⑤。也有人认为公共

---

① 方莉英:《中国背景下的公权力》,《法制与社会》2008年第6期,第164—165页。
② 申素平:《论我国公立高等学校的公法人地位》,《中国教育法制评论》2003年第2期,第14—37页。
③ 徐靖:《社会公权力的宪法规制研究》,湘潭大学图书馆硕士论文,2007年,第3页。
④ 王涛:《论公共权力的宗旨和合法性》,《阅江学刊》2011年第4期,第144—148页。
⑤ 叶必丰:《行政法学》,武汉大学出版社1996年版,第59页。

利益是指一定范围内不特定多数人的共同利益①。大学在现代社会存在的价值基础究竟是为公还是为私？就高等教育哲学来看，布鲁贝克总结的认识论哲学和政治论哲学以及他坚持的二者融合论等依然是目前高等教育哲学观中对高等教育合法存在基础的较好认识。人类社会要维持和向前发展，必须以知识积累和知识扩展为前提。"知识材料，尤其是高深知识材料，处于任何高等教育系统的目的和实质的核心。不仅历史上如此不同的社会也同样如此。"②"每一个较大规模的现代社会，无论它的政治、经济或宗教制度是什么类型的，都需要建立一个机构来传递深奥的知识、分析批判现存的知识、并探索新的学问领域：换言之，凡是需要人们进行理智分析、鉴别、阐述或关注的地方，那里就会有大学"③。赫钦斯的"对社会的最令人困扰的问题进行尽可能深刻的探讨"和怀海特的"'富于想像'地探讨学问"④的观点正是大学知识论的重要体现。当然，随着社会的发展及社会对大学需求的增加，"现代大学已经成为它们所服务的社会的不可分割的一部分，大学作为知识的生产者、批发商和零售商，是摆脱不了服务职能的"。⑤大学不仅积累和传递知识，而且还为国家和社会培养各种专业人才，柏拉图的《理想国》和杜威的《民主主义与教育》都是大学成为"社会动力站"的生动论述。

尽管不同的价值观对大学使命和职责有不同的看法，但知识作为大学的逻辑起点，大学的主要目的是人类知识的积累、传承和创新仍然是不同价值观的共同认识。大学为国家和社会提供服务主要还在于为社会培养各种人才和为社会提供智力支持，归根到底还是知识的传承创新，而知识的公益性存在不证自明的先验性，于此，大学存在的

---

① 高家伟：《论市场经济体制下政府职能的界限——公私法划分理论在我国的应用》，《法学家》1997年第6期，第11—18页。
② [美]伯顿·R. 克拉克：《高等教育系统——学术组织的跨国研究》，王承绪、徐辉、殷企平等译，杭州大学出版社1994年版，第15页。
③ 同上书，序1页。
④ [美]约翰·S. 布鲁贝克：《高等教育哲学》，王承绪、郑继伟、张维平等译，浙江教育出版社2001年版，第12页。
⑤ 同上书，序1页。

公益性或公共性的基本特征自不待言。

公权力的公共性证明既是权力公共性质的内在要求，也是权力获得合法性的根本途径，要"使本身已是合理的内容获得合理的形式，从而对自由思维来说显得有根有据。"[①]，它主要回答如何以所有人认可的方式来行使公权力的问题，因为"唯有可以合理地期望全体公民认可的政治正义观念，才能作为公共理性和公共证明的基础"[②]。大学组织行使权力的根本目的在于为人类社会传承和创新知识这个公共利益已为全体社会成员认可和接受，也就意味着"合理内容"的公共性证明已然成立，而它作为公法人组织，获得政府的授权[③]行使某些政府管理教育的公共职能也已然在"合理的形式"上获得了公共性证明。

基于以上的分析，对照公权力的三个主要条件，我们可以发现：大学组织的权力是以传承和创新人类知识这个公益性目的作为根本体现，是在政府的授权下行使政府的部分公共职责，是国家教育权的延伸和具体落实，是一种典型的公权力，而行政权力作为大学公权力的执行主体自然也具有公权力的性质。

三 大学组织的私权利

大学组织因执行政府授权的公共管理职责而具有了公权力的性质，是否就意味着大学只是或主要在行使公权力而没有自己的私权利？要回答这个问题必须从大学的自治权出发，弄清楚公权力与私权利以及大学自治权的性质、内容和主体等问题。

按照通常的理解，规范国家政治生活领域的法律就是公法，比如宪法、刑法、行政法等，规范市民社会生活领域的法律就是私法，比

---

① [德] 黑格尔：《法哲学原理》，范扬、张企泰译，商务印书馆1979年版，第3页。
② John Rawls, *Political Liberalism*, Columbia University, 1996：137.
③ 政府的公权力从何而来，中西方的观点相差较大。西方认为是个人通过订立契约将个人权力让渡给权力主体，公权力的主体是执行意义上的而不是所有权意义上的，个人仍然是权力的本源。中国传统政治哲学则对公权力的来源采取了先验的态度，即没有探究公权力的来源，而是先验地把权力交给了"先王"或"智者"。这种"公权先验"或者说"君权神授"的思想在中国政治生活和社会生活中产生深刻影响。

如民法。与此相对，依据公法享有的权力为公权力，依据私法享有的权利为私权利[1]。公权力的核心是强制力，私权利的核心是自由，那大学自治权属于公权力还是私权利？还是二者兼有的混合体——社会权力[2]？

我们都知道，大学自治权来源于欧洲中世纪大学，它是大学作为行会组织为保护学术自由免受世俗权力和教会势力干扰而形成的大学自由治理学校、自主处理内部事务的特殊管理形式，主要包括学术自由权和管理自主权两个方面的内容。学术自由权的主体是学术人员（教师或学生）时享有宪法层面的私权利，是学术组织时则表现为一种学术评判的权力，二者都不受法律的限制，也不形成法律关系和承担法律责任。可以看出，学术自由权是一种明显的私权利和私权力。

管理自主权的主体是大学内的管理机构，它一方面具有如前所述的大学组织的公法人和大学组织的公权力而具有公权力的性质。另一方面又由于以下两个因素而具有私权利的性质：一是大学基于自己的运行逻辑、价值追求的内在属性和独特社会功能，在日常管理中享有法律无法穷尽规定的职权，这种职权是大学基于社会组织的内部正常管理的需要，是一种私权利，但这种私权利又与纯粹的"私人（个人）"性质的私权利有一定的区别，更多的是扩大的私权利或者说是"公权和私权融合的产物"[3]，是"私权公法化的产物甚至是公权私法化的产物"[4]；二是基于大学作为教育服务贸易的范畴与学生缔结教育合同[5]而具有的民事主体的权利。

从学术自由权的私权性质和管理自主权的公私融合的性质可以看

---

[1] 汪渊智：《理性思考公权力与私权利的关系》，《山西大学学报》2006年第4期，第61—67页。

[2] 江平：《社会权力与和谐社会》，《中国社会科学院研究生院学报》2005年第4期，第29—36页。

[3] 汪渊智：《理性思考公权力与私权利的关系》，《山西大学学报》2006年第4期，第61—67页。

[4] 同上。

[5] 郭为禄：《试论高等教育契约关系与教育消费选择权》，《华东师范大学学报》2005年第3期，第38—42页。

出，大学自治权实际上是具有社会属性的私权力，也是公权力的私法化。正是大学的自治权将国家的公权力与学校民事主体的私权利、学术自由的私权利融为一体，使二者的矛盾冲突得到化解，使大学作为社会组织拥有了一种基于特定的组织成员共同认可能够管理其中的公共事务以及具备代表各内部力量参与社会关系的资格。从中我们也可以看出，作为大学管理自主权的主要组成部分的大学行政权力不仅执行大学组织的公权力，也享有大学组织的私权利，兼具公私融合的性质，这是大学行政权力与政府行政权力、一般社会组织中的行政权力区别较大的地方。

四 政治、学术与行政

基于上述分析以及现实状况，大学行政权力俨然因为自己的"公"性而翩翩然地在大学组织中享有合法性，俨然地因为自己是政府行政权力"链条"的末端和执行者[①]而享有与政府行政权力在社会管理中同等的合法性。深入研究，我们发现，尽管二者具有某些相似性，但基于组织（社会组织和大学组织）本质的差异，政府行政权力与大学行政权力在各方面还是有较大差异，而这种差异在大学行政权力的实践中反而被忽略了或者说不被重视了。大学行政权力在实践中更多的追求与政府行政权力在表象上的"同"[②]而忽视了"质"[③]的异，这才是大学行政权力在实践中遇到的最大障碍。深入分析政府行政权力与大学行政权力的实质有助于我们更好地理解大学行政权力，也有助于大学行政权力的合法实践。

在公共行政的实践和公共行政学的发展中，政治行政二分是最重要的概念之一。"在公共行政（学）中，没有什么问题比政治与行

---

① 冯向东：《大学学术权力的实践逻辑》，《高等教育研究》2010 年第 4 期，第 28—34 页。

② "同"意指大学行政权力与政府行政权力都以执行公共职能为名，严格地按照科层制的规则来行使权力。

③ "质"意指大学行政权力与政府行政权力在"学术—行政"与"政治—行政"中的本质。

政的关系更为核心的了。"① 尽管政治行政二分概念的起源有不同的说法②，但通常都认为"美国公共行政之父"威尔逊（Woodrow Wilson，1887）对这一概念作出了重要贡献。他认为："行政是政府中最明显的部分，它是行动中的政府；它是政府的执行者，是政府的操作者，是政府的最显眼的方面。"并援引布隆赤里（Johann Bluntschli）的话说："……政治是'在重大而且带普遍性的事项'方面的国家活动，而行政则是国家'在个别和细微事项'方面的活动。因此，政治是政治家的特殊活动领域，而行政则是政府在个别、细致而且带技术方面的国家活动，是合法的、明确而且系统的执行活动。"③ 后来，古德诺（Fank J. Goodnow）将这一概念进行了界定和具体化："在所有的政府体制中都存在着两种主要的或基本的政府功能，即国家意志的表达功能和国家意志的执行功能，前者谓之政治，后者谓之行政"④。

从政治行政二分概念可以发现，政治行政在现实中至少有三种不同的理解：一是将政治行政定位为政策制定和政策执行两种不同的活动。政治活动在不同的国家因政治体制的差异各不相同，行政活动则是一种可以运用于任何政府的一般性的管理技能。正如威尔逊所言："君主制和民主制，尽管它们在其他方面有着极大的差异，但事实上所要处理的事务是基本相同的。"⑤ 政治行政两分的意义在于将行政活动从政治争斗中解脱出来，追求无论是哪个行政人员提供的服务都同样的高质和高效。

二是将政治行政分成政治和行政两类不同的人。前者指政治家，后者指官僚。区分这两类人的意义在于确保后者的中立性。史瓦拉

---

① Waldo, D., *The Enterprise of Public Administration*, Novato: Chandler and Sharp, 1980: 65.
② 刘亚平、山姆·布朗：《政治行政二分：起源、争议与应用》，《中山大学学报》（社会科学版）2010年第6期，第175—181页。
③ Wilson W., The study of administration, *Political Science Quarterly*, 1887, 2 (7): 198, 210.
④ ［美］F. J. 古德诺：《政治与行政》，王元译，华夏出版社1987年版，第12页。
⑤ 同上。

（Svara，1998）认为，在地方层面，政治行政两分指的是"城市议会不卷入到行政管理中。城市经理不参与政策制定；城市经理是一个中立的专家，有效地执行着议会的政策"①。在政治行政两分的世界里，征税完全是行政管理人员的事务，而决定税率的政策则是当选官员的事务。征税员不应该决定应用于某种财产的税率，他只需决定财产的种类，并基于政治家所定的税率来收税。

三是将政治行政指向目标和手段。政治为行政设定目标，行政是执行政治意愿的手段。行政与价值无涉，价值由政治解决，行政关注的只是如何高效地完成任务。行政行为是否正确得当不是行政所要关心的事情。从这个意义上来说，因为政策本身的错误而对执行政策的人进行问责和批评将是非常荒谬的事情。评判行政行为的标准只有一个："'投入'和'产出'之间的数学关系。当后者最大化而前者最小化时，就是道德上的'善'。"②

尽管政治行政二分是当代公共行政政策的主流思想，但对其理解还是在变化之中。沃尔多（Waldo）认为，政治与行政两分的观点无论作为一种对现实的描述还是作为一种对行政行为的规定，都是试图通过使选举产生的官员负责制定政策而行政人员只是去执行政策来解决官僚制与民主制的冲突。公共生活从来都不是与价值无涉的，在公共生活中任何忽略人的因素的尝试都将无益于政府的运作③。西蒙（Simon，1997）认为政策问题与行政问题都包括价值与事实两种因素，只不过价值因素在政策问题中占有重要地位，衡量决策正确与否的标准主要取决于立法人员的主观价值；而事实因素则在行政问题中占据着重要地位，所以衡量其正确与否的标准主要在于客观、实证的

---

① Svara, J, H: The politics administration dichotomy model as aberration, Public Administration Review, 1998, 58 (1): 52.

② Simmons, R, Dvorin, E, *Public Administration*, New York: Alfred Publishing, 1977: 217.

③ 转引自张梦中《美国公共行政学百年回顾》（上），《中国行政管理》2000年第5期，第42—46页。

真实性①。以弗雷德里克森（Frederickson）为代表的新公共行政学派也认为公共行政人员不只是被动执行政策指令，而应该以公民的代理人身份，"以客户为导向"，把自己看作和政治家一样代表着公民的利益，实现公民权益的另外一条不同的渠道②。

不管政治行政二分的概念和内涵如何变化，但最基本的理念是不同的人按照不同的标准做不同的事。但反观大学行政权力，我们发现，在不能简单地将现代大学界定为一个纯粹的"学术共同体"，而只能视为一个"学术—行政共同体"③ 的情况下，会发现大学行政权力在"学术—行政共同体"的环境中与政府行政权力在政治行政二分环境中的许多不同。

首先，大学行政权力是否具备"政策制定和政策执行"的分离？"政治行政二分"在组织结构上可分为立法机构与行政机构、政治集团和政府部门，而"学术行政"中不仅不可能实现二分，大家还在一个大学组织的"共同体"中。大学不管是作为学术组织还是作为社会组织，都需要制定各种政策来管理各种事务，关键在于什么人参与制定什么样的政策，而谁又负责执行政策。就大学的事务而言，不外乎学术事务和行政事务两类，按照逻辑的推演，似乎是学者制定学术事务的政策，学者和学术组织负责执行政策，同理，行政事务亦然，二者似乎在各自内部具备各自的"政治行政二分"。但别忘了，现代大学已经不再是纯粹的"学术共同体"或者存在独立的"行政共同体"而是"学术—行政共同体"了，这就决定了二者的"没法分"。基于大学的逻辑起点和学术组织的本质，大学政策的制定应该归学者享有，学者和学术组织以及行政人员和行政组织共同负责执行，也就是许多学者所说的"学术中心"；但同时从大学的职能和社

---

① Simon, H, *Administrative Behavior: A Study of Decision Making Processes in Administrative Organizations* (Fourth Edition), NY: The Free Press, 1997: 106.
② Frederickson, H, G: Toward a New Public Administration, In Marin: F, E, Ed: Toward a New Public Administration: The Minnow brook Perspective, Scranton: Chandler Publishing Company, 1971: 331.
③ 冯向东：《大学学术权力的实践逻辑》，《高等教育研究》2010 年第 4 期，第 28—34 页。

会组织的特征出发,大学的部分政策的制定应该归行政人员,行政人员和行政组织负责执行,有时学者和学术组织也必须执行,毕竟,"就像战争意义太重大,不能完全交给将军们决定一样,高等教育也相当重要,不能完全留给教授们决定。"① 甚至有人认为,学者可以参加决策,但不能做最终决定。可见,在"大学的意志表达和执行"中不可能存在截然的"学术行政二分",还可能从源头的政策制定到末端的政策执行,都存在"一体化"的问题。

其次,政治决策或者政策制定可以采取议会制或者是委员会制,也就是通常所说的少数服从多数,而行政决策与执行则实行严格的科层制,遵循下级服从上级的原则。大学则不同,尽管在部分政策的制定时可以采取委员会制,但作为学术组织的大学,学术权威或者学术寡头在政策制定中的影响力并不是简单的"一人一票",大多数情况是"一人胜多人",而在政策的执行中也由于"学术—行政共同体"的松散联合而与政府行政权力的科层制存在较大差异。

再次,是否存在学术与行政两类不同的人?从大学的实际运行中,我们可以发现学者和行政人员已经成为大学中的两类主要组成人员,并且似乎各自都在按照各自的规则行事,但我们要注意到,在"学术—行政共同体"中不仅不存在制定政策的学者和执行政策的行政人员的截然分开,同时还应该看到学者和行政人员的"跨界",也就是我们通常所说的"双肩挑"的学者和干部。他们在制定政策和执行政策时,不管是学者在行使管理权力还是管理人员在行使学术权力,二者从价值遵守到规则行使都难以截然分开。就中国大学的现状而言,"双肩挑"的学者和管理人员越来越多,也越来越成为更多学者和管理人员的追求,也成为更多矛盾的焦点和"口诛笔伐"的对象。

最后,是否存在目标和手段的分离?从大学的职能来说,不管是知识积累、科学研究还是社会服务,学术和行政都不能完全为大学制

---

① [美] 约翰·S. 布鲁贝克:《高等教育哲学》,王承绪、郑继伟、张维平等译,浙江教育出版社 2001 年版,第 12 页。

定目标，自然，行政也不可能成为"实现目标的手段"。同时，从具体事务来说，"不管是学术事务还是非学术事务，只要纳入行政系统的职责范围，就成为行政管理的对象。因此行政管理可以是学术事务的管理，也可以是非学术事务的管理。当行政管理的对象是学术事务时，从管理的内容上讲，此时的行政管理就是学术管理。"[1] 从此也可以看出，学术和行政不仅不存在"目标和手段"的分离，甚至从目标到手段都存在"同一"。同时，从价值的角度来看，大学行政权力固然要遵守科层制的规范和行政管理的基本原则，但首先它是大学的行政权力，也就是说它还必须遵守大学的基本属性。离开了大学这个语境，单纯地谈论行政权力必然陷入科层化的困境[2]。

通过分析发现，在大学这个"学术—行政共同体"中，大学行政权力不仅不能像"政治行政二分"那样实现学术与行政的二分，学术不可能完全成为"大学意志"的表达者，行政也不可能完全成为"大学意志"的执行者，更不能完全成为"学术意志"的执行者，相反，学术与行政在很多时候"共生共荣（融）"，一同决定了大学的形态。大学行政权力在"学术—行政共同体"中不可能享有类似"政治行政"中行政权力的独立性和必然性。

---

[1] 别敦荣：《学术管理、学术权力等概念释义》，《清华大学教育研究》2000年第2期，第44—47页。

[2] 马廷奇：《大学管理的科层化及其实践困境》，《清华大学教育研究》2006年第1期，第33—38页。

第三章 权力的合法
——大学行政权力的合法性基础与危机

"自从人类进入政治社会以来，合法性的问题就一直是一个重要的问题，人类历史上的任何一种政治统治和大规模的社会管理形式，都在谋求合法性上做出了努力。"①《布莱克维尔政治学百科全书》认为，"任何一种人类社会的复杂形态都面临一个合法性的问题，即该秩序是否和为什么应该获得其成员的忠诚的问题。"② 可见，合法性问题之所以重要主要是它涉及人类文明如何维持和如何发展的基本问题。如前所述，有关合法性的研究上及卢梭，下达如今，都主要关注政治权力合法性的问题，对于大学行政权力合法性的探讨则相对较少，而关注大学行政权力合法性基础的研究则少上加少，具体到中国大学语境来系统探讨大学行政权力的合法性目前更少。事实上，对大学行政权力合法性的追问，事关大学何以持续和何以发展的问题，对我们深刻理解何为大学、大学何以成为今天的模样以及探寻大学发展的模式都具有重要价值，对于中国大学而言，既有捍卫大学行政权力合法性的"以正视听"，更有当下中国大学何处去的"无奈彷徨"。

合法性危机作为合法性理论的重要方面，尽管在韦伯那里未得到充分展开，但哈贝马斯则开始将"危机分为三种，即经济危机（经

---

① 张康之：《合法性的思维历程：从韦伯到哈贝马斯》，《教学与研究》2002年第3期，第63—68页。
② ［英］米勒、波格丹诺合编：《布莱克维尔政治学百科全书》，邓正来主编译，中国政法大学出版社1992年版，第410页。

济系统）、合理性危机（政治系统）、动机危机（社会文化系统）"[1]，并认为资本主义国家合法性危机来源于系统的局限性和行政干预文化传统所带来的意外副作用[2]；李普塞特认为合法性的危机是变革的危机[3]；派伊则把发展中国家遇到的问题归结为分配危机、认同危机、合法性危机、渗透危机、参与危机等[4]，而亨廷顿认为发展中国家出现的合法性危机在于人们政治意识的提高与政治组织化和制度化偏低[5]。国内有学者认为政治合法性危机主要包括"体系认同危机""过程认同危机""政策认同危机""政治文化认同危机"等[6]。从国内外研究可以看出，合法性危机本质上是对合法性认同危机，同时也是合法性资源的供给危机。

　　大学作为世界上尚存的两个最古老的组织之一[7]能千年不衰，自然有其深刻的历史背景和存在价值，而以知识为逻辑起点的大学之所以在发展的过程中分化出行政权力并日益在现代语境下处于强势也是有其历史必然性。当然，行政权力在大学这个以知识和学术为业的组织中的合法存在并不像行政组织中的行政权力、政治组织中的政治权力、学术组织中的学术权力的存在是"先验"和不证自明的事。按照合法性理论，权力来源的合法性只是权力合法性的一个方面。即使说清楚了大学行政权力的合法性来源，也并不意味着大学行政权力就具备合法性基础，更不意味着大学行政权力就没有合法性危机。大学行政权力只有在法则法规的实质合法和形式合法的双重自洽中才能具

---

[1] ［德］尤尔根·哈贝马斯：《合法化危机》，刘北成译，上海人民出版社2000年版，第63页。
[2] 同上书，第68页。
[3] ［美］西摩·马丁·李普塞特：《政治人：政治的社会基础》，张绍宗译，上海人民出版社2011年版，第56页。
[4] 转引自李元书《政治发展导论》，商务印书馆2001年版，第88页。
[5] ［美］塞缪尔·亨廷顿：《变革社会中的政治秩序》，李盛平、杨玉生译，华夏出版社1988年版，第32—37页。
[6] 赵海立：《政治合法性理论及其分析架构》，《厦门大学学报》2004年第5期，第42—48页。
[7] ［美］克拉克·克尔：《高等教育不能回避历史》，王承绪译，浙江教育出版社2001年版，第5页。

备合法性基础，也才能避免合法性危机。

第一节　大学行政权力的合法性基础

按照合法性理论的主要观点，权力的合法性包括实质合法和形式合法两个方面，也就是权力的合乎法则和合乎法规构成的价值和工具的二维向度。大学行政权力由大学让渡和政府授权而来只是在来源上说清了它的合法性，尽管来源的合法性某种程度上也具备历史与逻辑统一的合法性，但毕竟只是合法性的一个方面，要真正说清楚大学行政权力在大学中的合法性则必须回归到大学和大学行政权力本身。既然大学行政权力的合法性指的是大学组织或组织中处于一定职位的成员按照大学法则和大学法规行使权力的统一，要构建大学行政权力的合法性基础，自然就必须说清楚大学行政权力实质性合法所依赖的"大学法则"和形式性合法所依赖的"大学法规"。按照理想类型，把大学行政权力的合法性基础总结为：公共责任、政治合法、科层管理和资源依赖。

一　公共责任

大学作为传播和创新知识的机构，本质上是一个学术组织，但同时也是一个社会组织。作为一个社会组织就必然承担着公共责任，而要承担公共责任就必须与政府和社会各界处理各种关系，于是大学的行政机构以其公共性成为大学的代言人。大学行政机构一方面行使着政府授权的部分公权力，代行部分公共管理职能，同时对内作为一个现代科层组织行使着基本的管理职能，而对内的管理职能也基于它代表大学、超越学者而具有一定的公共性。

从"学术共同体"的大学向"学术—行政共同体"[①]的大学的转变不仅是大学象牙塔时代的终结，也是大学承担公共责任的从无到

---

① 冯向东：《大学学术权力的实践逻辑》，《高等教育研究》2010年第4期，第28—34页。

有，更是大学历史发展的必然结果。象牙塔时代的大学作为传统的"学术帝国"具有自己的清晰边界和藩篱，传统学者"为学术而学术"的学术生活方式和"学术决定一切"的权力生活方式决定了学者不可能承担公共责任，而"学术共同体"的大学也因仅有学术和仅为学术也不需要承担公共责任。在各种社会化、政治化与市场化的主张与吁求中，在大学理想与社会现实的冲突中，大学象牙塔时代逐渐式微，并逐步走向终结。大学发展到今天，既不可能成为遗世独立的"象牙塔"，也不可能只从事"闲暇知识"的博雅教育，它已经从社会边缘走向社会中心，已经成为社会发展的"动力站"和"服务站"，任何单一用认识论哲学或政治论哲学来指导和理解大学的发展都是不合时宜和不切实际的。"到了现代，教育在民主化、平民化与社会化的理念冲击和压力下，大学的'象牙塔'形象已经成为批评讽刺的对象，大学的大门已经不得不向社会敞开，大学已经被迫或自动地对社会提供实用而迫切的'知识'以作为其存在合法性的基础。"[1] 当今的大学已越来越服务于一个外在于本身的社会目的，这个目的既可以是国家的和政府的，也有可能是社会某一集团、某一阶层或某一具体的个人和机构。

首先，大学要承担越来越大的社会责任。关于现代大学为何要承担社会责任，美国著名高等教育学家德里克·博克曾经做过回答[2]：大学近乎垄断了某些类型的有价值的资源；大学在教育和研究方面的专长和能力是其他社会机构所不能替代的；大学接受了政府的巨额资助，大学有责任回报社会，帮助解决社会问题。

1. 承担社会责任是大学自身存在的价值诉求

大学通过知识的传承、探索、创新、应用所形成的对人类社会的责任是其立身之本。大学以人类的发展进步作为自身的追求，大学自身的逻辑与大学社会责任的价值目标具有内在一致性。大学存在的合

---

[1] 金耀基：《大学之理念》，生活·读书·新知三联书店2001年版，第23页。
[2] ［美］德里克·博克：《走出象牙塔——现代大学的社会责任》，徐小洲、陈军译，浙江教育出版社2001年版，第132页。

理性在于它能符合社会的需要，不同国家、不同类型、不同层次的大学都能够因社会责任的履行发挥出自身独特的作用，共同实现对社会的服务、前瞻、引领，这是任何社会组织难以望其项背的。

2. 大学社会责任无可替代

从历史上看，大学不仅促成了宗教改革、启蒙运动，还引发了科学革命。事实已经证明，大学对传统国家思想文化的变革、人的素质改善和提高、科学技术的进步、社会的发展和国家民族的富强发挥了不可替代的重大影响和推动，已经成为国家实力的象征和国家事业的重要组成部分。因此，民族国家产生之后，政府就深刻地认识到大学的作用，将其视为增强国家实力、推动社会进步的有力手段，在加强对大学资源供给的同时，无不加强对大学，尤其是对公立大学办学行为的干预和控制，授权大学进行某种程度的公共管理，客观要求大学管理体现国家权力。大学获得了与其他组织不同的社会地位，社会在给予大学自治的权力，给予大学及其学者以学术自由的同时，责任与之相伴，大学必须承担与这种地位相应的社会责任。

3. 接受公共财政支持必须承担社会责任

现代大学接受大量的公共财政支持，涉及的公共利益范围越来越大，大学提供的高等教育也是最有价值的社会资源之一，无论是公立还是私立大学，都应以一种有益于社会的方式进行管理，承担高于组织社会义务的社会责任。国家为了指引和监督大学履行责任，通过制定相关法律、法规和制度来规范、监督大学办学行为，评价大学责任履行情况。为了执行政府决策、应对社会诉求、体现大学责任，大学就需要建立相应的行政管理机构，保证代表公共利益的国家意志的贯彻执行。

其次，大学要承担越来越大的意识形态责任。正如阿普尔所言："在阶级社会中，统治阶级加强意识形态统治的关键因素，在于对保存和产生某一特定社会机构的知识进行控制。"[①] 而"教育本身就是

---

① ［美］迈克尔·W. 阿普尔：《意识形态与课程》，黄忠敬译，华东师范大学出版社2001年版，第29页。

一个这样的场所，不同的集团在此基于自己社会的、文化的和宗教的目的，竞相致力于建立自己的霸权。"① 大学作为传播知识和文化的教育机构，如果说在精英教育时代，政府尚能容忍一小部分远离社会、享受思想自由的大学，那么在大众化时代，由于大学与社会日益紧密的契合，大学培养的人才已成为社会各个部门人才的主要来源，大学在塑造人的价值观念、保证意识形态和社会规范的延续等方面的责任越来越明显和重大。因此，在经济全球化、政治多极化、文化多元化的时代，大学在保存和发展现存政治格局、促进个体政治化等方面的作用越来越大，承担的公共责任也越来越重。

再次，政府公权力的内部执行。如前所述，政府主要通过制定法律法规以及其他规章制度和授权其他的职权性主体实现对大学的管理，但这种管理不可能由权力主体直接进行。于是，政府公权力的大学内部执行就成为大学行政权力的主要任务。作为政府公权力在大学内的"链条延伸"和"权力代理"，大学行政权力"代行"公权力的公共管理职责。大学行政权力通过对政府意志的服从和执行以及对内部事务和成员的管制来保证国家的教育方针和教育法律法规在大学的落实和执行。大学行政机构只有在一定程度上获得内部事务的支配权，国家和政府的意志才能得到更好的贯彻与执行，否则，不仅政府的公权力无法"代行"，并且大学自身也易陷入权力缺失后的失序或无序状态。

最后，大学内部各项事务管理的需要。大学作为一个社会组织，自然面临着内部的各种事务性管理，而随着大学越来越巨大，越来越复杂，这种事务性管理也日趋复杂，但大学结构的松散性、观念的多元化、制度的弹性和管理的多样性②决定了大学是一个松散联合的组织，如何把各种松散的力量调动起来成为了大学的一项重要使命。大学行政机构由于它的公共性自然承担起内部管理的职责和协调各种松

---

① [美]迈克尔·W. 阿普尔：《文化政治与教育》，阎光才等译，教育科学出版社2005年版，序言。
② 李从浩：《平衡管理：大学松散联合的矛盾选择》，《煤炭高等教育》2006年第6期，第20—22页。

散力量的职能，这种内部管理权力由于是代表大学、超越自身而具有了内部公共理性的基础，这也成为大学行政权力内部威信和影响力的来源。

总之，随着大学不再仅为学术而存在，也不再仅是学者的天下，大学行政权力就开始为大学的生存、发展和履行社会职责服务，这既是大学发展的必然，也是大学发展的必需。大学行政权力就在大学"去魅"中扛起了大学公共责任的大旗，以关注大学普遍利益而不是学者的个人利益或学者团体利益，在追求大学为社会服务的效率和质量中赢得了自身的合法性。

二 政治合法

大学的政治属性来源于教育的政治属性，而大学的政治合法则是大学自身发展需要与国家社会需要共同作用的结果。早在1167年，英格兰国王亨利二世和法兰西国王菲利普二世发生争执，英王就召回了在巴黎求学的学生和学者，大批回国的学者创办了牛津大学，与巴黎大学分庭抗礼。近代以来，大学的政治合法性越来越受到重视。19世纪初，拿破仑建立帝国大学体制，就充分体现了国家对于大学的政治合法性的承认和控制。20世纪尤其是第二次世界大战以后，大学与国家的关系越来越紧密，很多国家都把大学的发展与国家政治紧密相连。美国大学从第二次世界大战后的大量吸收退伍军人入学、"麦卡锡主义"的盛行到"政治正确性"文化的盛行，都体现了大学对于自身政治合法性的承认。

从大学自身来看，大学要成为一个社会组织首先必须面临合法性的考验，即大学的存在和活动必须符合法律法规，而政治是法律法规的核心要素，自然政治合法是大学必须做出的选择。大学在事关自身存在与发展的问题时必然把政治合法作为自己首要考虑的因素，而为了更好地生存和发展也必然对政治意志产生某种程度的归顺和服从。从大学职能来看，不管是培养人才还是社会服务，首先也必须考虑政治因素，政治合法不仅成为大学培养人才的标准，也成为大学参与社会事务的重要参照系。

从国家来看，大学的社会中心地位决定了任何国家都必须把大学置于国家的规范和控制之下，都希望大学服务于国家政治集团的根本利益和社会经济发展的需要，而不是让大学成为纯粹自由探讨知识的"象牙塔"，尤其在意识形态冲突背景下的国家对大学的政治要求更加严格。除了国家意识形态、国家主权、国家利益等对大学提出的统一价值观外，在国际政治冲突与对立和国家政治集团斗争与冲突中，国家对大学政治合法的要求和控制更强，毕竟统治阶级不希望自己给自己培养掘墓人，也不希望大学成为社会动荡之源。在冲突的背景下，政治合法永远是大学醒目而又不可忽视的基本要求。同时，政府作为大学资产的所有者，无论大学营利与否，政府都要对它的资产有效使用行使管理权，这种管理权表现为对高校各项事务决策（包括政治合法）施加各种影响。

正如布鲁贝克所宣称的那样，"对高等教育在政治上的合法地位用不着大惊小怪，所有伟大的教育哲学家都把教育作为政治的分支来看待，如柏拉图的《理想国》、亚里士多德的《政治学》等都是如此，"这是因为"当高等学府卷入日常生活的时候，必然会遇到如何确定目标和如何行使权力来实现这些目标的争论，而这些争论自然具有政治性"[1]。而随着高等教育对社会事务的广泛和深度介入，其自身的政治化过程愈加不可避免，自然"高等教育越卷入社会的事务中，就越必要用政治观点来看待它。就像战争意义太重大，不能完全交给将军们决定一样，高等教育也相当重要，不能完全留给教授们决定。"[2] 范德格拉夫等认为，"高等教育作为国家头等重要的事业，其活动原则必须符合国家需要和广泛接受的社会标准。""政治化不仅指政党、政治家和政府官员参与高等教育决策的合法化，而且也是指大学内（学生，初级教学人员、非学术人员）外（工会、雇主协会）以前从未卷入的群体参与决策的合法化。这种参与，无论是非正式的

---

[1] [美]约翰·S.布鲁贝克：《高等教育哲学》，王承绪、郑继伟、张维平等译，浙江教育出版社2001年版，第15页。

[2] 同上书，第32页。

还是通过正式民主决策过程制度化的,都可能与高等教育中的尖锐的意识形态冲突和政党冲突相联系。对高等教育结构和使命的任何重大评价,特别是在政治和集团压力条件下的评价,都注定是悬而未决的,至少对大学是如此。"① 伯顿·R. 克拉克也认为,政治权力是学术的系统权力的重要组成,"今天,在世界上的大多数国家,高等教育主要是中央政府组织的一部分。高等教育的性质因而取决于中央各部门的性质,受到一般政治权力的影响"②,同时,美国现代大学研究也把大学看作一个社会——政治微观系统,认为大学不仅是政治集团和政治实体,还是一个严格化了的科层体系。③ 需要注意的是,"在有些国家,由于政府与国家的同构,大学成为政府的一个部门,大学的政治合法性往往压倒其他合法性,由于政府部门的僭越,对大学政治合法性的承认往往会被替换为对大学行政合法性的承认,把大学作为政府的一个分支或工具"④。

如前所述,尽管在政治学理论和政治实践中都存在"政治行政二分",也有学者认为高校的政治权力与行政权力存在诸多不同⑤,与大学的"去行政化"密切相关⑥,需要整合和协调⑦,但多数学者都认为政治权力对大学的控制和影响主要是通过大学自身的行政组织和行政权力的介入来实现,所以把政治权力归属于行政权力之中。

可以看出,不管从大学的历史还是从大学职能的演变都可以发现,对大学生存与发展影响最大的无疑是政治。大学无论情愿与否,

---

① [加]约翰·范德格拉夫等编著:《学术权力——七国高等教育管理体制比较》,王承绪、张维平、徐辉等译,浙江教育出版社2001年版,第12页。
② [美]伯顿·R. 克拉克:《高等教育系统——学术组织的跨国研究》,王承绪、徐辉、殷企平等译,杭州大学出版社1994年版,第133页。
③ 高洪源:《欧美学校微观政治研究的进展》,《比较教育研究》2003年第6期,第1—6页。
④ 何淑通:《论大学合法性的承认》,《教育学术月刊》2015年第4期,第14—19页。
⑤ 杨克瑞:《高校的政治权力分析》,《高教探索》2007年第6期,第40—42页。
⑥ 赵峰:《论高校的政治权力与"去行政化"》,《西北师范大学学报》(社会科学版)2011年第3期,第86—90页。
⑦ 刘庆东:《我国高校政治权力与行政权力的整合与协调》,《山东社会科学》2009年第7期,第157—160页。

都势必直接间接地生存在政治的晴雨表下。政治合法成为大学无法抗拒的宿命，而大学行政组织和大学行政权力则"义不容辞"地承担起大学政治合法的载体和途径。

三 科层管理

马克斯·韦伯认为，实施科层制对当今复杂的社会组织实现其目标绝对必要①，而理想类型的科层制作为合理型、传统型和魅力型②三种合法统治类型中的合理型权威的代表，在精确性、稳固性、纪律性、严谨性和可靠性方面都是对传统型权威和魅力型权威的超越，是一种只奉行法律程序和公务原则，不受任何个性干扰的完美的高效率管理形式③。

韦伯理想类型的科层制结构具有以下特征：（1）明确的分工。只有将为实现组织目标所必需的日常工作分配到每个岗位才能保证每个岗位的职责明确④，也才能实现岗位工作人员的专业化。（2）岗位等级制度。所有岗位的每个人员都必须对自己以及自己下属的行为和决定向上级负责，上级对下级具有权威性，下级对上级有服从义务。等级划分，层层节制，权责分明。（3）相对稳定、抽象的规则体系⑤。组织的一切活动都由这个规则来控制，而这个体系规定了每个成员的责任及其相互关系，从而保证了结果的一致性。（4）非人格化处理。也就是说，每个岗位的人员在处理公务时必须排除个人偏见和私人情感，用理性来指导自己的行为。

由于只有科层制满足了组织的效率要求，自韦伯"科层制"理论

---

① 陈奎熹：《教育社会学》，三民书局1982年版，第194页。
② ［德］马克斯·韦伯：《经济与社会》，林荣远译，商务印书馆1998年版，第238—252页。
③ 官欣荣：《韦伯、米尔斯的"科层制"理论之比较》，《社会科学研究》1995年第1期，第51—54页。
④ H, H, Gerth and C, Wright Mills, *From Max Weber: Essays in Sociology*, New York: Oxford University Press, 1946: 196.
⑤ Max Weber, *The Theory of Social and Economic Organization*, translated by A, M, Henderson and Talcott Parsons, New York: Oxford University Press, 1947: 330.

提出后，科层制就成为各类组织的组织原则和行为规范。随着大学从松散的学者行会变成正式社会组织，随着近现代高等教育制度的建立以及大学组织规模的扩大，受科层制理论以及社会组织普遍科层化的影响，科层管理在大学组织中也得到了迅速发展。

首先，大学符合科层制组织的特征。对照韦伯科层制的几个特征，我们发现，大学是一个正式的科层制社会组织。第一，大学存在明确的分工。尽管大学是以知识和学术作为本质特征，但在大学运行过程中还面临着人、财、物等各种事务性管理。不同的事务由不同的人处理已经成为大学运行的基本规则。第二，形成了大学领导、中层管理干部、办事人员的自上而下的层级制度，每个层级的成员在自己的职权范围内按照下级服从上级的原则进行日常工作的处理。第三，针对大学的日常管理，上到学校层面的基本制度设计，下到教学、财务、人事、基建、学生、学院等各工作领域都形成了一套规则明确的制度。在前三个因素的作用，大学管理人员都能在自己的工作领域按照规定的制度客观的履行自己的职责，大学也就必然成为科层化组织。

其次，大学规模不断扩大客观上要求实行科层管理。随着大学的发展，特别是"近代大学的世俗化和科学教育，不仅导致大学功能的世俗化和学科结构的复杂化，而且带来了大学规模的不断扩大，以及维持大学运行的事务性工作日益复杂"[1]。原本由教师负责的大学内部管理由于教师要应对日益繁重的教学、科研任务，同时大量的日常事务客观上也要求专门化管理，于是大量的日常事务性管理就交由行政机构负责专门管理。"正如高深学问的发展需要专门化一样，在学院和大学的日常事务方面也需要职能的专门化。事务工作和学术工作必须区别开来，因为每一方面都有它自己的一套专门的知识体系。"[2]

---

[1] 潘懋元：《多学科观点的高等教育研究》，上海教育出版社2001年版，第334页。
[2] ［美］约翰·S. 布鲁贝克：《高等教育哲学》，王承绪译，浙江教育出版社2001年版，第126页。

科层制由于"赋予工具理性在人类事务中至高无上的地位"① 满足了事务性工作按规定办事、集中决策、追求效率的特点而成为了事务性工作的首选。

"由于机构变大了,所以行政管理作为一种特殊的职能变得更加程式化和更为独立出来了;由于机构变得更为复杂,行政管理的作用在使大学整体化方面变得更加重要了。"② 因为"行政任务的发展永远是行政管理官僚制度化的适宜土壤"③,而行政事务从学术事务中分离出来并实行管理专门化是大学发展的必然,因此,大学组织科层管理也就成为必然。

再次,大学成为社会中心的必然要求。随着大学成为社会的中心,政府对大学的干预越来越多,大学对社会和政府的依赖也越来越强,自然大学与政府和社会打交道的机会越来越多,客观上要求大学在内部组织中建立相应的机构承担与社会和政府打交道的职责。由于政府是典型的科层制组织,当科层制作为高效率的组织形式被广泛应用于各类社会组织之中时,当"组织的科层化已经变得如此普遍以至于我们很难想象科层制的替代形式"④ 时,大学在与政府日益紧密的联系中也必然演变出科层组织以适应与政府和社会打交道的需要。科层制将政治权力与官僚制权力延伸至高等教育系统,构成大学政治权力和行政权力的重要权力来源,或者说,政治权力通过政治组织,传递到政府及政府机构,再通过公共行政的官僚制运行模式——科层制,传递到大学,大学不可避免地卷入知识与权力的漩涡之中。

由于国家管理高等教育的行政机构是实行科层制,习惯于将自利性需求强加于别人,这将不断强化行政的目标和力量,长期以来就会造成行政权力至上,其结果就会在很大程度上消解削弱学术权力,抑

---

① [美]理查·A. 福尔柯:《追求后现代》,载 [美]大卫·雷·格里芬编《后现代精神》,王成兵译,中央编译出版社1998年版,第126页。
② Clark Kerr:《大学的功用》,陈学飞等译,江西教育出版社1993年版,第18页。
③ [美]斯蒂尔曼:《公共行政学》(上册),李芳、杜小敬等译,中国社会科学出版社1988年版,第80页。
④ [美]彼得·布劳、马歇尔·梅耶:《现代社会中的科层制》,马戎、时宪民、邱泽奇译,学林出版社2001年版,第10页。

制学者的创造。事实上，政治力量与政府在向大学输出官方知识的同时，也在向大学输出科层管理。由于政府管理者控制作为文化组织的大学的深度和幅度很难找到法律的边界，加上行政权力又有着内在的扩张冲动，自然而然就把手伸到了大学学术事务的深处。一些国家高等教育市场中介缺位，政府的控制没有"缓冲地带"，大学可能被直接塑造为准政府机构，"科层管理"在高等教育领域获得彻底胜利。于是，"高等学校显然在向一种由国家控制的法人官僚机构发展"①。

四 资源依赖

资源依赖理论萌芽于20世纪40—70年代。塞尔兹尼克通过对田纳西流域的大坝水利工程和管理机构的研究，发现组织是与环境不断作用、不断变化和不断适应的产物。他把这一过程称之为"共同抉择"②。1958年，汤普森和麦克埃文分析了组织间关系的联盟、商议和共同抉择的三种类型③，其后，汤普森在1967年建立了组织间权力的依赖模式，认为一个组织对另外一个组织的依赖与该组织对所依赖的组织能够提供的资源或服务的需要成正比④。1970年，扎尔德从组织内外的政治结构的角度解释了组织变迁的方向和过程，认为组织为了解决资源控制问题，可以运用合并等正式方式和垄断等非正式方式来互相影响⑤。

资源依赖理论的集大成者是菲佛和萨兰基克。他们首先提出了三个重要的假设：一是组织最关心的是生存。"与其说组织是一个具体

---

① [美]伯顿·R.克拉克：《高等教育新论——多学科的研究》，王承绪、徐辉、郑继伟等译，浙江教育出版社2001年版，第45页。
② Selznick, P, TVA and the Grass Roots: *A Study in the Sociology of Formal Organization*, Berkeley: University of California Press, 1949: 36.
③ Thompson, J, D and McEwen, W, J: Organizational goals and environment: goal-setting as an interaction process, American Sociological Review, 1958, (23): 23–31.
④ Thompson, J, D: *Organizations in action*, New York: McGraW-Hill, 1967: 59.
⑤ Zald, M, N, ed., *Power and Organizations*, Nashville: Vanderbilt University Press, 1970: 113.

的社会实体,不如说组织是通过整合足够的支撑条件来继续生存的过程。"① 正因为组织的生存和发展不是依靠其正当性而是依赖环境,所以生存成为组织最关注的事情。二是组织为了生存必须不断从环境中获取资源,因为"没有一个组织可以完全自给自足或者对自己的生存条件具有完全的控制力"②。所以,"为了获取所需资源,组织必须与环境中的其他因素进行交易。这无论对公共组织、私人组织、小型或大型组织来说,抑或是官僚和机构组织来说,都是真实的情况。"③三是组织的生存建立在控制与其他组织的能力基础之上。"因为组织从环境中获取资源,组织的生存不仅要求组织能够进行积极有效的内部调整,还要求组织能够很好地适应环境和处理环境。"④ 而"当组织具有资源控制的权力和实施强加要求的能力,并且组织的行为尚未受到制约时,行为的限制来自不对称的相互依赖"⑤。

同时,他们认为,一个组织对另一个组织的依赖程度取决于几个关键因素:一是组织运转和生存对资源依赖的程度。这种程度主要体现在资源交换的相对数量和资源的关键程度。"交换的相对数量是资源重要性的决定性因素,可以通过投入的比例或者由这一交换带来的成果在总产出中所占比例来衡量。"⑥

"关键程度是衡量组织在缺乏这一资源或者市场对这一资源缺位的情况下继续发挥作用的能力,而这种程度是可以随着组织环境的条件变化而发生改变的。"⑦ 二是对其他参与者所控制的资源的分配和使用的决定权。这种权力包括资源的所有权、分配权、使用权和这些权力的拥有者以及监管这些权力和执行这些规章的能力。⑧ 三是资源

---

① [美]杰弗里·菲佛、杰勒尔德·萨兰基克:《组织的外部控制:对组织资源依赖的分析》,闫蕊译,东方出版社2006年版,第26页。
② 同上书,第23页。
③ 同上书,第2页。
④ 同上书,第23页。
⑤ 同上书,第67页。
⑥ 同上书,第51页。
⑦ 同上书,第52页。
⑧ 同上书,第54页。

控制力的集中，也就是"中心组织用其他资源替代原有资源的能力"①。这种可利用的替代品的相对数量和这些替代品的规模或者重要性，对组织行为受到限制的范围和程度都产生影响，并且这种影响与其他组织对该资源的需求和该资源的替代资源的稀缺性成正比。②

由于组织必须通过外部环境取得生存和发展所需的各种资源，而环境中的各个要素在提供资源时往往会对组织提出要求，由此产生了组织的外部控制和资源依赖，而依赖程度主要取决于资源对组织维持运营和生存的重要性、持有资源的群体控制资源分配和使用的程度以及替代资源的可得程度。因此，组织间的依赖关系是参与方的相互依赖关系。如果彼此之间的依赖程度不同，并且这种程度的不对称无法通过其他交换来弥补，那么满足依赖程度较低方的要求就成了依赖程度较高方的生存和发展必需的选择。

简言之，维持组织的运行需要多种不同的资源，而这些不同资源不可能都由组织自己提供。这种资源依赖产生了其他组织对特定组织的外部控制，并影响了组织内部的权力安排。由于外部限制和内部的权力构造构成了组织行为的条件，由此产生了组织为了摆脱外部依赖而维持组织自治的行为。

大学与其他获取资源同时生产资源的社会组织不同的是，它是以知识生产和人才培养作为获取资源的主要手段，这种获取资源方式的特殊性决定了它对资源的特殊依赖性，即大学本身不可能生产资源。同时，大学生存和发展所需资源的数量之大、种类之多和关键资源的替代程度较少等情况决定了大学日益成为高度资源依赖型组织。持续获得这些资源事关大学生存和兴旺，若没有来自大学以外的其他社会组织（包括政府）持续的资源投入，大学的发展是不可想象的。尽管大学在行使基本职能的同时也衍生出了诸如科技园、创业园等资源生产的方式并在某种程度上回报了大学的发展，但这依然只是大学科

---

① ［美］杰弗里·菲佛、杰勒尔德·萨兰基克：《组织的外部控制：对组织资源依赖的分析》，闫蕊译，东方出版社2006年版，第56页。

② 同上书，第60页。

学研究职能的一个体现，并且这种资源的获取方式并不能成为大学获取资源的主要方式。

　　大学所依赖的资源主要表现在大学正常运行和学术研究所需资源的分配依赖，同时还包括学科建设制定规则"话语权"的依赖①，而这些涉及大学生存和发展的各类资源几乎全部来源于政府和社会。大学作为一个社会组织，要保证组织的正常运行，必然涉及大量人财物等资源保障，使得争取资源、分配资源和维护资源成为大学生存发展的重要基础，而大学同时也主要是一个公益性的社会组织，使得不管是政府还是社会组织甚至是个人，其资源的投入由于具有公益的性质而具有公共性，对公共资源的管理必然是科层组织模式而非学者个人模式。同时，随着科学研究成为大学的一项重要职能，科学研究也由学者个人的"闲逸的好奇"转向团队合作，研究内容也由注重思辨转向解决问题（包括基础研究和应用研究），特别是随着"大科学、大工程"时代的来临，研究活动的规模越来越大，涉及的学科、人员越来越多，科学研究的组织化程度越来越高，对资源的依赖程度越来越大，"工具和设备正在变得越来越为私立和公立的科层组织所占有。……由于科学家是同他们的技术设备'相分离'的——归根到底，回旋加速器并不归物理学家所有———种新型的科学工作者也就应运而生了。他要搞研究工作就必须受雇于一个拥有实验室设备的科层组织。"② 于是，为科学研究争取所需资源也成为了大学作为学术组织获得生存和得到发展的前提。大学行政组织为了大学的正常运行和科学研究的正常开展，与政府和社会各界打交道以获取资源的支持就成为必然的要求，而资源在大学内部的分配和管理也成为大学行政权力的必然职责。不同的是，西方大学由于管理体制和社会文化传统的原因，大学除了可以从政府获得公共资源外，还有大量的社团、慈善机构等为大学投入经费和资源。资源来源渠道的多样化和可得程度

---

　　① 冯向东：《大学学术权力的实践逻辑》，《高等教育研究》2010 年第 4 期，第 28—34 页。

　　② ［美］罗伯特·K. 默顿：《社会理论和社会结构》，唐少杰、齐心译，译林出版社 2008 年版，第 348 页。

减轻了大学对资源来源的单一依赖,从而也减轻了资源来源渠道对大学的控制,而中国大学则正好相反。

　　大学在保证自身生存发展的前提下通过科学研究推动知识创新是大学的主要使命之一,而大学知识生产的创新的基础是学科,科学研究和研究者都必须在某一学科领域中才有相应的评价、承认和影响,大学也只有在学科发展中自身才能得到发展,同时也才能吸引更多的优秀学者加入其中促进大学发展,学者也只有在更高、更优秀的学科中才能得到更好发展,大学、学科、学者形成了互相促进的"马太效应"。由此,在学术场域中抢占制定规则和分配资源的"话语权"就成为每所大学、每个学科和每个学者高度重视和积极参与的事情。"哪所大学、哪个学科争取到了尽可能多的奖励和学术资源,它就获得了学科建设、学术发展的主动权和积累性优势;学者个人同样如此,谁掌握了更多的资源谁就在学术竞争中处于有利的地位。"① 因此,"一些学者十分关注参与各类'发展规划'、'立项指南'等文件的编制或咨询工作,谋求进入评项目、评奖、评'职称'、评'重点学科'等各种委员会或专家小组,在众多竞争对手中寻找'合作伙伴'以影响投票结果等,都是力图掌握在学术场域中制订规则和分配资源的'话语权'。谁掌握了这种'话语权',谁就拥有了'支配的权力',从而能够'干预一系列事件以改变其进程',确保获得自己想要的结果"②。按照学术的基本规则和学术团体的基本实践,这种制定学科建设规则的"话语权"应该掌握在学术组织或学术组织的行业协会中,与大学行政组织关系不大,也不构成大学行政权力的合法性基础,但在中国却恰恰成为了"令人生厌"的"魅力"合法性。

　　大学除了上述依赖外,还包括人事任免、办学声誉等各种依赖。政府成为大学办学环境中最重要、最关键的因素,大学为了获取赖以生存和发展的不可替代的关键性稀缺资源,势必对政府的各种或明或

---

① 冯向东:《大学学术权力的实践逻辑》,《高等教育研究》2010年第4期,第28—34页。
② 同上。

暗的政策和意见做出积极甚至迎合的反应。同时，由于我国大学"院校级的官僚权力同高级的官僚权力"被拴在了同一辆"马车"上①，政府所掌握的各种资源通过被"化"成了政府行政权力"链条"末端的大学行政权力将资源通过这根"权力"链条逐级分配到各个大学和大学内部，这种"从最高教育行政机关到大学基本教学与学术单位，一元化的行政权力通天贯地，天下英雄，靡不在其彀中"②的官僚层级体系势必让法律规定的办学自主权步履维艰，势必让"高校去行政化"任重道远，势必让大学对其办学行为形成资源依赖。

第二节　大学行政权力的合法性危机

在一个组织中，各种权力存在冲突在所难免，但在一个以学术为业的大学组织中，行政权力时刻与学术权力发生冲突并占据强势地位，从辩证法的角度，这本身就意味着合法性的危机。由于行政权力的越矩和程序的不合法等表象带来的危机慢慢演变为深层的文化和组织危机，进而树立起行政权力令人生厌的脆弱的巨人形象。在此形象的映照下，"去行政化"和"限制行政权力"的呼声自然有它的心理优势和实际市场，而大学"学术—行政共同体"的客观存在和行政权力本身的合法性反而被忽略和遮盖了。

一　文化认同危机

大学的主要使命是培养具有专门知识的人才、传承和创新知识以及通过人才培养和科学研究实现社会服务，这种使命和价值追求是大学在其历史发展过程中形成的有别于其他组织的基本理念和文化价值，这也是大学作为一种特殊的社会组织千年不倒的价值所在。而大学行政权力作为继学术权力之后从大学组织内部"生长"出来的一

---

① 冯向东：《大学学术权力的实践逻辑》，《高等教育研究》2010年第4期，第28—34页。

② 韩水法：《世上已无蔡元培》，《读书》2005年第4期，第3—12页。

种基本权力，也是在大学的历史发展中逐步形成和发展起来的，也有其历史必然性和存在的合理性，但毕竟它不在大学母体天然地存在，自然它在大学这个特殊的社会组织中就面临"度"的问题：适度则适当，过度则失当。大学行政权力一旦超越"度"就必然对大学固有的原则和价值观念形成冲击，也必然引起学者对行政文化的反感，对行政权力的积极功能视而不见，造成行政文化与学术文化的"对立"。

首先，大学行政权力逾越了大学的知识本质，树立了令人生厌的形象。随着大学成为社会中心，由于大学的地位和价值日益重要以及政府作为科层制组织本身的内在追求，客观上政府必然日益强化对大学的管理和控制，这就要求大学按照政府规定，在命令—服从的管理模式下不断追求命令执行的理性化、明确化和程序化，这从政府管理的角度可以理解但并不意味着合理，因为它没有充分考虑大学自身的组织特性以及大学与社会保持相对距离的内在需求。而大学组织的科层化和大学行政权力作为政府行政权力"链条"的末端和执行者[①]，必然导致政府科层制管理模式在大学的复制和执行，而权力本身的内在扩张冲动也导致大学行政权力的不断入侵和越矩，完全忘记了自己"出身"和"生存"在大学这个学术组织中，完全无视自己在大学这个学术组织中的"异质基因"，不是采取"低调地融入"姿态，而是树立"强势入侵"的形象，自然与大学天然的学术氛围和基本价值认同相悖，与大学基本的学术文化相左，进而引起学者的反感，间接否定自身的积极存在也在所难免。说到底，大学行政权力合法性遭遇的文化危机根本上是大学行政权力忘记了自己赖以栖身的前提和现实"语境"。离开了大学和游离了大学的本质，行政权力的合法性无从谈起。

为什么"西方世界在1520年以前建立的大约75个公共机构仍旧以可辨认的形式存在，有着类似的功能和未中断的历史，除了天主教

---

① 冯向东：《大学学术权力的实践逻辑》，《高等教育研究》2010年第4期，第28—34页。

会等机构外，有 61 个是大学"①？是因为大学是知识的策源地和推动社会进步的力量，是我们为了今天和明天赖以吸取力量的取之不尽的源泉。②

从"中世纪大学以研究和传播知识为目的，表现为学者在行会内并不追求知识的实际应用，而只是遵循从知识到知识的逻辑，不断地从理论上进行知识推演……知识的运用是为了获得更高级的知识，而不是去解决生活和生产中的现实问题"③到博洛尼亚大学、巴黎大学、牛津大学等"大学之母"或"母大学"在发展的过程中甚至以迁校来捍卫学习和研究知识的权力，可以看出，作为人类在不同时代关于"人对物的问题""人对人的问题"和"人对自己的问题"在认识领域所达到的最高境界④的知识，由于它的普遍、理性和高深⑤，一直伴随着大学的起源。

从大学基本职能的演变来看，实际上也经历了从知识的传递到知识的生产和知识的物化的发展过程。其中，中世纪大学起源的职能是人才培养，也就是知识的传授与能力的培养，即知识传递的过程；而肇始于19世纪的大学科学研究的职能则是发现知识、发展知识、创造知识、进行高深学问的探究，也就是知识的生产过程；根据美国《莫里尔法案》诞生的大学社会服务的职能是将发现与创造的新知识运用到社会生活中，帮助社会解决实际问题和进行创新，强调的是知识的物化过程。我们可以发现，无论大学职能怎样变化，它总是离不开传播知识、扩展知识和应用知识，这三大职能无一不是围绕知识这个根本进行。

通过分析，我们可以看出，从根本上支配和决定大学的是知识。

---

① ［美］克拉克·克尔：《高等教育不能回避历史》，王承绪译，浙江教育出版社2001年版，第51页。
② 转引自朱伟光等《查理大学》，湖南教育出版社1996年版，第1页。
③ 张应强：《高等教育现代化的反思与建构》，黑龙江教育出版社2000年版，第69页。
④ 梁漱溟：《东方学术概观》，巴蜀书社1991年版，第171页。
⑤ 张俊宗：《学术与大学的逻辑构成》，《高等教育研究》2001年第1期，第6—11页。

"知识材料，尤其是高深知识材料，处于任何高等教育系统的目的和实质的核心。"① 因此，"一所伟大大学的特征是，它们探索人类知识的全部领域和多样性"②。大学正是在知识这一本质特点上确定着自己存在的根据、自身与他物之间的关系以及自身的发展。无论高等教育如何发展，"只要高等教育仍然是正规的组织，它就是控制高深知识和方法的社会机构"③。可以这样说，知识是大学的起点和边界，大学的一切问题都需要从知识性上加以说明。

大学行政权力遭遇的文化危机说到底是大学行政权力忘记了大学的知识本性，单从或主要从行政权力的角度追求所谓的理性、程序和效率，甚至都忘记了它所追求的理性、程序和效率到底是为了谁、为了什么的问题，某种程度上也是一种"自我的迷失"。不知自己为何物，行为难免会失当。

其次，大学行政权力的过度追求，侵犯了学术的基本领地。我们知道，行政权力是以制度理性为前提，要求严格遵照组织规章按照设定程序完成组织目标，它不仅忽视甚至压制组织成员的理性和创造性，甚至用功能理性代替实质理性。而大学作为学术组织，个人理性和学术自由既是大学的基本要求，也是大学发展的原动力。"为了保证知识的准确和正确，学者的活动必须只服从真理的标准，而不受任何外界压力，如教会、国家或经济利益的影响。"④ 尽管学术自由的理解从大学学者（包括教师和学生）可以不受约束、不受限制和不受威胁地探索学术问题（高深学问）、发表自己的学术观点和散布自

---

① ［美］约翰·S. 布鲁贝克：《高等教育哲学》，王承绪、郑继伟、张维平等译，浙江教育出版社 2001 年版，第 12 页。
② 教育部中外大学校长论坛领导小组：《中外大学校长论坛文集》，高等教育出版社 2002 年版，第 88 页。
③ 薛天祥：《高深专门知识的教与学活动》，《上海高教研究》1997 年第 3 期，第 10—15 页。
④ ［美］约翰·S. 布鲁贝克：《高等教育哲学》，王承绪、郑继伟、张维平等译，浙江教育出版社 2001 年版，第 46 页。

己的学术思想的自由①逐步演变为在学术领域发表观点的自由,但当学术自由的正当性面对强大的行政权力时,依然显得苍白无力。无怪乎米尔斯非常沉重地描述对大学过分科层化的担心:在 18 世纪和 19 世纪,理性和自由是难分彼此的。……现在,理性似乎采取了一种新的形式,它的出发点已不是个体的人,而是社会的制度化机构,这些机构通过其科层式的计划和像数学那样的预测,不仅夺走了抓在它们手心中的小人物的自由,而且也夺走了他们手中的理性②。

同时,大学行政权力的科层制特征决定了决策权力位于大学组织的顶端,下级只能无条件地服从上级和组织的权威,而且还不断地以制度化的方式实现自身权力的最大化和宣布权力的合法性,这必然导致与学术权力的冲突和对立,毕竟大学不像政府是单一的权力结构,而是二元甚至是多元的权力矩阵。大学中的学术权力和学术权威才是大学最重要的力量,也是大学天然的力量,而他们首要的要求是坚守学术自由,排斥管理和控制,不管你是民主的还是专制的,这与行政权力形成了截然不同的文化传统和价值追求。大学行政权力在自己的领域"肆意妄为"尚且为学者所不屑和不耻,更不用说"跨界入侵"到学术权力的领地。但不幸的是,"近年来,高等教育越来越引起公共权力部门的关注。……各级政府的倾向是试图在官员们司法权力的控制下,以他们的意图确定大学和学院的目标"③。

大学行政权力的文化认同危机不仅表现在行政权力过"度"后对大学传统和价值的损害以及由此带来的对大学行政权力文化的不认同,同时也表现在行政文化在大学环境中的异化和边缘化。大学行政文化从来没有正大光明地在大学中提及和正名,行政人员从来没有甚至也不敢坦荡地追求行政文化的张扬。行政文化似乎成了大学校园中

---

① 卢晓中:《高等教育的学术自由与学术自治——兼论中国高等教育学术权力的提高》,《有色金属高教研究》2002 年第 2 期,第 25—29 页。

② [美] C. 莱特·米尔斯:《白领——美国的中产阶级》,周晓虹译,南京大学出版社 2006 年版,第 11 页。

③ William R. Brown, *Academic Politics*, *Alabama*, The University of Alabama Press, 1982: 3.

偷偷摸摸的"隐者":低调而坚韧,这不知是行政文化内在的体现还是"我自岿然不动"的强势,抑或"出生不正"的自卑?

二 组织认同危机

组织认同作为认同的一种形式,研究的是特定组织的成员与组织具有一致性倾向的现象。正如西蒙所说,"正是成员对组织的认同,而不是其他的东西赋予了组织强大的力量,以保证众多成员协调行为,完成组织目标。因此,在过去的两百年中,组织认同在现代组织的兴起过程中发挥了主要作用,并使它们在与传统市场机制的竞争中取得成功。"① 国内专门研究组织认同的学者王彦斌认为"组织认同研究涉及到的主要问题是,任何组织都必须由相应的组织成员所构成,这些成员必须把自己的命运和组织联系在一起,与组织共患难、同甘苦,在任何情况下都不离开组织,在组织中尽可能地充分发挥自己各个方面的能力以完成组织的目标。"②

从中外学者对组织认同的研究可以发现,组织认同主要涉及三个问题:一是主体,即"谁认同";二是客体,即"认同什么";三是程度,即"成员与组织之间一致性程度"。从狭义的角度大部分学者都认为组织认同的主体是特定组织的组织成员,而客体则大致包括组织中的"物"、组织中的"人"以及组织的"事",也就是组织目标和价值。至于认同程度问题,大部分学者都认为首要的是组织与成员是否存在一致性问题,表现为组织成员加入与自己相似的价值观的组织中和将组织价值纳入自我价值观中。

我们常说,学者生活在学院和学科的二元矩阵中,更多关注学科背景和同行评价,他们对学科和学院的认同要远大于他们赖以生存的学校,这似乎是天经地义的事。而大学行政组织中的行政人员由于自身的特性和组织规则对大学以及大学行政组织抱有无限的认同似乎也是不证自明的事,但在实际中我们发现,许多行政人员在行使行政权

---

① [美]西蒙:《今日世界的公共管理》,《新华文摘》2002年第1期,第55—61页。
② 王彦斌:《管理中的组织认同》,人民出版社2004年版,第88页。

力的时候更多的仅仅是一种工作方式和生存方式，内心深处对组织的认同和忠诚远没有达到学者对学院和学科的忠诚。在以学术为业的大学环境中，他们甚至某种程度上从内心深处存在着对行政工作的自卑感和危机感，更谈不上对组织的认同。若让行政人员在行政人员和教师二者身份之间进行选择，他们中绝大多数会选择教师，少部分人即使继续选择行政人员的身份，也是基于教师专业化和行政利益的选择，很难说得上是对组织的认同。行政人员尚且如此，更不用说暂时行使行政权力的学者。美国一所大学的院长对自身经历的评论就很好地反映了行政人员对组织的深刻不认同。这位院长任职数年，成绩斐然，但仍然决定重返教授岗位，这在美国大学本是很平常的事情，不平常的是他对自己的院长经历所发表的评论："当我成为院长穿过校园到行政楼上班时，我发现在路上的某一时刻我跨越了龟孙子和其他人之间的一条界线，我成了一个龟孙子。现在我打算再次跨越这条线，只是这次方向正确了。"① 这位院长虽然任行政职务数年，但是并不认同行政工作，甚至蔑视行政工作，并不以自己在行政管理岗位上取得的成绩为荣，在其内心深处，仍然固守着学者身份，感到摆脱行政工作、重返学者行列是一种解脱和慰藉。

三　程序认同危机

学术界对程序问题关注最多是法学，萨莫斯就曾从法学角度对"程序特征"进行了比较透彻的解说，"我们可以通过提供如下规则而将那些重要的程序特征予以明确的规定：1. 程序是如何启动的，谁有权启动这个程序；2. 这个程序将会经历哪些阶段；3. 在每个阶段将会发生的不同活动；4. 在每个阶段参与程序的人及其可能行为；5. 在程序的运作过程中，是否有人对其予以'评论'；或是否有人对程序结果或类似现象予以否决；6. 程序借以有效运作或实施惩罚的手段；7. 程序结束的情形以及结束程序的人；8. 程序参与者的产生

---

① 王英杰：《大学学术权力和行政权力冲突解析——一个文化的视角》，《北京大学教育评论》2007 年第 1 期，第 55—65 页。

机制。"萨莫斯对程序特征的分析对于分析大学行政权力程序性危机具有重要启示。

大学行政权力的程序性危机与大学行政权力的形式合法性问题密切关联，它主要审视大学行政权力是否符合国家相关法律法规和大学内部相关制度等规范性文件所规定的程序、规则和方式。概言之，大学行政权力的程序性危机主要表现在两个方面：一是大学行政权力的启动程序，即大学行政权力的产生是否符合民主程序以及大学内部相关制度所规定的程序。如果符合相关法律、章程等规范性文件所规定的程序、规则并严格遵循民主程序，则具有坚实而牢固的合法性基础。反之，则因为其产生违背了行政权力形式性合法的基本要求而蕴涵着合法性危机。大学行政组织的科层制决定了"长官意志"的决定性作用，而"长官意志"的决定作用在没有约束和规制的情况下又很容易趋于随意，于是行政权力由哪些人参与、解决什么问题、权力边界在哪里、过程如何纠偏等基本问题在权力启动之初并没有明确的规定，随之而来的科层执行不仅侵蚀了问题本身，也无助于维护行政权力本身的权威性，更多的就会出现行政权力解决或者干预学术事务情况，自然对行政权力的程序认同程度也会大打折扣。

二是大学行政权力运行过程中发生的问题。从一般意义上讲，作为培养人才和知识生产的组织，大学组织结构具有"重心在下"的特点，即基层组织扎根于学科，来源于学术，是真正的学术活动的中心。大学行政权力运行和实现的过程中应遵循学术事务特有的程序和规律，赋予基层应有的行政权力。但问题在于，人才培养和科学研究的重心虽在基层，但资源的控制权和学科建设规则的话语权却掌握在"高层"或"中层"手中，这样就产生了行政权力运行中"上层程序解决下层问题"的不适应问题，也就谈不上对行政权力的程序认同问题。

第四章 权力的寻踪
——中国大学行政权力的发展历程

众所周知,事物的发展具有历史连续性,正如阿什比所说,和任何生物一样,大学的发展也是遗传和环境综合作用的产物①。在不同的历史阶段,不同的社会背景中,大学组织内部权力必然显现不同状态。因此,研究中国大学行政权力的合法性不仅需要正本清源,也要追根溯源。

马克斯·韦伯认为:"一切可能类型的高等教育机构在中国和伊斯兰世界一直都有,其中某些机构甚至在表面上与我们的大学(或至少学院)颇为相似,但是,一种理性、系统的、专门化的科学职业,已经训练有素的专业人员,都只有在西方才存在,而且只有在西方才达到它今日在我们的文化中所占的主导地位。"②尽管关于中国现代大学的起源有不同的看法③,但大多数学者都认同韦伯的判断,认为

---

① [英] E. 阿什比:《科技发达时代的大学教育》,滕大春、滕大生译,人民教育出版社1983年版,第10页。
② [德] 马克斯·韦伯:《新教伦理与资本主义精神》,于晓、陈维刚等译,生活·读书·新知三联书店1987年版,第7页。
③ 何炳松认为张之洞在京师大学堂设立预备科"是我国真正大学教育的发轫。"(何炳松:《三十五年来中国之大学教育》,《最近三十年之中国教育》,商务印书馆1931年版,第75—79页)徐则敏认为"我国创办现代式的大学,远在前清光绪十三年,李鸿章创议北洋大学的设立。"(徐则敏:《中国大学教育的现状》,《中华教育界》第19卷第1期)徐小洲则认为,"中国古代存在着高等教育,也产生过不少高等学校(官学和私学都有),但真正的大学还得从1917年开始算起。"(徐小洲:《高等教育论——跨学科的观点》,人民教育出版社2003年版,第91页)谢泳甚至认为:"中国现代意义上的大学以1925年清华学校设立大学部为标志。"(谢泳:《中国现代大学的"制度设计"》,谢泳等:《逝去的大学》,同心出版社2005年版,第273页)京师大学堂是近代中国"中学"与"西学"、旧学与新学、科举与学校之争的产物,标志着我国近代大学教育的正式开始。(同上书,第49页。)

中国现代大学并不是我们本土文明的自发产物，而是随着鸦片和科技、坚船和利炮从西方移植而来，而京师大学堂的建立，则标志着我国近代大学的正式开始①。

　　自此始，中国开始长期处于战争洗礼和政治变革之中，导致大学处于不同的社会、政治和制度环境中，政府管理大学的体制和大学的组织结构呈现不同的形态，其内部权力也不断发生变化。在不同的历史阶段，政府管理体制、大学组织结构和权力结构是怎样的？大学组织结构和权力结构又是如何随着政府管理体制的变化而变化的？这种变化是否存在规律？回答好这些问题有助于我们真正认识中国大学的现状，也有助于认清中国大学行政权力的本来面目。本章分清末、民国、国民政府和新中国四个历史阶段从中国大学所处的环境下的制度依据、制度下的组织结构和组织结构中的大学权力关系等三个方面对中国大学权力进行考察，并在此基础上总结出影响中国大学权力的主要因素。

第一节　清末时期的大学权力

一　大学产生背景与制度依据

　　1860年第二次鸦片战争失败后，清政府兴起了"中学为体，西学为用"的洋务运动。洋务运动的重要内容之一就是开设了一批学习"西文""西艺"的语言学堂、技术学堂和军事学堂等新式学堂。1895年甲午战争失败后，以康有为、梁启超为代表的新兴小资产阶级开始了救亡图存的维新变法，其中"废科举、兴学堂"成为了变法中的重要一环。经过时任刑部左侍郎李端棻的首倡、管学大臣孙家鼐的复奏、康有为的建议以及御史王鹏运的奏请，1898年2月，光绪皇帝下《明定国是诏》，正式批准设立京师大学堂，梁启超负责拟定《京师大学堂章程》。后经历义和团入京和八国联军入侵而暂停，直到1902年初才重新恢复，任命吏部尚书张百熙为管学大臣，颁布

---

①　郑登云：《中国高等教育史》，华东师范大学出版社1994年版，第49页。

《钦定学堂章程》（又称《壬寅学制》），同年举行入学典礼。至此，经过数年酝酿，几经反复，中国近代意义的大学产生。期间，清政府通谕各省改书院为大学堂。于是，太原令德堂书院改为山西大学堂，成为省立大学之始，天津中西学堂改名为北洋大学堂。1903年颁布张之洞等拟定的《奏定学堂章程》（又称《癸卯学制》）。

清末大学权力确立的主要依据是《钦定学堂章程》和《奏定学堂章程》，特别是《奏定学堂章程》作为中国第一个真正实施的学制，规定了大学堂是国家政治体制的一部分，大学堂的废立要奏请皇帝批准；大学堂的办学经费、场地由政府提供；大学堂的最高长官由皇帝任命；大学堂内部领导岗位由大学堂最高长官推荐、皇帝批准；大学堂教职员的奖励、晋升，学生平时大考的奖励、毕业请授科甲出身、派游学等必须奏请皇帝批准。可见，大学堂的声誉并不是由知识和学术来决定的，而是最高统治者皇帝决定的，而京师大学堂由于得天独厚的地理位置和与皇权的紧密联系，既是一所近代意义上的大学，更是一个与翰林院和国子监类似的教育行政部门。正如许美德先生所言："在一定程度上，京师大学堂是仿照日本东京大学而建的，而东京大学又是仿效法国和德国的教育模式。所以，从理论上来说，京师大学堂的作用基本上与法国19世纪的拿破仑式的大学作用相同。"[①] 摇摇欲坠的晚清政府于紧张和匆忙之下建立大学堂的出发点就是寄希望大学能挽救政权于即倒，而不是发展大学于本源。自然，清政府集大学的举办权、办学权和管理权于一身，把大学堂办成"学在官府"传统的延续也就势所必然，而肇始于特殊历史环境中的中国大学具有"后发外生型"的艰难特性似乎也就命中注定。

二　制度依据下的组织结构

考察大学的组织结构自然离不开政府管理大学的体制，什么样的管理体制决定着大学建构什么样的组织结构。

[①] ［加］许美德：《中国大学1895—1995：一个文化冲突的世纪》，许洁英主译，教育科学出版社2000年版，第64页。

清末大学的管理体制是在清末新式学堂迅猛发展、旧的管理体制不能适应新教育发展的形势下逐步建立的。1905年，山西学政宝熙、翰林院编修尹铭等先后奏请仿日本文部省，在京师六部外另设学部或文部管理新教育。依光绪帝上谕，清政府于1906年设立学部于其他六部之下，将原来国子监和京师大学堂所兼管事务划归学部，使之成为国家的最高教育行政机构。学部下设5司12科，其中专门司具体负责核办大学堂、高等学堂、各专门公私立学堂及留学生工作，内设专门教务和专门庶务两科，其中专门教务科负责核办各类学堂校务和稽核私立专门学堂教学设备、拨发公款补助等，专门庶务科负责处理各种学术技艺、专门学会、学位以及学堂与地方行政、财政关系。与学部相适应，省府设提学司，下设专门科和学务公所，府、厅、州、县设劝学所，分别管理各层级教育事宜。学部的建立，标志着中国高等教育管理体制的近代转型，也标志着中央教育行政机构的独立存在。

由于特殊的历史时期，清末大学的组织结构早于政府管理体制的建立。《钦定学堂章程》[①] 第五章规定：

  第一节 设管学大臣一员以主持全学，统属各员，由特旨派大臣为之。

  第二节 设总办一员，副总办二员，以总理全学一切事宜，随事禀承管学大臣办理。

  ……

  第十节 以上各员，自总办以下，皆受考于管学大臣；除管学大臣外，皆须常川驻堂。

第六章规定：

[①] 舒新城：《中国近代教育史资料》（中），人民教育出版社1981年版，第557—559页。

第一节　设总教习一员，主持一切教育事宜；副总教习二员，佐总教习以行教法，并分别稽查中外各教习及各学生功课。

……

第九节　自副总教习以下，教课勤惰，均由正总教习按照章程严密稽查，年终出具考语，报明管学大臣查核，自总教习以下，皆受考成于管学大臣。

《奏定学堂章程》① 第五章规定：

第一节　大学堂应设各项人员如下：

大学总监督，分科大学监督，教务监督，正教员，副教员，庶务提调，文案官，会计官，杂务官，斋务提调，监学官，检察官，卫生官，天文台经理官，植物园经理官，动物园经理官，演习林经理官，医院经理官，图书馆经理官。

第二节　大学总监督受学务大臣之节制，总管全堂各分科大学事务，统率全学人员。

第三节　分科大学监督，每科一人，受总监督之节制，掌本科之教务、庶务、斋务一切事宜。

……

第二十三节　事关更改定章、必应具奏之事，有牵涉进士馆、译学馆、师范馆及他学堂之事，及学务大学总监督咨询之事，应由总监督邀集各监督、各教务提调、正教员、监学会议，并请学务大臣临堂监议，仍以总监督主持定议。

第二十四节　凡涉高等教育之事，与议各员，如分科监督、各教务提调，各科正教员、总监学官、总卫生官意见如有与总监督不同者，可各抒其所见，径达于学务大臣。

---

① 舒新城：《中国近代教育史资料》（中），人民教育出版社1981年版，第618—621页。

从上可以看出，大学的最高长官不但掌握大学的人事权，而且掌管学科建设等学术事务的管理权。大学堂的组织结构是直线式的，从总监督到分科监督到提调，再到教员、办事员和管理员，自上而下垂直领导，不设职能机构。京师大学堂的组织结构基本如下（见图 4-1 所示）：

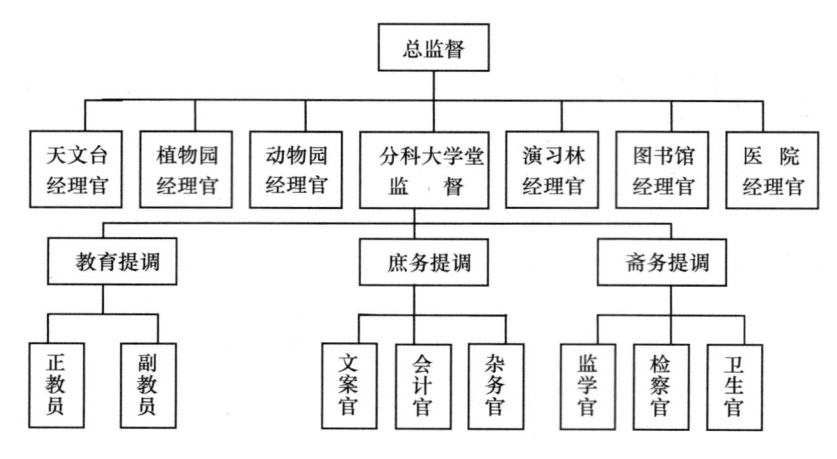

图 4-1　京师大学堂组织结构图

资料来源：朱有瓛：《中国近代学制史料》，第二辑上册，华东师范大学出版社 1987 年版。

从组织结构可以看出，一方面，清政府当时在从西方向中国移植大学制度时，并没有意识到西方大学制度与中国传统教育制度的区别。以传统的封建方式建立和管理大学，必然成为中国近代大学发展的最大障碍；另一方面，大学堂的创建者和设计者们由于对西方大学的本质、价值和制度缺乏深刻了解和深入理解，把大学堂的组织结构设计成与政府同构，这也是自身历史局限性的必然结果。

三　组织结构中的权力关系

从清末大学产生的历史背景和过程可以看出，中国近代意义上的大学是在内忧外患、中西冲突的特殊历史背景下产生的，它的目的是

"培植非常之才，以备他日特达之用"，① 是明显的后发外生、制度移植的结果，从产生之日起就是一个高度集权的组织，这与西方大学产生于既分裂又分权的独特的中世纪，基于当时社会普遍的行会组织自发而生，具有权力分散、松散联合的组织特征截然不同。

清末大学作为政府工具，不具有独立地位，从属于清政府统治，大学内部组织机构基本与政府同构，形成了一套从总监督→分科监督→提调→教员和办事员的垂直领导、等级森严的科层制结构体系，并且管学大臣、总办、总监督、督办等都由朝廷官员担任，并有权举荐或辞退分科大学监督和提调等，拥有强大的行政权力，代表着朝廷管理大学。虽然普通教习对大学堂内部学术事务，如学科增减、教师晋升、通儒院学生毕业资格审查、大学堂规章制度的修订等有参议权，但决策权在总办、总监督和分科监督手中。

可见，清末大学堂的机构定位和组织结构决定了政府对大学内部事务的强大行政干预和决定权，这种行政权力得到体制制度以及组织机构的保证，总揽着大学内部全部事务，某种程度上是政府权力的直接复制和"嫁接"，这与中世纪大学的管理权力主要掌握在学者手中截然不同。

导致这种截然不同的原因主要有两点：一是大学产生的背景不同。欧洲中世纪大学是基于城市兴起和市民运动的发展以及人们对知识的渴望的背景下产生，可以说是人们对于高等教育的需求导致中世纪大学的自发产生。它以学者行会的形式出现，不论是"学生大学"还是"教师大学"，都强调以"闲逸好奇"的精神追求知识，尊崇学术自由，这个时期的大学很大程度上脱离了社会实际生活的需要，大学内部的事务也不复杂，行政事务与学术事务合一，如若一定要区分两者关系的话，那么，可以说中世纪大学行政权力集学者权力于一身。后来，大学通过与政府或教廷的抗争逐渐获得自主权，使得这种权力关系能够得以延续。而清末大学作为国家救亡图存、抵御外辱的

---

① 陈学恂：《中国近代教育史教学参考资料》（上），人民教育出版社1986年版，第25页。

工具,在"出身"上就天然的与国家、社会和政治紧密联系在一起。强大的封建专制集权迫使大学内部形成了一套等级森严的科层制体系结构,大学权力高度集中,行政权力占据绝对核心地位,基本学术事务处理权都被以总教习为代表的行政权力剥夺。

二是产生的思想基础不同。中世纪大学产生时的欧洲文艺复兴时期社会已经具备思想解放、学术自由和学术自治的思想基础;同时,中世纪大学在长期的发展过程中,利用教会和世俗政权的矛盾,争取到很多自主权,形成了学术自由和大学自治的传统,学术权力有力地得到体制和组织机构的保证。中国大学产生时尽管由于"西学东渐",传统社会思想基础出现了松动,国家和社会对知识的认识和渴求有了一定的改变,但基本上还是基于"中学为体,西学为用"的器物层面和"救亡图存"的工具层面,社会层面还谈不上形成了民主和自由的思想基础,也谈不上形成了对知识的基本认识。同时,几千年的"官本位"思想导致社会没有形成真正的学者群体,无论学者个人还是学者群体都是基于"学而优则仕"的追求,思想上缺乏对学术研究的自觉意识,行动上缺乏对学术事务的权力要求,学术权力和行政权力合为一体,以行政权力的形式表现出来。而当时作为学习日本大学制度的清末大学明文规定:"所有学堂人等,自教习、总办、提调、学生诸人,有明倡异说,干犯国宪,及与名教纲常显相违背者,查有实据,轻则斥退,重则穷办"[①]。可见,清末大学堂没有也不能接受西方和日本关于学术自由"有利于国家长远利益"的观点,更不可能在大学堂进行"有违封建伦理名教"的"闲暇自由知识"的探究,只是进行了简单的形式移植,并没有学到大学的精髓。尽管中国大学后来随着社会变化和政权更迭又经历了种种变革,但这种出身的遗传从精神到行为深深地烙刻在中国大学身上。

不可否认的是,尽管如此,清末大学还是基本具备了西方现代大学的一些基本特征,仍然是大学而不是别的社会组织。这主要表现

[①] 朱有瓛:《中国近代学制史料》(第二辑上册),华东师范大学出版社1987年版,第753页。

在，知识的教和学仍然是大学堂最主要的活动和存在价值；建立了修业年限明确、呈阶梯上升的高等学堂、大学堂和通儒院的学制规定；形成了高等学堂分三类、大学堂和通儒院分八类①的学科规制；聘请了具有较高知识水平、享有较高待遇的各类教习。

第二节　民国时期的大学权力

清末大学虽具有现代大学的特征，但本质上仍是封建性的学堂，与真正意义上的现代大学相差甚远。而从1911年辛亥革命建立中华民国到1928年国民党成立国民政府，中国的政治、经济、思想、文化和社会基础都与清末相比发生了很大变化，这为中国建立真正意义上的现代大学提供了条件。

一　社会背景与制度依据

从政治上看，辛亥革命推翻了清王朝统治，建立了中华民国临时政府，实现了制度变革，随后出现的袁世凯篡权和军阀混战导致中央政府控制能力偏弱，社会进入政治失序的状态。历史的吊诡恰恰就在于这种失序反而为大学发展提供了难得的自由自治的环境，"初生的大学文化系统在不受意识形态和权力束缚的情况下，会突发性地繁荣，"②间接地促进了教授治校、大学自治和学术自由的发展。这也从一个侧面印证了政府控制与大学繁荣之间的反比关系。

从经济上看，西方列强忙于第一次世界大战，放松了对中国经济的控制，这为中国经济的发展提供了比较宽松的外部环境。同时，南京临时政府一成立就号召全国振兴实业，并实行了许多有利于经济发展的政策；社会各界也普遍认为，专制体制的消除给实业发展带来了前所未有的机遇。这一切使得民国初年出现了一股波及全国上下的振

---

① 曲士培：《中国大学教育发展史》，北京大学出版社2006年版，第226—227页。
② 王鸿生：《历史的瀑布与峡谷：中华文明的文化结构与现代转型》，中国人民大学出版社2007年版，第270页。

兴实业的浪潮，民族经济得到显著发展，这反过来形成了社会对科学文化知识和人才的新需求，从而促进了大学的发展。

从思想文化方面看，随着民族资本主义的发展带来了新的知识分子群体的产生和资产阶级性质的社会团体的建立，随之而来的报馆、出版业的迅速发展带来了西方科学知识和民主共和的制度和观念，使中国传统文化思想受到巨大冲击。随后的新文化运动使科学与民主的观念开始深入人心，为大学摆脱封建专制，实行自由自治提供了思想基础。

从人才方面看，前期派出的留洋人员的陆续学成回国，特别是留学德法、深受欧洲大学学术自治自由思想影响的蔡元培，先后出任教育总长和北京大学校长，为此时期大学发展提供了人才支持。

辛亥革命后，中国大学的发展模式从以日为师转向效仿德法美，这一方面是因为中日之间的恩怨导致的对日认同减弱，另一方面也因德法国家控制大学的模式暗合中国专制传统，当然也与上述留学德法的各类人才逐渐回国掌握话语权有一定关系。尽管此期间军阀混战、社会动荡，国家依然没有放松对大学的宏观管理，先后在 1912 年颁布了《教育部管制》和《大学令》、1917 年颁布了《修正大学令》、1922 年颁布了《壬戌学制》、1924 年颁布了《国立大学校条例》等，建立起了国家通过法律法规管理大学、大学内部享有一定自治的体制。国家层面，成立教育部代替清末学部，设教育总长、次长各一人，下设六个平行机构，其中专门教育司负责管理高等教育。各省设教育司，设司长一人，下设第一、第二两科分别管理大学及留学生和高等专门学校。大学的办学宗旨、设立标准、内部机构设置及权限由国家统一规定。国立大学国家出资，省立大学各省出资，校长由大总统或教育总长任命。尽管期间政治失序，但国家高等教育管理体制依然强调的是中央集权。

从大学自身管理来说，1912 年颁布的《大学令》是一部具有划时代意义的大学法律，它代表着德国大学模式在中国大学中的官方认可，为近代中国大学走上符合自身发展逻辑的道路提供了制度依据，规定了大学"以教授高深学术、养成硕学闳才、应国家需要为宗旨"

的教育方针和组织原则，设立了校长和评议会、学长和教授会，为大学内部学术权力的确立提供了法律基础，打破了清末以来大学内部权力总揽于行政权力的境况。其中与大学权力有关的主要有①：

第一条 大学以"教授高深学问、养成硕学闳材、应国家需要"为宗旨。

……

第十二条 大学设校长一人，总辖大学全部事物，各科设学长一人，主持一科事务。

……

第十五条 大学各科设讲座，由教授担任之，教授不足时，得使助教授或讲师担任讲座。

第十六条 大学设评议会，以各科学长及各科教授互选若干人为会员，大学校长可以随时齐集评议会，自为议长。

第十七条 评议会审议下列诸事项：一、各学科之设置及废止；二、讲座之种类；三、大学内部规则；四、审查大学院生成绩及请授学位者之合格与否；五、教育总长及大学咨询事件。

凡关于高等教育事项，评议会如有意见，得建议于教育总长。

第十八条 大学各科各设教授会，以教授会员；学长可随时召集教授会，自为议长。

第十九条 教授会审议下列诸事项：一、学科课程；二、学生实验事项；三、审查大学院生属于该科之成绩；四、审查提出论文请授学位者之合格与否；五、教育总长及大学咨询事件。

从以上《大学令》的各项规定可以看出，《大学令》第一次以国家法令的形式正式承认大学"教授高深学问、养成硕学闳材、应国家

---

① 郑登云：《中国高等教育史》，华东师范大学出版社1994年版，第100—101、140—141页。

需要"的性质，摒弃了晚清以来视大学为官僚养成所和升官发财之阶梯的封建思想；其次，将独立设置的经学科从大学体制建构的层面予以消除，不仅宣告了晚清"忠君""尊孔"教育宗旨的消亡，而且将维护了中国两千多年封建结构与传统价值观的伦理基础进行了彻底根除；最后，赋予大学自主管理和教授治校的合法性，使学术自由和大学自治的观点第一次较为全面地为国人所认识和接受。《大学令》的主要内容尽管由于当时的历史环境并没有真正付诸实施，但它意在凸显大学的学术性质和独立性质，突破"中体西用"观的束缚，其基本精神对后来有关大学的立法都产生了重要影响。它所规定的大学内部学术管理体制在蔡元培对北京大学的改革中得到了贯彻，并由此确立了民国时期大学内部学术管理的基本模式①。

1917年的《修正大学令》中修正的要点主要是②：规定设二科以上者才能称大学，而设一科者称为某科大学；大学只设评议会，废止了《大学令》中的"教授会"的规定，而各科事项由各科评议员自行议决。

1922年颁布的《壬戌学制》是根据"适应社会进化之需要；发挥平民教育精神；谋个性之发展；注意国民经济力；注意生活教育；使教育易于普及；多留各地方伸缩余地"等所谓"七项标准"制定，是美国大学模式在中国的具体体现。关于大学教育制度的规定如下③：

1. 大学校设数科，或一科，均可。其单设一科者称某科大学校，如医科大学校、法科大学校之类。
2. 大学校修业年限四年至六年。医科大学校及法科大学校修业年限至少五年。师范大学校修业年限四年。
3. 大学校用选科制。
4. 大学校及专门学校得附设专修科，修业年限不等。

---

① 别敦荣：《中美大学学术管理》，华中理工大学出版社2000年版，第40页。
② 郑登云：《中国高等教育史》，华东师范大学出版社1994年版，第140—141页。
③ 曲士培：《中国大学教育发展史》，北京大学出版社2006年版，第276—277页。

5. 大学院为大学毕业及具有同等程度者研究之所，年限无定。

6. 大学校设评议会和教授会。

1924 年的《国立大学校条例》废除了《大学令》和《修正大学令》，重新规定了大学的组织结构①：

1. 国立大学设校长一人，由教育总长聘任。设正教授、教授，由校长聘任，并得延聘讲师。

2. 国立大学设董事会和评议会，审议学校计划、规划、预算、决算，及其他重大事项。董事会由例任董事（校长）、部派董事（由教育总长从部员中指派者）和聘任董事（由董事会推选，呈请教育总长聘请者）组成。并设评议会，评议学校内部组织、各项章程及其他重要事项。评议会由校长、正教授、教授互选若干人组成。

3. 国立大学各科、各系及大学院各设主任一人，由正教授或教授兼任之，各科、各系及各大学院各设教授会，以本科、本学系、大学院正教授、教授组成，规划本单位的课程和教学。

从以上制度规定可以看出，大学都设立了评议会、教授会等组织，大学的组织机构更加完备，教授可以参与治校，但设立董事会的规定则遭到教育界人士的强烈反对。他们认为，在国立大学设董事会是"谬于模仿"，是"摧残大学教授制之萌芽，而以校外之官僚财阀组织董事会或理事会，以处理学校之大政。""就吾国实际状况而言，教育务求独立，不宜转入于政治漩涡"。②

从《大学令》《修正大学令》到《壬戌学制》《国立大学校条例》，它们之间既有相同也有不同。相同之处在于都强调大学教学、

---

① 郑登云：《中国高等教育史》，华东师范大学出版社 1994 年版，第 140—141 页。
② 曲士培：《中国大学教育发展史》，北京大学出版社 2006 年版，第 277 页。

科研和服务国家的办学宗旨，都坚持学术自由和教授治校原则，都坚持学习自由原则，实行选科制；不同之处在于是否允许设单科大学，是否设立董事会加强大学与社会的联系，大学基层是采用学科教授会制度还是各科分设学习制度。这些不同和制度的废改立，恰恰反映了德国大学模式和美国大学模式的继承和创新，也反映了当时中国大学从学习德国大学模式向美国大学模式的转变。

二 制度依据下的组织结构

民国时期由于国家实行民主共和的政治体制，大学相应地也仿照西方模式，主要实行学者民主管理，大学组织结构呈现与其他时期不同的特点，其中北京大学和东南大学是当时高校的主要代表，分别代表了德国大学模式和美国大学模式在中国的实践，二者的组织结构基本反映了当时大学的状况。

（一）北京大学组织结构

作为"真正将西方近代大学理念引入中国，并仿照德国模式创建中国现代大学制度"[①]的蔡元培在1916年12月至1927年7月间就任北京大学校长，对北大进行大刀阔斧的体制改革。蔡元培就任之前的北京大学基本上还是一所封建思想和官僚习气十分浓厚的半殖民地、半封建性质的学校。正如冯友兰先生回忆道："从一九一七年到一九一九年仅仅两年多的时间，蔡先生就把北大从一个官僚养成所变为名副其实的最高学府，把死气沉沉的北大变成一个生动活泼的战斗堡垒。"[②]我们现在经常从"思想自由"和"兼容并包"的角度来理解拖着大辫子的辜鸿铭鼓吹复辟、"筹安会"的刘师培宣扬帝制和传播新思想的陈独秀、李大钊等在北京大学的同台，但从另一个侧面也反映了当时北京大学封建思想的浓厚程度。而求学德国，深受柏林大学和莱比锡大学办学模式影响的蔡元培以大学制度建设为核心，以学术研究为龙头，

---

① 左玉河：《移植与转化：中国现代学术机构的建立》，大象出版社2008年版，第70页。

② 陈平原、郑勇编：《追忆蔡元培》，中国广播电视出版社1997年版，第167—168页。

师承德国而超越德国,全面确立了中国大学由传统向现代的转型。正如美国著名哲学家、教育家杜威所言:"拿世界各国的大学校长来比较一下,牛津、剑桥、巴黎、柏林、哈佛、哥伦比亚等,这些校长中,在某些学科上有卓越贡献的,固不乏其人;但是,以一个校长身份,而能领导那所大学对一个民族、一个时代起到转折作用的,除蔡元培之外,恐怕找不出第二个。"[①] 诚然,蔡先生的贡献绝不仅仅在于将北京大学改造成为了一所真正意义上的现代大学,更为重要的是将异质于中国传统文化的西方学术思想成功地以大学为载体导入中国,从而随着北大影响的扩大使学术自由和兼容并包的观念为国人所接受,进而对中国学术文化的转型和民族精神的重塑产生了不可估量的影响。

蔡先生在北京大学涉及组织结构的改革主要有[②]:

1. 设评议会为全校最高立法机构和权力机构。评议员从各科学长和教授中选举产生。不是教授不得当选为评议员,每五名教授选评议员一名,一年选举一次。校长是当然的评议会长。评议会的主要职责:制定和审核学校的各种章程、条令,凡大学立法均须通过评议会;决定学科的废立;审核教师的学衔和学生成绩;提出学校的预决算费用。

2. 设行政会为全校最高行政机关和执行机关,执行评议会议决事项,由各专门委员会委员长、教务长、总务长组成,校长兼任行政会议议长。成立庶务委员会(管理全校房舍、卫生)、组织委员会(草拟各种章程)、预算委员会(提出经费预算)、出版委员会(负责书刊杂志出版)、仪器委员会(采购保管仪器)、聘任委员会(负责聘任教师)等分管一部分行政事务。

3. 设教务处。1919年4月废除各科学长,设立教务处,统一领导全校教学工作。教务长由各系教授会主任推选,任期一年(后改为固定职务)。

4. 设总务处,管理全校人事和财政工作。

---

① 转引自金林祥《蔡元培教育思想研究》,辽宁教育出版社1994年版,第1页。
② 曲士培:《中国大学教育发展史》,北京大学出版社2006年版,第263—264页。

5. 废门改系，各系设立教授会，负责规划本系的教学工作，如课程设置、学生成绩考核等。

经过上述领导体制的改革，形成了如图 4-2 所示的结构设置，基本确立了校长治校和教授治学的现代大学制度，有力地推动了北京大学向近代资产阶级大学的转变。

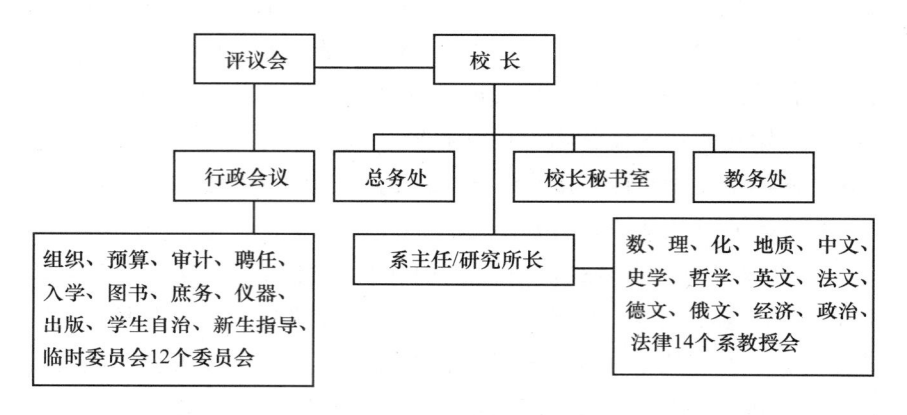

图 4-2 1919 年北京大学组织机构图

资料来源：萧超然等：《北京大学校史（1898—1949）》（增订本），北京大学出版社 1988 年版。

（二）东南大学组织结构

东南大学是美国大学模式在中国的典型代表。当时中国大学发展之所以从德国模式转变为美国模式，有多方面原因：一是美国传教士通过著书撰文介绍和宣传美国大学体系和文化、直接参与晚清新式大学的创建、在晚清传统教育体系之外建立教会大学等方式为美国模式打下了早期基础；二是留美学生群体崛起以及代表美国模式思想的《壬戌学制》的颁布为美国模式提供了人才和制度依据；三是杜威实用主义理念在中国的传播为美国模式奠定了思想基础。

时任东南大学创校和首任校长郭秉文先生就是一直致力于移植和借鉴美国大学的办学模式，坚持"学术自由、社会服务"的治校理念并成为在实践中探索中国大学发展道路的杰出代表。他作为我国第一位留美教育博士，从 1921—1925 年短短的四年时间，就将东南大学建设成为了与北京大学齐名的大学。有学者评说："东南大学当时为长江以南唯一的国立大学，与北大南北并峙，同为中国高等教育的两大支柱。"① 美国著名教育家、哥伦比亚大学师范学院院长、《壬戌学制》的主要制订者孟禄（P. Monroe）在多次考察东南大学后也认为："东南大学是中国最有发展前途的大学，将来之发达，可与英国牛津、剑桥两大学相颉颃"②。

郭先生在东南大学积极倡导实用主义的办学精神，贯彻"威斯康星"办学理念，促使东南大学不断面向社会、服务社会，使东南大学形成了不同于北京大学的鲜明的美国色彩。东南大学最鲜明的美国特色就是在内部设董事会为最高决策机构和立法机构，成员由教育家和社会名流组成，地位与校长并列甚至更高，通过他们来建立大学与社会的联系，从而在舆论和经济上获得更多的社会支持和赞助。《国立东南大学校董会简章》规定了校董会的六大职权③：1. 决定学校大政方针；2. 审核学校预算决算；3. 推选校长于教育当局；4. 决定学校科系之增加，废止或变更；5. 保管私人所捐之财产；6. 议决学校其他之重要事项。

根据《东南大学组织大纲》的规定，东南大学内部领导体制为校长领导下的评议会、教授会和行政委员会的"三会制"，即"按政议分开的原则，建立'责任制'与'合议制'相结合的体制，设立评议会、教授会和行政委员会，分别负责议事、教学和行政事宜，各会均由校长兼任主席。"④ 评议会为议事机构，主要负责涉及学校发展的方针、财务、建筑、系科等重大事项，由各方代表组成。教授会负责全校教务，由校长、各科系主任及教授组成。行政委员会负责全校行政事务，协助校长处理校务。大学的具体学术事务由学校教授会负

---

① 王德滋：《南京大学百年史》，南京大学出版社 2002 年版，第 73 页。
② 转引自洪银兴《中国著名高校丛书·南京大学》，浙江大学出版社 1999 年版，第 16 页。
③ 《南大百年实录》编辑组：《南大百年实录》（上卷），南京大学出版社 2002 年版，第 116—117 页。
④ 冒荣：《至平至善　鸿声东南——东南大学校长郭秉文》，山东教育出版社 2003 年版，第 195 页。

责，行政事务由行政委员会负责。其组织结构如图4-3所示。

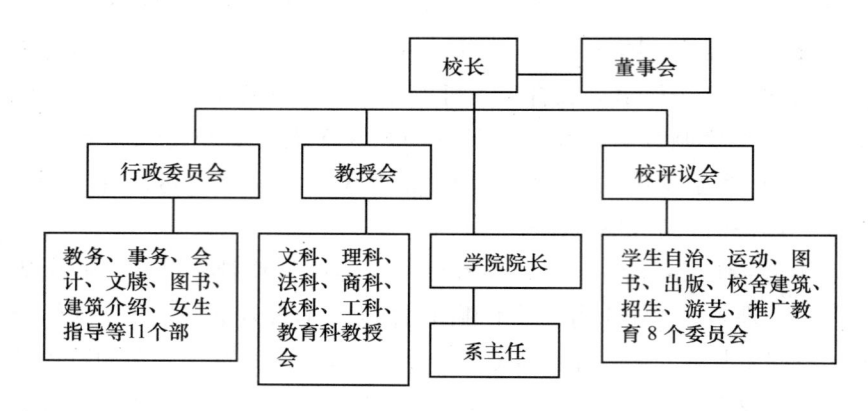

图4-3 东南大学组织结构图

资料来源：教育部编：《第一次中国教育年鉴》，上海开明书店1934年版，第34页有关内容整理。

三 组织结构中的权力关系

从《大学令》《修正大学令》《壬戌学制》《国立大学条例》的有关条款，我们可以看出，教授会、评议会等大学内部组织机构的建立使学术权力的实现得到法律和组织保证。这些法令充分遵循了大学自身发展的逻辑和学术事务的自身逻辑，真正体现了大学"学术自由、教授治学、学校自治"的传统。如果从发生学的角度看，民国时期的大学开始打破清末大学行政权力与学术权力相结合并以行政权力为主的状态，学术权力开始从行政权力中分离出来并各居其位，各司其职。这与西方大学行政权力通过学者权力和学术权力的让渡而产生形成了截然不同的过程。从历史来看，民国时期的大学与清末大学的权力都得到制度层面的保障和大学组织结构的保证，只不过清末大学行政权力处于权力的核心，而民国时期的大学行政权力与学术权力开始分离，各司其职，保持了相对平衡。

需要注意的是，既然北京大学和东南大学各自代表了德国大学模式和美国大学模式在中国的实践，而众所周知的是美国大学模式师从德国，而后结合美国实际进行了改造，自然二者在权力关系上必然既有所同，也有所异。相同之处在于东南大学与北京大学都强调学术自治、教授治校的理念，学术人员不仅对学科内部事务有难得的决议权，而且还可以通过评议会参与学校事务管理，学者权力得到很大提升。不同之处在于教授治校的权力大小。首先，北京大学教授组成的评议会是全校最高的立法机构和决策机构，而东南大学的评议会则是一个议事机构，立法机构和决策机构归于"三会"之上的董事会。从权力配置看，董事会实际掌握着包括校长人选、经费开支和系科设置等办学大权，而校长兼任"三会"主席，对大学的行政和学术事务都有很大权力，评议会各委员会主任和成员都由校长指定，对校长负责。董事会的设置和校长兼任"三会"主席负全面之责，事实上加强了社会力量以及以校长为核心的行政权力对大学的控制，削弱了"三会"的权力。其次，北京大学在学校管理层面形成了教授会和行政会的双重管理体制以及教授组成的评议会作为最高权力机构，很好地保证了教授治校的模式。而东南大学的教授会和行政会分工明确，各自负责教学和行政事务，对校长负责。可见，东南大学以校长为核心的行政权力明显比北京大学要大，这种权力结构和权力关系为后来东南大学的"易长风潮"和董事会制度的取消[①]乃至东南大学的盛极而衰都埋下了伏笔。

总的来说，政体的改变促成了大学自主办学体制的建立，而大学办学自主权的实现又为大学内部学术权力的实现提供了制度保证。同时，在蔡元培、郭秉文等大学校长重视学术权力的治校理念下，教授会及评议会等组织机构的设立也使大学内部学术权力得到提升。这一时期，学术权力与行政权力开始分离，并且两者达到了一定的平衡。

第三节　国民政府时期的大学权力

一　历史背景与制度依据

1927 年国民党政府宁汉合流，1928 年东北易帜，建立全国统一的

[①] 茹宁：《中国大学百年：模式转换与文化冲突》，知识产权出版社 2012 年版，第 122—125 页。

国民政府，直至1949年国民党撤离中国大陆。实际上国民政府时期的社会大致可分为两个阶段：前十年间（1927—1937年），国民党通过其五届二中全会、第三次全国代表大会和国民会议等，以《训政时期约法》的形式建立起一党专政的训政体制，政权相对统一。经济上制定了"十年经济发展计划"，重视发展国家资本主义，经济得到持续发展，这既为大学人才培养提出了要求，也为大学发展提供了较为充裕的经费，使大学获得了长足发展。后十年间（1938—1948年），随着抗日战争的爆发，在民族存亡和国共合作的背景下，国民党通过《抗战建国纲领》，确立了蒋介石的独裁统治地位。经济上实行战时经济政策，经济基础遭受严重破坏，民不聊生。大学纷纷内迁，经费普遍匮乏，发展虽受影响但仍弦歌不断，反因民族存亡和战争灾难爆发出大学的文化力量，在艰难困苦中以顽强的精神肩负起强国兴邦的责任。

与国家社会状况相适应的教育管理体制也逐步建立。1928年国民政府改大学院为教育部，同年公布《国民教育部组织法》并至1947年先后进行了十次修正，逐步建立起覆盖高等教育、中等教育、国民教育、社会教育、边疆教育、国际教育和总务等职能的管理体制。同时，1929年废止了国民政府成立之初设置的大学区制，恢复了省教育厅建制。1931年颁布《修正省政府组织法》，规定教育厅为省政府下五厅之一，厅长由行政院在省政府委员中指定，提请国民政府任命。县级层面先后公布了《县组织法》和《县各级组织纲要》，教育行政管理机构先后经历了教育局、教育科和教育局的变化。国家、省和县三级教育管理体制的建立，对教育的发展特别是大学教育的发展起到了适应和促进作用。

大学发展在此背景下也大致经历了两个阶段：1927年撤销教育行政委员会，采用法国教育行政制度，颁布《中华民国大学院组织法》，规定"大学院为全国最高学术教育机关，承国民政府之命，管理全国学术及教育行政事宜。"[①] 任命蔡元培为大学院首任院长，总

[①] 夏金元：《近现代中国高等教育的嬗变》，《辽宁师范大学学报》（社会科学版）2004年第6期，第76—78页。

理全院事务，下设秘书处、教育行政处、国立学术机关及各种专门委员会等，设大学委员会为最高评议机构。大学院有三个特点："一、学术与教育并重，以大学院为全国最高学术教育机关；二、院长制与委员制并用，以院长负行政全责，以大学委员会负议事及计划之责；三、计划与实行并进，设中央研究院，实行科学研究。设劳动大学，提倡劳动教育。设音乐院、艺术院，实行美化教育"①。同时颁布《大学区组织条例》，全国设若干大学区，每个大学区设国立中山大学一所，由学区中山大学校长负责学区内学术和教育行政事务，下设高等教育处负责管理大学本部各学院、区内各大学、专门学校留学事宜，设评议会为学区内最高审议机构。按照蔡元培的本意，设立大学院和大学区制的目的是希望将教育独立于政党和政府控制之外，从形式上看大学院的设置也有别于教育部，但在实行一年多的时间里，由于校名问题、经费问题、事务管理问题以及蔡元培和李石曾有关北平大学区的人事之争②等问题，随着1928年8月蔡元培的辞职，国民政府下令，大学院改为教育部，原有大学院一切事宜改由教育部办理。各省废止大学区制，恢复教育厅设置，各大学区中山大学纷纷改名。至此，历经一年多的大学院制和大学区制改革迅速殇亡。

1929年4月颁布《中华民国教育宗旨及其实施方针》，其中第四条规定："大学及专门教育必须注重实用、科学，充实学科内容，养成专门智识技能，并切实陶融为国家社会服务之健全品格。"③ 在此基础上，同年7月和8月颁布了《大学组织法》和《大学规程》，其中，《大学组织法》④ 规定：

> 大学应遵照民国18年（1929年）4月26日公布之中华民国

---

① 王世儒：《蔡元培先生年谱》（下册），北京大学出版社1998年版，第541页。
② 曲士培：《中国大学教育发展史》，北京大学出版社2006年版，第284—287页。
③ 教育部编：《第一次中国教育年鉴》，开明书局1934年版，第16页，转引自刘晓莉《南京国民政府初期高等教育发展论》，华中师范大学硕士学位论文，2003年，第2页。
④ 宋恩荣等：《中华民国教育法规选编》，江苏教育出版社1990年版，第415—418页。

教育宗旨及其实施方针以研究高深学问、养成专门人才。

国立大学由教育部审查全国各地情形设立,由省政府设立者为省立大学,由市政府设立者为市立大学,以上大学设立变更及停办,须经教育部核准。

大学设校长一人,综理校务;大学各学院各设院长一人,综理院务,由校长聘任。

大学各学系设主任一人,办理各系教务,由院长商请校长聘任。

大学各学院教员,分教授、副教授、讲师、助教四种,由院长商请校长聘任;大学设校务会议,校务会议由全体教授、副教授代表若干人,及校长、各学院院长、各学系主任组成,校长为主席。校务会议审议下列事项:大学预算,大学学院、学系之设立及废止;大学课程;大学内部各种规则,关于学生实验事项;关于学生训育事项;校长交议事项。

大学各学院设院务会议,由院长、系主任及事务主任组成;院长为主席,计划本院学术设备事项,审议本院一切进行事宜;各学系设系务会议,由系主任及本系教授、副教授、讲师组成;系主任为主席,计划本系学术设备事项。

据统计,从1930—1945年,国民政府单就高等教育的立法就有335项[1],按时间先后顺序主要有《大学教员资格条例》《大学组织法》《大学规程》《大学研究所暂行组织规程》《学位授予法》《学位分级细则》《大学法》《青年训练大纲》《中等以上学校导师制纲要》《大学行政组织要点》《大学及独立学院教员资格暂行规程》《大学及独立学院教员聘任待遇暂行规程》《专科以上学校训导处分组规则》《学分制划一办法》《文理法农工商各学院分系必修及选修科目表》

---

[1] 祈福良:《中华民国时期的高等教育立法》,《华东师范大学学报》1988年第2期,第11—20页。

《专科以上学校学生学业成绩考核办法要点》[1] 等法令，从组织体制、师资建设、科研机构、学位授予、教师待遇、学分管理、课程建构、学生考试等各环节、全方位加强了对大学的管理。即使到了 1948 年，国民政府还在重新审视前述有关法规的基础上针对大学管理颁布了《大学法》[2]，对大学管理做出有关规定：

> 第八条 大学置校长一人，综理校务。国立、省立、市立大学校长兼任。私立大学校长由董事会聘任，呈报教育部备案。私立大学置副校长一人，辅助校长处理校务。
>
> ……
>
> 第十条 大学各学院各置院长一人，综理院务，由校长聘任之。
>
> 第十一条 大学各学系各置主任一人，办理系务，由院长商请校长聘任之。
>
> ……
>
> 第十三条 大学设教务、训导、总务三处，置教务长、训导长、总务长。各人秉承校长分别主持全校教务、训导及总务事宜，由校长聘任之，均应由教授兼任。
>
> ……
>
> 第十九条 大学设校务会议，以校长、教务长、训导长、总务长、各学院院长、各学系主任及教授代表组织之，校长为主席，教授代表之人数，不得超过前项其他人员之一倍，而不得少于前项其他人员之总数。
>
> ……
>
> 第廿一条 大学设行政会议，以校长、教务长、训导长、总务长及各学院院长组织之，校长为主席，协助校长处理有关校务

---

[1] 苗素莲：《中国大学组织特性历史演变研究》，吉林大学出版社 2011 年版，第 78 页。

[2] 中国第二历史档案馆：《中华民国史档案资料汇编》第五辑第三编教育（一），江苏古籍出版社 2000 年版，第 47—49 页。

执行事项。

第廿二条　大学设教务会议，以教务长及各学院院长及各学系主任组织之，教务长为主席，讨论教务上重要事项。

第廿三条　大学各学院设院务会议，以院长及各学系主任及本院教授、副教授代表组织之，院长为主席，讨论本院学术设备及其他有关院务事项。各学系设系务会议，以系主任及本系教授、副教授、讲师组织之，系主任为主席，讨论本系教学研究及其他有关系务事项。

通过上述梳理可以发现，在政权稳定的前提下，国民政府在1927—1937年的前十年间通过制定系列法规、进行系列改革，为大学组织内部较平衡的权力关系的延续提供了制度环境，大学内部权力关系也显现出多样化的特点，而经济的发展和社会对人才的要求使大学获得了较大发展，造就了近代中国大学发展难得的"黄金时代"。从1938—1948年的后十年间，国民党政府首先忙于抗日战争，在战时交通通讯不便、地理上远离国民政府导致政府对大学的控制减弱以及大学已有的自由自治传统等因素影响下，尽管这一时期中国大学经历了停顿、迁移和回迁等困苦，但仍获得了较大的自由发展空间和相对独立的自主权，高等教育得到巩固和发展。抗战胜利后，蒋介石又忙于发动内战，对大学的反蒋爱国民主运动和民主人士进行残酷镇压，阻碍了大学的正常发展。

不能忽略的是，在这个特殊的战乱年代，中国共产党创建和发展的大学教育也构成了中国近代大学发展的重要部分。中国共产党在这一时期创建的大学也可以分为两个部分：一是早期为宣传马克思主义而创办的一些具有大学教育性质的大学，如1921年8月毛泽东在长沙创办的湖南自修大学；1921年10月和1922年10月共产党在上海创办的平民女学和上海大学；1924年7月创办的广州农民运动讲习所；1925年吴玉章在重庆创办的中法大学；1926年5月中华全国总工会省港罢工委员会创办的劳动学院。这一时期的制度依据体现在中国共产党第二次全国代表大会上发表的宣言，提出了"改良教育制度，实行教育普及的革命教育纲领，及保护女工和童工"，"废除一切束缚女子的法律，女子在政治上、经济上、社会上、教育上一律享有平等权利"① 等规定以及《湖南自修大学组织大纲》的规定："凡中等以上学校毕业生，不分男女长少，具有自修能力，志愿用自修方法以研究高深学术者，经本大学证明认可，得报名入学。非中等以上学校毕业，而具有与之相等之学科根柢者，经本大学证明认可，亦得入学"②。

二是在共产党控制的江西、延安等解放区创办的大学，如1933年8月创办的苏维埃大学和马克思共产主义大学，11月创办的中国工农红军大学；抗日战争时期创办的中国抗日军政大学、陕北公学、鲁迅艺术文学院、延安大学、华北联合大学、中共中央党校、中华女子大学、中国医科大学、自然学科学院、军事学院、民族学院等。这一时期，中国共产党已经建立了自己的政权。1934年1月，毛泽东在第二次全国苏维埃代表大会上指出："苏维埃文化建设的中心任务是什么？是厉行全部的义务教育，是发展广泛的社会教育，是努力扫除文盲，是创造大批领导斗争的高级干部"③。后来，在延安整风运动中，中央做出了《关于延安干部学校的决定》，对上述学校进行了整顿，学校面目为之一新。在解放战争中，陕甘宁边区政府根据中央指示在1946年12月公布了《战时教育方案》，中共东北局和东北行政委员会在1949年8月联合发布了《关于整顿高等教育的决定》。依据此开展了解放区的高等教育整顿和建设，为中华人民共和国成立后高等教育事业和知识分子改造以及院系调整打下了基础。

中国共产党领导下的这些大学，以其为无产阶级政治服务的办学目标；理论联系实际、教育与生产劳动相结合的办学理念；培养政治坚定、业务能力强、忠于共产主义信念和革命事业的合格建设者和可靠接班人的培养目标；突出军事和政治教育的教学内容等，为中国人

---

① 曲士培：《中国大学教育发展史》，北京大学出版社2006年版，第270—271页。
② 同上。
③ 中央教育科学研究所：《老解放区教育资料》（一），教育科学出版社1981年版，第20页。

民的解放事业和中华人民共和国的成立建设做出了重要贡献，构成了中国近代大学的重要组成部分。

二 制度依据下的组织结构

国民政府时期大学的组织结构主要依照《大学组织法》和《大学法》的有关规定设置，前后两个阶段的主要代表是北京大学、清华大学以及战争时期的西南联合大学。

（一）北京大学组织结构

1932年春，时任北京大学校长蒋梦麟主导制定了《国立北京大学组织大纲》[①]。根据该大纲规定，北京大学在校内院系设置及负责人的选聘和职责以及校务会的组成人员和职责上与《大学组织法》的规定基本相同。改评议会为校务会，保留原有的行政会议作为最高行政机构，主要负责：编造全校预算案；拟定学院、学系之设立与废止；计划全校事务及教育改进监督事项；拟具其他建议于校务会议之方案；执行校务会议的决定。由校长、秘书长、课业长、各院院长组成，校长为主席，下设考试、仪器、出版、图书、财务等专门委员会，各委员会主席及成员由校长在教授中指定，提交校务会议决定。保留原有教务会议，由校长、课业长、各学院院长、各系主任组成，校长为主席，负责全校教务事宜。各学院设院务会议，系设系务会议，分别审议学院一切教务事宜和计划本系教学事宜。北京大学组织结构如图4-4所示。

总的来看，国民政府时期北京大学的行政权力与学术权力进一步分离。秘书处等行政机构负责全校的财务、人事等事务性行政管理，各院系不再负责事务性工作，课业处统管全校学生课业，教务会议负责学校教学、科研事宜。行政权力集中于学校的中上层，学术权力偏重于基层。表面上，这一时期原来的教授会的部分职能被对校长负责的行政职能部门如秘书处、课业处、教务会议等取代，似乎行政权力加强了，但由于各职能部门的负责人、各学院院长、各学系主任都由

---

① 萧超然等：《北京大学校史》，北京大学出版社1988年版（增订本），第279页。

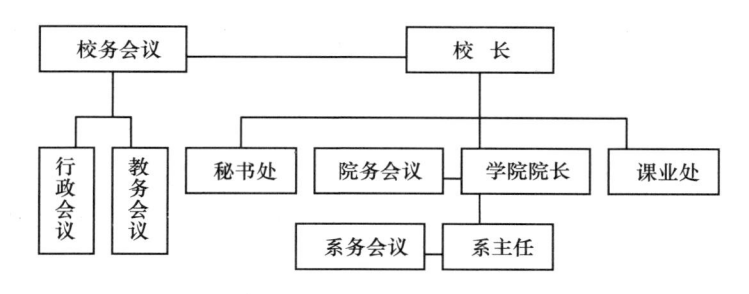

图 4-4　北京大学组织结构图（抗日战争前）

资料来源：萧超然等：《北京大学校史》，北京大学出版社 1988 年版（增订本）。

教授担任，事实上反而保证了大学学术权力。作为基层学术人员代表的学系主任不是行政会议成员，但是校务会议和教务会议的成员，既能参与学校决策，又能各自专司其职，反而更符合大学学院、学科和学者的矩阵结构，体现了蒋梦麟"教授治学，学生求学，职员治事，校长治校"的理念。

（二）清华大学组织结构

国民政府时期，清华大学先后经历了罗家伦、吴南轩、梅贻琦三任校长。在梅贻琦"民主治校"和"大学者，非谓有大楼之谓也，有大师之谓也"的理念指导下，制定了一套行之有效的校务管理制度。

清华大学按《大学组织法》设立了校务会议，由校长、教务长、各学院院长组成，是行政审议机构，议决处理日常行政事宜，协调各学院、各学系间的关系[1]，下设各事务性委员会，其中财务、人事、建筑委员会由校长亲任主席，其他由教授任主席，对校长负责。另设教务处和秘书处负责日常教学事务和全校行政事务。同时也保留了教授会和评议会，教授会有权选举评议会议员和各学院院长，评议会是教授会的常务机构，是校内立法机构[2]，由校长、教务长、秘书长、

---

[1] 黄延复：《水木清华：二三十年代清华校园文化》，广西师范大学出版社 2001 年版，第 150 页。

[2] 清华大学校史编写组：《清华大学校史稿》，中华书局 1981 年版，第 108 页。

各学院院长及教授会选出的七位评议员组成。教学实权掌握在各系主任手中。院级组织没有实权，只是一个介于校长和系主任之间的转承和协商机构①，院长一般由系主任兼任，主要职责是召集院务会议，负责把从评议会争取到的经费在各系之间协商分配。

根据《国立清华大学组织规程》②的规定，清华大学的组织结构如图4-5所示：

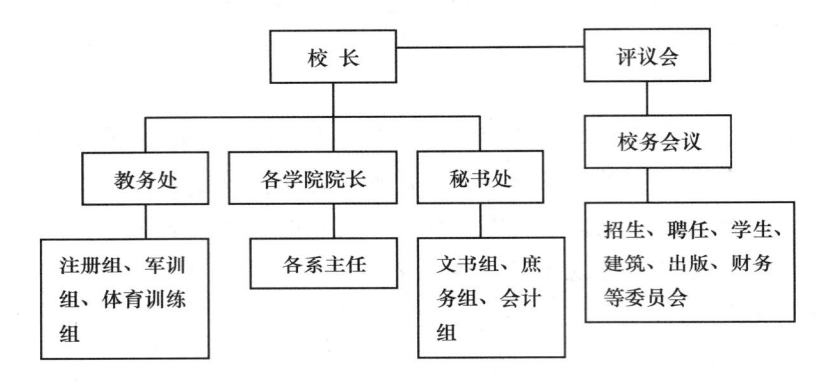

```
                    校长 ──────── 评议会
          ┌──────────┼──────────┐      │
                                      校务会议
        教务处    各学院院长    秘书处       │
          │          │          │    招生、聘任、学生、
      注册组、军训   各系主任   文书组、庶   建筑、出版、财务
      组、体育训练              务组、会计   等委员会
      组                        组
```

图4-5　清华大学组织结构图（抗日战争前）

资料来源：清华大学校史编写组：《清华大学校史稿》，中华书局1981年版。

从清华大学组织结构图可以看出，清华大学的组织设置与《大学组织法》的要求并不完全符合，呈现出哑铃式特点：行政权力集中于学校上层，而学术权力主要集中于系一级，学院只是作为校、系两级的桥梁机构，并没有什么实权。由于清华大学前身是留美预备学校，改为大学以后校长、教务长和许多教授都是留美归国人员，其组织权力显现出重心下移的特点，在权力分配上表现为行政权力与学术权力并重，二者分离，权力集中于不同层面。同时，在决策层面，清华大学的立法机构是教授会的常设机构——评议会，北京大学则设校务会议代替评议会作为立法机构。

---

① 清华大学校史编写组：《清华大学校史稿》，中华书局1981年版，第111页。
② 江崇廓：《清华大学》，湖南大学出版社1995年版，第102页。

(三) 西南联合大学组织结构

抗日战争爆发后，原北京大学、清华大学、南开大学内迁，组成西南联合大学，基本沿袭了原来三所大学教授治学、校长治校的传统。按照《大学组织法》规定，西南联合大学设有校务会议和教授会。校务会议的成员由常务委员、常委会秘书、教务长、总务长、各学院院长及教授、副教授代表11人组成，由常委会主席主持，每年举行一次，主要讨论涉及大学的重大事项和制度设计。

教授会由全体教授、副教授、常务委员和常委会秘书组成，主要职责是：听取常委会主席报告工作，向常务委员会或校务会议提出建议，或讨论他们交议的事项，选举校务会议的代表。教授会对学校的行政管理、教学实施、学生学习都有相当的影响和作用，一定程度上体现了教授治校的精神。各学院设立院务委员会，由该学院各系教授会主席和教授代表组成。各系系务由各系教授会主席主持[①]。

常务委员会是最高行政领导机构，下设总务处、教务处和建设处。常务委员会由三位校长和秘书主任组成，原定主席由三位校长轮流担任，一年轮换一次，但实际上常委会工作一直由梅贻琦主持，主要研究讨论学校的人事安排、经费支配、各专门委员会的设立与撤销、处分学生等。

纵观西南联大的组织结构和权限，我们不难看出，教授等学术人员的权益得到了制度保障和组织保证，教授会在学校事务中扮演着重要的参议角色，在院系层面，教授会更是发挥着决策性作用。除三位常委为专职外，总务长、教务长、训导长、各学院院长，各系主任均为教授兼任，更加保证了学术权力在学校事务中的影响力。西南联合大学组织内部行政权力与学术权力关系基本继承了北京大学、清华大学抗战前的权力关系。行政权力与学术权力进一步分离，权力重心集中于不同层次，学术权力向院系层面转移，行政权力则集中于学校上层领导机构。

---

① 张健主编：《中国教育年鉴（1949—1981）》，中国大百科全书出版社1984年版，第777页。

三 组织结构中的权力关系

本时期前后两个阶段，中国大学发展先师法国后学美国。蔡元培等先贤提出大学院制和大学区制，本意是希望借鉴法国处理政治集权与学术自治之经验，在与同样有高度中央集权之传统的中国保持教育与学术的相对独立，以此改革来奠定学术与政治"两分天下"的格局，但事与愿违的是，在当时的历史条件下，学术和政治此二极都处于动荡不羁之态。首先从学术来看，尽管经历了新文化运动洗礼的知识分子从思想上受到自由、民主观念的熏染开始具备了独立的自觉意识，但在实践操作层面上仍然缺乏群体自治的实践经验，所以带有学者自治特征的法国模式一入中国情境，学者之间的派系之争、人事纠葛、权力配置就出乎设计者的预料而纷至沓来，异常复杂，远非法国学者群体在近百年的行会自治传统中形成的按照既定规则进行自我管理的有序状态可比，各方角逐的过程真实地反映了当时中国知识界在自由理想与实践能力之间的巨大差距。另一方面从政治而言，大学院和大学区制是在宁汉分裂的特殊历史情形下推出的。在缺乏强有力的中央政治权威，各方政治势力和政治人物忙于纷争，政治权力从分权向权力重新整合的过渡期的情况下，设计者希望借此调和中央和地方的分权矛盾也只能是一厢情愿。而彼时，法国大学区制之所以能在法国实行，一方面有赖于强大的拿破仑中央政权，另一方面有赖于法国当时从中央到地方一套配合严密、指挥自如、执行畅通的集权教育体制。更重要的是，法国大学区制是在民众经历了启蒙运动的洗礼，自由、民主观念深入人心后，全国上下都认为"给予大学在各个专业领域一定的学术研究自由，将会有助于各专业知识的快速发展。从这个意义上说，在法国，学术自由充分体现了资产阶级的知识价值观。"[①]反观当时的中国，三者阙如，大学院制和大学区制匆匆收场也是历史的必然。大学院制的失败再次说明：在中国，欲将教育与政治分离实

---

① [加] 许美德：《中国大学 1895—1995：一个文化冲突的世纪》，许洁英主译，教育科学出版社 2000 年版，第 22 页。

属不易。"与政治分离的,较独立的教育发展总是断断续续,步履蹒跚"①。尽管如此,大学院制和大学区制作为中国近代知识分子希冀通过教育制度的构建来凸显知识的恒定和教育的独立的尝试,对中国高等教育观念的现代化进程和现代化制度构建仍具有珍贵的启示意义和借鉴价值,在当时的历史情形下,对国民党实行的"党化教育"也有一定的遏制,也为大学争取了一定的独立自主权。

后一时期开始学习美国模式,通过《大学组织法》和《专科学校组织法》等的实行,大学—学院—学系的组织结构得以形成,校务会议、院务会议等机构开始建立。由于国民政府有意强化以校长为首的行政权力,校务会议取代评议会成为大学最高权力机构,评议会、教授会等机构被废止,学者参与学校管理的权力大大削弱,学术事务的决议权向行政权力倾斜。由于此时期国民政府忙于战争,暂时放松了对大学的管理,而大学也利用这一难得的时期继续坚持了民国前期教授治校的传统,学校绝大多数事务仍由教授会或校务会决定,这为《大学法》的出台做好了实践的铺垫。

1948年1月颁布的《大学法》既有对前述各种规定的重申,也有重审。大学校长依然由政府任命,院长及系主任的聘任与职责也与《大学组织法》的规定相同。校务会议成为全校的最高评议机构,教务会议、总务会议、院务会议的人员构成中原来的"各组、馆、事务主任"改为"各学院院长、系主任、教授副教授代表",通过减少行政人员增加学术人员来保证学术人员在校、院务事务中的参与权,某种程度上是《大学令》精神的回归。

通过以上对于国民政府不同时期高等教育政策的分析可以看出,从国家层面意在强化政府对大学的控制和领导,从宏观管理体制上表现为制度设计强化以校长为首的行政权力,但从北京大学、清华大学、西南联合大学的实际运行中发现,不论是北京大学按照《大学组织法》的规定变更学校的组织机构设置,还是清华大学独辟蹊径维持自身特色,以及西南联合大学对北京大学和清华大学权力关系的继

---

① 费正清:《剑桥中华民国史》(第二部),上海人民出版社1992年版,第39页。

承，大学学术权力非但没有减弱，反而与行政权力进一步分离，大学学术人员在基本学术事务上依然享有民国时期的权力，清华大学甚至出现组织权力重心下移，教授治校的倾向。同时，由于战争以及战争导致的政治失控使学术自由、学校自治得以沿袭，特别是留学归国人员和大学校长的努力使大学内部学术权力得到保证，学术权力与行政权力进一步分离，甚至出现学术权力重心下移、行政权力重心上移的倾向，学术权力与行政权力关系达到近代以来最佳的平衡状态。

第四节 中华人民共和国成立以来的大学权力

新中国成立以来大学内部的权力演变过程极为复杂，许多研究中国教育史的学者都按时间维度将中华人民共和国成立以来的中国大学历史划分为"文革"前十七年、"文革"十年、改革开放时期（也有学者①又将改革开放时期分为商品经济时期和市场经济时期），进行分阶段研究。本文认为，新中国成立60多年来大学内部权力演变的最大背景是中国从计划经济向中国特色社会主义市场经济的转变，据此将大学内部权力的演变过程分为计划经济阶段和社会转型阶段。而"文革"时期大学教育也像其他行业一样陷入混乱状态，其大学组织特性只是大学在特殊时期的特殊状态，不具备普遍性，因此该阶段本文不做研究。总体来说，新中国成立以来，由于受政治和政策的影响，大学内部权力经历了从行政权力主导到行政权力与学术权力分化的发展过程。

一 社会背景与制度依据

随着1949年10月1日新政权的建立，中国的政治制度、经济体制和文化环境发生了深刻而全面的变化。在特定的历史条件下，国家为了适应政权建设和国民经济发展的需要，在学习、借鉴和移植苏联

---

① 王飞：《制度突破与文化变迁——透视中国大学发展的百年历程》，云南大学出版社2010年版，第142—261页。

模式的基础上，逐步形成了高度集中的政治体制和高度集中的计划经济体制。在此背景下，高等教育管理体制高度集中也就势所必然，大学也就不可避免地成为了计划和集中的领域。长久的计划和集中造成的积弊在后来的社会主义商品经济和市场经济的改革中又必然面临各种的不适应，为此带来的调整也就必然反复波折，而大学就在"一放就乱，一乱就收，一收就统，一统就死，一死就放"的状态中循环往复。另外，在高度集中的政治、经济、文化体制下接二连三开展的知识分子思想改造运动、"大鸣大放"和"反右"运动、教育大革命、"文化大革命"等运动必然形成知识分子依附政治体制的依附性文化，而在改革过程中逐渐解除依附的知识分子也在臣服与自主、盲从与觉醒中蹒跚前行。

首先，1949年9月12日按照《中国人民政治协商会议共同纲领》定下的大学改革的基调，由政府通过接管旧中国的公立大学，改造私立大学为公立大学来达到维持和改造大学的目的，进而为国家建设和政权服务。随后，在1949年12月第一次全国教育工作会议上确定了"以老解放区新教育经验为基础，吸收旧教育某些有用的经验，特别要借鉴苏联教育建设的先进经验。"[①] 1950年颁布《高等学校暂行规程》，对大学各类事务实行均由中央教育部管理的特殊军事管理体制。这种军事管理体制在废除旧的国家机器，建立人民民主专政的过程中，对维护大学教育秩序发挥了积极作用。

1952—1956年是我国高等教育管理体制的初创时期。从1952年仿效苏联开始全国范围的院系调整，到1956年颁布《中华人民共和国高等学校章程草案》标志着集中统一的大学组织结构的正式形成。这一时期大学管理体制有两大特征：一是"条块分割"。"条"即中央各部委办的高校，"块"即地方政府办的高校。政府集高校的举办者、主管部门、投资者和管理者等多重身份合一，并且中央教育行政机构和地方教育行政机构是一种决定和执行、命令和服从的关系。二

[①] 金铁宽：《中华人民共和国教育大事记》（第一卷），山东教育出版社1995年版，第11页。

是高度集权。根据《关于修正高等学校领导关系的决定》，形成了国家对大学全面、直接甚至是事无巨细的管理。

1956年至"文革"前，实行统一领导、分级管理的体制。1958年中央颁布《关于高等学校和中等技术学校下放问题的意见》指出，除了少数综合大学、某些专门学院和某些中等技术学校仍由中央教育部或中央有关部门直接领导外，其他的高校和中等技术学校都下放各省、市、自治区管理。在经历了1956年的波匈事件和1957年的"反右"运动后，1958年发布的《中共中央、国务院关于教育工作的指示》中规定："在一切高等学校中，应当实行党委领导下的校务委员会负责制；一长制容易脱离党委领导，所以是不妥当的。"[①] 自此，改变了新中国成立之初沿袭解放区教育通例实行的校院长负责制，党组织对大学的领导开始从对行政工作的保证、监督转为全面领导。1961年中央印发讨论试行的《教育部直属高等学校暂行工作条例（草案）》（简称《高教60条》）重申了高校实行党委领导下的以校长为首的校务委员会负责制。1963年中共中央、国务院颁布了《关于加强高等学校统一领导、分级管理的决定》，再次明确了统一领导、两级管理的体制。

至此，我国高等教育管理体制在经历了从中央集中管理到中央、地方分级管理的过程后，"国家举办、条块分割，各自管理"的格局基本形成，在大学内部党委领导下的校务委员会负责制基本成型。

"文革"十年时期，高等教育也像中国社会一样陷入混乱状态。管理体制遭受破坏，大学组织目标、培养目标、组织结构、权力结构、知识结构等全部异化，知识分子遭受蹂躏，人性尊严遭受扼杀，大学基本处于停顿，这是特殊历史时期的特殊状态，因不具有普遍性，本文不做研究，但对直至今日之大学及知识分子的深刻影响仍让我们时刻警醒和反思。

党的十一届三中全会后实行改革开放，中国开始了农村经济改革

---

① 《中华人民共和国重要教育文献》（1976—1990），海南出版社1998年版，第1646页。

和城市综合改革，社会发生了巨大变化，大学也相应地进行了改革。首先对"文革"以来的破坏做了恢复工作，主要体现在 1977 年的恢复高考和随后相继颁布的《全国重点高等学校暂行工作条例（试行草案）》《关于高等学校理工科教学工作若干问题的意见》和《关于高等学校文科教学工作座谈会纪要》《高等学校学生学籍管理的暂行规定》等。

改革开放开始后各行各业人才的奇缺开始凸显教育的重要。随着 1977 年邓小平在科学和教育工作座谈会上提出"要从科学和教育着手"[①] 和 1985 年出台的《中共中央关于教育体制改革的决定》，教育开始成为国家发展的战略重点，大学开始受到政府前所未有的重视，其功能也从强调政治的服从转向经济的服务。此时，条块分割的领导体制和高度集权的管理体制的弊端开始显现。1979 年 12 月 6 日，复旦大学校长苏步青、同济大学校长李国豪、上海师范大学校长刘佛年、上海交通大学党委书记邓旭初等在《人民日报》发文呼吁"给高等学校一点自主权"。随着《中共中央关于教育体制改革的决定》的颁布和国务院《高等教育管理职责暂行规定》的发布，以改革大学的招生制度和毕业生的分配制度为发端，省级政府对本地区大学的管理权力开始扩大，大学开始逐步实行校长负责制，在招生、调整专业、经费使用、教职工聘任等方面享有部分的自主权。这一系列的制度设计，突破了国家按计划统一管理大学的传统模式，使大学制度开始与建立社会主义商品经济体制紧密联系，大学进入了一个新的阶段和快速发展期。

社会主义市场经济的实行必然要求国家和大学建立与之适应的高等教育管理体制和大学制度。1993 年《中国教育发展与改革纲要》提出了教育优先发展的战略，指出："在中央与地方的关系上，进一步确立中央与省（自治区、直辖市）分级管理、分级负责的教育管理体制。中央直接管理一部分关系国家经济、社会发展全局并在高等教育中起示范作用的骨干学校和少数行业性强、地方不便管理的学

---

① 《邓小平文选（1975—1982）》，人民出版社 1983 年版，第 45 页。

校。在中央大政方针和宏观规划指导下，对地方举办的高等教育的领导和管理，责任和权力都交给省（自治区、直辖市）。按照这个精神，中央要进一步简政放权，扩大省（自治区、直辖市）的教育决策权和包括对中央部门所属学校的统筹权。"① 同时，提出实施影响深远的"211工程"。随之，科教兴国战略让高校进入了前所未有的发展阶段，大学层面为解决"条块分割"而"共建、调整、合作、合并"也进行得如火如荼。随着邓小平南方讲话带来的中国经济第三次发展高潮，高等教育开始出现快速发展期，在经历了从1993—1997年的"稳定规模，提高质量"到1999年的大规模扩招后，在2002年中国高等教育的毛入学率达到15%②，正式进入高等教育大众化阶段。到2015年，全国各类高等教育在学总规模达到3647万人，高等教育毛入学率达到了40.0%。③ 中国高等教育在经历了规模化扩张后开始转向提高质量的内涵式发展道路，其间出台的"985工程"以及各类质量工程项目，包括现今大学正热议和流行的一流大学和一流学科的"双一流"建设都是基于此。在此期间，大学内部管理体制从校长负责制调整为党委领导下的校长负责制，并在1998年通过《高等教育法》的形式予以明确和保证。同时，该法也首次将大学办学自主权纳入法治框架内，尽管在实践中不尽如人意，但本身深刻地体现中国大学在现代大学制度建设过程中的制度突破，很大程度上改变了原来人治特征明显的政府行政管理模式。

从中华人民共和国成立以来高等教育的发展史可以看出，大学的历史某种程度上就是集权和放权的历史，具体说也就是"条块分割"和高度集权的建立和打破的历史，同时也是大学治理从政府管理到依法治理的历史，大学制度和大学文化从盲目到觉醒的历史。

---

① 国家教育委员会：《新的里程碑——全国教育工作会议文件汇编》，教育科学出版社1994年版，第74页。
② 《2002年全国教育事业发展统计公报》（http：//www.moe.gov.cn/s78/A03/ghs_left/s182/moe_633/tnull_1553.html）[2016-04-21]。
③ 《2015年全国教育事业发展统计公报》（http：//www.moe.gov.cn/srcsite/A03/s180/moe_633/201607/t20160706_270976.html）[2016-04-21]。

二 制度依据下的组织结构

从高度集中的计划经济到中国特色的社会主义市场经济的转变带来的高等教育的管理体制的变化势必影响到大学,大学的组织结构也随之发生变化。

(一) 计划经济下的大学组织结构:从校长负责到党委领导

1950年7月颁布的《关于高等学校领导关系的决定》明确规定了:"中央人民政府教育部对全国高等学校(军事学校除外)均负有领导责任,各大行政区人民政府或军事委员会教育部或文教部均有根据中央统一的方针政策,领导本区高等学校的责任。"[①] 这种政府集大学举办者、管理者和办学者于一身的体制必然带来办学主体不明确,管理权限不规范,大学基本没有办学自主权,政府行政权力通吃的状态。同年颁布的《高等学校暂行规程》明确"大学及专门学院实行校(院)长负责制","在校(院)长领导下设校(院)务委员会"为最高审议决策机构。该规程明确了校长和校务委员会的职责,但没有规定教授等学术人员在大学决策中的地位,在取消了教授会和评议会制度后,又没有规定成立新的学术事务决策机构。大学基本上回到了清末被完全置于国家政权控制之下的状态。校长领导全校一切事务,学校设校长领导下的校务委员会以及教务处、总务处、图书馆等职能部门。大学院系调整后实行校、系两级管理,系是按专业性质设置的教学行政组织,系主任作为行政负责人在校长领导下主持系务委员会和系的日常工作,系内设专业作为人才培养的基本单位,专业内设教研组。校内组织结构如图4-6所示。

这时期,校长对外代表学校,对内领导学校一切教学科研和行政工作。党务方面采取党组制,党组成员作为行政工作负责人组织贯彻党的路线和方针。随着1956年《中华人民共和国高等学校章程草案》和1958年《中共中央、国务院关于教育工作的指示》的颁布,高校

---

① 林荣日:《制度变迁中的权力博弈:以转型期中国高等教育制度为研究重点》,复旦大学出版社2007年版,第115页。

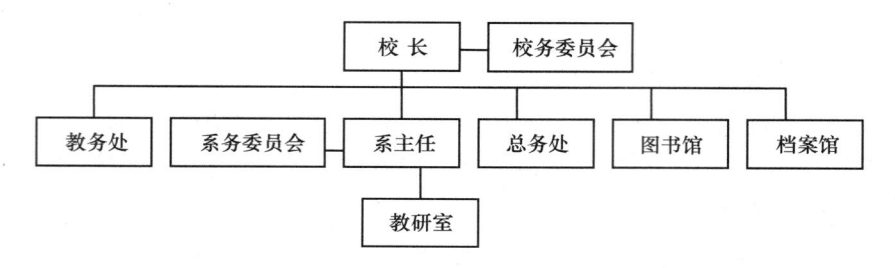

图 4-6　1949—1956 年大学行政机构设置图

资料来源：郝维谦、龙正中：《高等教育史》，湖南出版社 2000 年版。

开始实行党委领导下的校务委员会负责制。校务委员会在校党委的领导下贯彻党的路线和方针政策，实施集体领导，讨论决策学校的重大问题。1961 年《高教 60 条》颁布，再次规定大学实行党委领导下的以校长为首的校务委员会负责制。至此，党务系统进入大学并掌握了最高决策权。党委会作为中国共产党在高等学校中的基层组织对学校实行统一领导，校长仍是国家任命的大学行政负责人，对外代表学校，对内主持校务委员会和学校的经常工作，但从此不再拥有人事权。同时系设党总支，教研室设党支部。随着 1964 年 6 月中共中央批转高等教育部党组《关于加强高等学校政治工作和建立政治工作机构试点问题的报告》，大学开始形成了具有中国特色的大学管理体制（见图 4-7）。校党委书记与校长成为大学的两个主要领导，二者关系客观上成为影响高校运行的重要因素，二者相合则促进发展，相抵

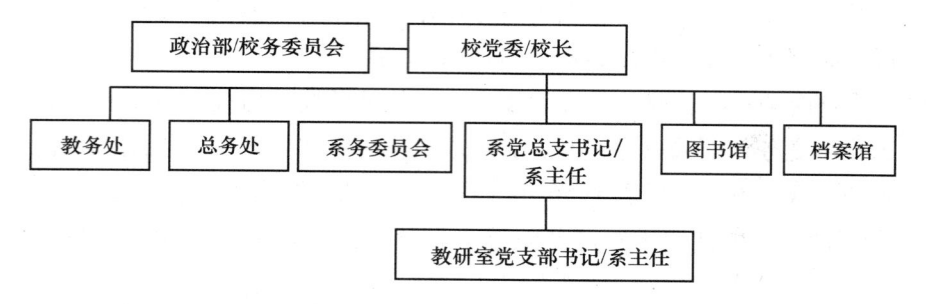

图 4-7　1956—1966 年大学党政机构设置图

资料来源：郝维谦、龙正中：《高等教育史》，湖南出版社 2000 年版。

则制约发展，由此而来的协调二者的权责关系成为直到今天还在完善的内部治理结构的重要方面。

（二）社会转型下的大学组织结构：党委领导下的校长负责制的多重演变

如前所述，在建立社会主义商品经济和市场经济的转型过程中，大学主要经历了一个制度纠错、恢复正常和逐步发展的过程。1978年教育部重新颁布了修订后的《全国普通高等学校暂行工作条例》，将"党委领导下的以校长为首的校务委员会负责制"改为"党委领导下的校长分工负责制"，取消了校务委员会，设立学术委员会。学术委员会尽管在学术事务上享有一定权威和建议权，但它的讨论结果要校党委同意后才能执行，所以，本质上仍是一个咨询机构。大学党委会享有决策权，有权监督和检查以校长为首的行政机构的工作，而校长是国家任命的大学行政负责人，对外代表学校，对内主持学校经常工作。设副校长若干人，协助校长分工负责教学、科研和后勤等工作。管理层级上，校、院、系三级或校、系两级管理并存，以校、系两级管理为主。系实行党总支领导下的系主任分工负责制，系主任是系行政负责人，在校长领导下主持系日常工作，设副主任若干协助主任处理本系教学、科研等工作，教研室是基层教学科研组织。校党委书记和校长、系党总支书记和系主任、教研室主任的职责、权限基本上与1956—1966年相同，学术委员会的职责与以前的校务委员会相近。

20世纪80年代中期，随着《关于高等教育体制改革的决定》《高等教育管理暂行规定》和《普通高等学校设置暂行规定》等的颁布，部分大学开始探索扩大大学办学自主权，试行校长负责制和党委领导下的教职工代表大会制度，党委从"领导一切"开始回到通过教职工代表大会制度来"保证、监督和支持"以校长为首的行政系统的工作上。按照郝维谦[①]的观点，这一时期，大学的决策程序是：重大问题由校长提出，交由参谋咨询机构或工作专班研究方案，经以

---

① 郝维谦、龙正中：《高等教育史》，湖南出版社2000年版，第421页。

校长为首的行政领导比较各种方案后做出初步决策，提交全体教职工（涉及学生的提交全体学生）或教职工代表大会讨论，根据讨论意见修改定稿后由校务委员会集体讨论决定，校长颁布实施。由此程序看，大学的决策机构是校务委员会，行政系统是执行机构，决策由于有全体教职工的参与，相对比较民主。

由于国内外政治形势的变化，20世纪90年代以来党和政府加强了党对大学的领导和对大学生的思想政治教育，将内部管理体制由校长负责制改为党委领导下的校长负责制，设立学术委员会和教职工代表大会，并最终以《高等教育法》①的形式予以规定：

> 第三十九条　国家举办的高等学校实行中国共产党高等学校基层委员会领导下的校长负责制。中国共产党高等学校基层委员会按照中国共产党章程和有关规定，统一领导学校工作，支持校长独立负责地行使职权，其领导职责主要是：执行中国共产党的路线、方针、政策，坚持社会主义办学方向，领导学校的思想政治工作和德育工作，讨论决定学校内部组织机构的设置和内部组织机构负责人的人选，讨论决定学校的改革、发展和基本管理制度等重大事项，保证以培养人才为中心的各项任务的完成。
>
> 第四十条　高等学校的校长，由符合教育法规定的任职条件的公民担任。高等学校的校长、副校长按照国家有关规定任免。
>
> 第四十一条　高等学校的校长全面负责本学校的教学、科学研究和其他行政管理工作，行使下列职权：
>
> （一）拟订发展规划，制定具体规章制度和年度工作计划并组织实施；
>
> （二）组织教学活动、科学研究和思想品德教育；
>
> （三）拟订内部组织机构的设置方案，推荐副校长人选，任免内部组织机构的负责人；

---

① 《中华人民共和国高等教育法》（http：//www.moe.gov.cn/s78/A02/zfs_left/s5911/moe_619/201512/t20151228_226196.html）[2016 - 04 - 21]。

（四）聘任与解聘教师以及内部其他工作人员，对学生进行学籍管理并实施奖励或者处分；

（五）拟订和执行年度经费预算方案，保护和管理校产，维护学校的合法权益；

（六）章程规定的其他职权。

高等学校的校长主持校长办公会议或者校务会议，处理前款规定的有关事项。

第四十二条　高等学校设立学术委员会，履行下列职责：

（一）审议学科建设、专业设置，教学、科学研究计划方案；

（二）评定教学、科学研究成果；

（三）调查、处理学术纠纷；

（四）调查、认定学术不端行为；

（五）按照章程审议、决定有关学术发展、学术评价、学术规范的其他事项。

第四十三条　高等学校通过以教师为主体的教职工代表大会等组织形式，依法保障教职工参与民主管理和监督，维护教职工合法权益。

从上述法律规定和实践中可以看出，大学的决策权重回学校党委，以校长为首的行政系统有权就大学重大问题提出议案，经校党委批准后执行。学术委员会主要还是一个咨询机构，组成人员也基本是具有教授职称的党政负责人。基于回归和强化学术委员会在学术事务的决策、审议、评定和咨询等职权，教育部在2014年颁布了《高等学校学术委员会规程》，明确规定："担任学校及职能部门党政领导职务的委员，不超过委员总人数的1/4；不担任党政领导职务及院系主要负责人的专任教授，不少于委员总人数的1/2。"[①] 普通教职工通过教职工代表大会参与大学管理，但实践中因精力和要求所

---

① 《高等学校学术委员会规程》（http://www.moe.gov.cn/publicfiles/business/html-files/moe/moe_621/201402/xxgk_163994.html）[2016-04-21]。

限，教职工代表大会的组成人员主要还是学校党政部门管理人员居多。

随着社会主义市场经济体制的逐步建立、大学规模的扩大和大学产学研用等职能的增加以及政府曾经力推的"高校后勤社会化"回归大学等诸多原因，为学生服务的部门，如大学生心理咨询中心、勤工助学指导中心、就业指导与服务中心等开始建立；为服务大学科研成果转化的创业园、孵化器等开始设立；为大学运行提供后勤保障的机构日益庞杂；为适应和对接政府职能转变的机构开始运行。大学党政管理系统开始膨胀，大有回归"小社会大系统"之趋势，大致形成了如图4-8所示的结构。

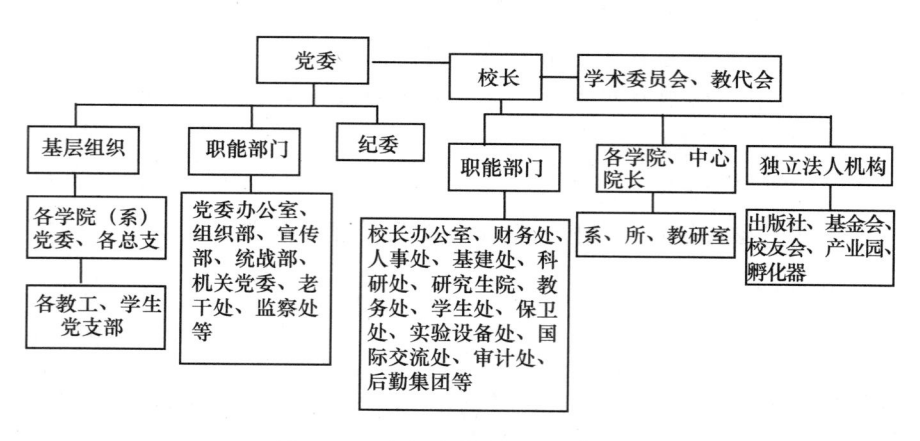

图4-8 现行大学党政机构设置图

总的来说，这一时期是中国特色大学内部管理体制逐渐成熟的阶段。制度设计的突破和逐渐规范为大学发展提供了比较稳定的环境，使大学发展与社会发展保持了相对一致的步调。

三 组织结构中的权力关系

由于国体和政体的改变，1949年后形成和不断变化的大学内部权力既没有延续国民政府时期，也没有借鉴西方大学，而是基于政府主导的模式和中华人民共和国成立后政治、思想和体制不断变化基础上的"空降"和"断裂",形成了新政权建立以后各方面全新的新模式。如果说新中国成立后的大学与清末已降的大学有共同特点的话,那就是都离不开政府的控制、影响和作用。这虽然是世界大学发展的普遍特点,但在中国的程度尤盛。在政府强力控制和影响下,政府政策和法律成为了大学内部权力关系的主导力量,这是中国大学治理的典型"中国特征"。

首先,大学内部权力的变迁是我国高度集中的政治体制在大学中的体现。新中国成立以来,大学一直在政府的直接领导和强力控制下办学,实际上变成了政府主管部门组织结构向下的延伸,不可避免地受国家政治经济体制变化的影响,并形成对政治体制和行政体制的依赖乃至依附。国家每一次政治体制或经济体制改革都对中国大学内部权力关系产生了不同程度的影响。上述历史梳理可以看到,仅从大学领导体制的变迁,先后经历了校务委员会负责制(1949年10月—1950年4月)、校长负责制(1950年4月—1956年9月)、党委领导下的校务委员会负责制(1956年9月—1961年9月)、党委领导下的以校长为首的校务委员会负责制(1961年9月—1966年5月)、党委领导下的工宣队为主的革命委员会负责制(1966年5月—1976年10月)、党委领导下的校长分工负责制(1978年10月—1985年5月)、党委领导下的校长负责制、部分院校实行校长负责制(1985年6月—1989年12月)、党委领导下的校长负责制(1990年1月—至今)等八次改变,每次改变无疑都是源于不同时期的政治形势和国家需要,在国家出台的各种政策法规的指导和引领下进行的,而不是大学自身发展和改革需要的自发或主动行为。中国大学的外部政策环境强烈而深刻影响着中国大学的内部治理,中国的高等教育行政主导着中国的高等学校管理。

其次,政党权力和行政权力成为大学内部权力历次演变的核心问题。这种演变一方面是社会政治、经济变化在大学中的必然反映;另一方面也是大学内部权力关系处于不确定的变革中的反映。演变的最终结果就是大学内部仿照政府管理模式,实行科层制管理,行政系统成为支撑大学的主体。"政府部门通过学校中的党政组织体制贯彻政府意志，实施对高等学校的管理，从而使学校的党政组织体制获得对学校事务合法的绝对的管理权力。"① 与此同时，党委代表的政党权力和校长代表的行政权力在历次演变中如何划分彼此之间的权责成为了我国同国际上大多数大学内部管理体制的最大不同。校长负责制强调行政权力和学术权力的地位，而党委领导下的校长负责制则更多凸显政党权力的作用。党委的监督、保证和决定作用与大学校长的执行作用事实上围绕权力分配产生了矛盾，而党政关系在不同时期的不同表现形式也从侧面表明二者关系一直未能有效理顺。

再次，行政权力和学术权力的协调成为近30年来的难题。在长期高度集中的管理体制中，行政权力一直占据着主导地位，维系着大学的存在和发展，导致大学内部行政权力泛化，大学管理"机关化"，行政权力干预或取代学术权力的现象时有发生。而近30年来，随着社会（包括执政党）对大学的重新认识和理解，大学的人才培养、科学研究、文化传承和创新、社会服务等职能开始被赋予更多的理解，大学开始逐步回归大学本来的面目。随之，学术权力开始觉醒，逐步认识到学术权力在大学的主体作用，学者开始越来越多地"讨要"本属于他们，但现在被政党权力和行政权力攫取的学术权力，越来越多地要求学术力量在大学权力结构中有更多的发言权，以改变目前政党权力与行政权力过大和独大的状态。自然，在"争"与"占"的过程中，行政权力与学术权力的较量和演变也一直如影随形的伴随着近30年来中国大学的发展。

最后，权力结构演变具有鲜明的阶段性和连续性特征，呈现从局部到整体的过程。从1949—1977年主要以探索大学内部领导体制为中心，到1978—2009年主要以改革大学内部管理体制为重点，直到如今以建设中国特色现代大学制度为目标，这既揭示了中国大学治理的阶段性和连续性特征，同时也呈现了大学内部权力结构改革由点到面再到体的历史生态。这种阶段性和连续性既表明不同时期国家政

---

① 别敦荣：《我国高等学校管理权力结构及其改革》，《辽宁高等教育研究》1998年第5期，第38—42页。

治、经济形势,特别是政治体制和经济体制对大学权力结构的影响,也表明中国大学治理在不断地积累经验、总结教训而走向成熟和完善。

第五节　影响中国大学权力的主要因素

通过梳理中国大学100多年来组织结构及其权力演变的历史,我们可以更加深刻地理解阿什比关于"任何类型的大学都是遗传与环境的产物"① 的论断,理解"遗传"的大学共同理想与大学所处社会政治、经济、文化环境之间的互动与演变。正是在"遗传"与"环境"的此消彼长中决定了大学的形态,正是由于中国大学"出生"的特殊性以及中国大学缺乏先天性大学理想的"遗传",导致了"环境"在中国大学的发展中占据着更加重要的位置。从这个角度而言,今天中国大学的中与西、是与非、甚至是好与坏都是遗传与环境互动的结果。

正如陈平原所言:"大学不像工厂或超市,不可能标准化,必须服一方水土,才能有较大的发展空间。百年北大,其迷人之处,正在于她不是'办'在中国,而是'长'在中国,跟多灾多难而又不屈不挠的中华民族一起走过来,流血流泪,走弯路、吃苦头,当然也有扬眉吐气的时刻。你可以批评她的学术成就有限,但其深深介入历史进程,这一点不应该被嘲笑。如果有一天,我们把北大改造成为在西方学界广受好评、拥有若干诺贝尔奖获得者,但与当代中国政治、经济、文化、思想进程无关,那绝对不值得庆贺。"② 从这个角度看待今天的中国大学,应该持"不以物喜,不以己悲"的历史唯物主义态度。今天的中国大学既不是许多人梦想和向往的"象牙塔"或"理想国",也不是很多人口中的"动力站"或"腐败所",而是根植

---

①　[英] E. 阿什比:《科技发达时代的大学教育》,滕大春、滕大生译,人民教育出版社1983年版,第6页。
②　陈平原:《内地/香港互参:中国大学的独立与自信》,《探索与争鸣》2014年第9期,第13—16页。

于中国大地的具有中国特色的大学,这种特色的权力结构和权力关系是在遗传和环境中由诸多因素共同复杂作用的结果。

一 政府主导大学发展

中国自古以来,教育为政治服务就是公开和理所当然的选择。《学记》中说"君民,教学为先","化民成俗,其必由学",就是对教育政治功能的认识。"中国古代高等教育的发展,常常受到最高统治者的好恶所左右。如果统治者重视高等教育、重视人才的培养与选拔,高等教育就得到发展;反之,高等教育就处于停滞状态。"[①] 根植于政治基因之上的政府对大学的高度控制是中国大学从古至今的典型特征,政治需要是每次大学新的改革与发展的出发点和主要依据。从对中国大学权力的历史考察可以发现,在影响大学发展的诸多因素中,政府控制永远是支配大学发展最重要的力量,政府政策永远是中国大学发展的晴雨表。

从1898年京师大学堂的建立到100年后建设世界一流大学的目标提出直至今日的"双一流"建设,每个历史阶段、每个大学发展目标都是由政府直接提出和强力推动的。在清末时期,大学堂完全处于皇权严密控制之下,从大学堂总监督、分科监督到教职员实行垂直管理,被设计成一个高度集权的科层组织,完全是政府科层化机构的延伸,就连大学堂管理者的称谓都是"总监督""提调"而不是校长、主任,由此可见一斑。在民国时期和国民政府时期,政府依然通过颁布《大学令》《大学组织法》等各种法令试图加强对大学的控制和管理,只不过因为战乱导致政府控制能力减弱的客观原因"塞翁失马"般的让中国大学得以回归大学本质。中华人民共和国成立后,政府对大学的控制更加强大,完全把大学当成下属的文化事业单位,按政府模式对应设置大学管理机构,按政府标准包揽几乎一切事务。有关大学的几乎所有改革都是政府推动,政府主导,不管是收权还是放权,不管是大改还是小改,大学都只能是被动的执行者和适应者。

---

① 熊明安:《中国高等教育史》,重庆出版社1988年版,第606页。

中国自古就是"学在官府""以吏为师",文人士子从来就是"学而优则仕",科举制的选才永远是为皇帝统治服务,清末京师大学堂是在外敌入侵、民族存亡之际为"办学救国"而建,民国时期到国民政府时期大学依然是为"教育救国"而存,中华人民共和国成立后大学仍然是为政权和科教兴国而行。从古至今,中国的教育都是作为政府强化和改进统治的工具而存在,知识和人在教育中基本没有成为考虑的对象,大学概莫能外。

在中国,传统政治文化的影响和权力的本性使得任何政府都有控制大学的强烈冲动。政权越稳定,政府管理能力越强,控制大学的欲望和管理大学的能力也愈强。政府强烈而长期的对大学的控制导致的行政权力主导不仅严重桎梏了大学的发展,更要命的是行政权力的主导在常态化的基础上强烈化,犹如套在大学脖子上的一根绳索,越勒越紧。但事与愿违的是,控制并不必然带来管理者想要的大学发展,西方大学和中国大学发展的历史都证明了这一点。大学堂在清政府的严密控制下发展缓慢,而政府失控的民国和国民政府时期,大学反而形成了中国大学发展史上学术最为繁荣,最为后人津津乐道的时期。中华人民共和国成立后形成的高度集中统一的政府管理大学的模式是大学无法适应社会主义商品经济和市场经济的主要原因,也是改革高等教育管理体制的主要动因。

历史和逻辑都证明,大学要想逃避政治的影响是不可能的,但政治应该在多大程度上影响大学的发展或者以什么方式影响大学发展则是可以认真探讨和深入研究的问题。理想的状态是政府控制与大学自治之间保持相对平衡,既不让大学脱离国家和社会的需要回到纯粹的"象牙塔",政府也不能窒息大学发现知识、传授知识、传播知识的特性。大学自治与政府控制只有在此消彼长的循环往复中努力保持张力平衡,才能最大程度地既满足政府对大学的期望,也符合大学自身的发展逻辑,也只有在动态平衡的基础上才能对大学发展和国家利益都有利。

二 文化取向比较功利

影响大学权力的除了外在的政府控制主导外,中国注重实用功利的文化取向也在一定程度上为大学行政权力的强势推波助澜甚至是提供深厚文化土壤。

表面上看,我国文化不具有强烈的功利倾向,这从董仲舒的"正其谊不谋其利、明其道不计其功"可以看出,但实际上中国文化的深层渗透着强烈的功利主义倾向。"万般皆下品,唯有读书高","学而优则仕","修身、齐家、治国、平天下"。这种功利体现在我国近代大学创办时确立的指导思想是"师夷之长技以制夷",而日本在面临同样挑战的时候学习西学时所持的指导思想为"文明开化"。二者现较,不同之处引人思考。即使到了国民政府时期,大学人才培养目标仍然把"治人"与"治学治事"并列,学习治人之术的目的是为仕途之路。时至今日,市场经济的工具理性和功利导向、大学关注的各类排行榜的排名和各种指标体系的上下翻飞无一不是功利主义的思想在作祟。在大多数人眼里,上大学之所以有用,在于从它处能学到一技之长,以供今后过上优越生活。国家、社会、大众和媒体都在大声疾呼大学要成为"加油站"和"服务站",但更要成为"海上的灯塔"和"时代的表征"[1]的提醒则被许多人遗忘甚至是嘲笑,至于"阅读大学"[2]本身更似乎是痴人说梦,这不能不说是我们这个时代和这个时代的大学的悲哀。

反观今日中国之大学,"校长一走廊,处长一礼堂,科长一操场"的局面基本上已经成为见怪不怪的常态,而学术造诣稍深或学术影响力略大的学者不带个"长"字似乎不足以体现学校领导对人才的重视。学者不带"长",似乎也感觉不到自身的被重视和自身价值的被肯定,许多教授与科长同逐副处长也就不奇怪了。也许有人说是现实

---

[1] 金耀基:《大学之理念》,生活·读书·新知三联书店2001年版,第36页。
[2] 陈平原:《弄香花满衣——阅读大学的六种方式》,《社会科学论坛》2009年第4期(上),第100—117页。

使然，但说到底学者逐"长"并不是理想和兴趣所在，而是着眼于"长"背后的资源控制权和话语权。人人追"长"，实则逐"利"。学者如此，那就更不用说从事行政管理的人员了。长此以往，学者的气节和尊严也在逐利中丧失了。深深烙在"力"的背后的影子是"利"。关于"三 li 说"，涂又光先生曾在《文明本土化与大学》中做过精辟的论述："社会生活底政治、经济、文化三部分是一个整体，其间关系密切，虽然如此，还是三个部分，各有不同的矛盾特殊性，本文称之为'原子'。政治底原子是'力'（power），经济底原子是'利'（profit），文化底原子是'理'（truth）。力、利、理底汉语拼音都是 li，此说可简称'三 li 说'。原子不宜单独存在，那种游离状态，极不稳定，三 li 皆然。三 li 原子合成分子，其存在就稳定了。政治单位底分子含有三 li，但以'力'为中心，而'利''理'为'力'服务。经济单位底分子也含有三 li，但以'利'为中心，而'力''理'为'利'服务。文化单位底分子也含有三 li，但以'理'为中心，而'力''利'为'理'服务。"[1] 应定位于文化的高等教育[2]，本应"力""利"为"理"服务的高等教育，反过来都在逐"利"而取"力"，丢弃的反而是"理"，这也不难解释一个有趣的奇怪现象——大学行政权力似乎变成了大学中的"过街老鼠"而人人都想成为"过街老鼠"中的一员。

纵观中国高等教育百年来的现代化进程，外来模式的高频率转换是一个显著特征。"模范泰西""以日为师""德国模式""仿美热潮""借鉴法制""全面学苏"的曲折发展过程，固然与当时动荡的政局有关，但背后是西方模式与中国传统文化的艰难融合之旅，模式的频繁转换恰恰是西方模式与中国传统文化持续冲突的表征。从中国大学角度而言，西方大学模式隐含的对知识的理解、学术自由、学术自治、学者共同体等大学内在规定性与中国传统文化的功利都是中国

---

[1] 涂又光：《文明本土化与大学》，《高等教育研究》1998 年第 6 期，第 5—7 页。
[2] 蔡琼：《中国民族院校发展中的文化转型》，中国海洋大学出版社 2009 年版，第 18 页。

大学的"遗传密码",但不幸的是二者在中国大学身上进行融合时很多时候都是冲突的,所以认为只要找对西方大学模式就能发展中国大学的想法注定会陷入模式"水土不服"的怪圈。历史上的那些反复和曲折清醒地昭示我们,中国大学一百多年来基于西方大学模式的中国构建是不成功的,这也是我们回溯中国大学百年来权力演变历程得出的基本结论。

然而,令人遗憾的是,历史的教训并没有引起人们足够的反思。今天的许多学者仍倾向于将中国大学现代化进程中遭遇的许多困境归结于历史上恶劣的政治、社会、经济环境,依然想当然地认为只要有一个良好的环境条件,西方大学模式就能在中国扎根生长。任何不带偏见的眼光都不可否认,改革开放以来,中国在社会稳定、经济发展、政策支持、政府放权等方面为大学发展提供了前所未有的环境,大学本身也取得了历史上从未有过的跨越发展,但大学在市场化和全球化的浪潮以及模仿欧美的过程中,由于自身传统文化功利的影响,表现出的不是大学应有的引领、从容和淡定,而是坍塌、茫然和焦躁。"橘生淮南则为橘,生于淮北则为枳,叶徒相似,其实味不同。所以然者何?水土异也"的古训穿越时空,依然在今天中国大学的上空回响。

三 自治传统相对缺乏

中西方对于大学的认识和大学自治的认识形成两种截然不同的认识和范式,这种不同起源于各自对知识的认知不同。西方学术认为:"主客体之间的定界导向知识,而知识是主体与客体分化的结果,同时,也是主体把握客体的开端。"① 因此,知识的获得被认为是主体通过理性把握外在于自己的客观世界的过程。由于理性具有把握普遍真理的能力,因此首先要保证理性的自由使用,由此知识理性获得了在整个认知体系中的绝对地位,而通过理性获得知识的学术活动也被看作是一种既外在于又超越于日常生活实践的终极指向的自由活动。

---

① 成中英:《论中西哲学的精神》,东方出版社中心1991年版,第11页。

这种由知识理性而来的学术自由奠定了西方"为学术而学术"的唯知论传统，于是，学术超然于现实，学术机构相对独立于政府和社会，自古希腊以来就已形成明确的传统。作为西方古代学术机构代表的柏拉图学园，以其不受政府和社会的干预也不主动涉足政治经济现实，而专注于学术探究的形象立世千年。现代意义上的大学正是酝酿于这种纯学术的精神之中。近千年的大学发展史表明，支撑大学的灵魂是纯粹探究。现代大学之所以能在中世纪欧洲产生并发展延续至今，最为重要的原因是中世纪欧洲复兴了源自古希腊纯粹探究的学术与文化。虽然，中世纪大学在很大程度上也受到实用功利的驱动，其办学目标与过程也显现出极强的职业性，但正是由于大量具有共同学术兴趣的青年人奔波聚集到某些具有特定的学术声望的城市，学习和探究在当时作为高深学问的法学、医学和神学，并力图对这些学问加以分化和系统化[①]，才真正兴起了大学。大学一经产生就萌发了争取自治与自由的要求。为赢得自治与自由的权利，早期大学如波洛尼亚大学、巴黎大学等，与其所在国家和地区的政府及教会进行了不屈不挠的斗争，并通过迁校赢得了相对独立的特权。在教会力量登峰造极、连世俗王权都无法与之抗衡的中世纪，大学都能将自己置于教会的绝对控制之外。例如，13世纪初，当罗马教廷禁止阅读亚里士多德的著作时，巴黎大学却将其列为必读书。部分大学在特殊的时代里，甚至赢得了与罗马教廷和神圣罗马帝国近似的权威地位。此后，大学虽饱受非学术力量的冲击，但最后毕竟还是以一种相对独立于政治和经济的专门学术机构的形象成长壮大起来了。19世纪的德国大学由于强调纯粹探究、学术自由而获得巨大成功并成为世界大学的共同楷模之后，大学应致力于纯学术研究及学术探究应拥有自由的观念得到了更广泛的认可。

现在，在大学相对发达的欧美国家中，大学同样接受着政府的控制及社会的干预和渗透，大学也因此而履行着日益复杂多样的社会职

[①] [美]伯顿·R.克拉克：《高等教育系统——学术组织的跨国研究》，王承绪、徐辉、殷企平等译，杭州大学出版社1994年版，第11页。

能，但在大学中，学术势力始终是最基本、最持久的强势力量，专门学者始终是大学中的强势群体。与此对应，社会也始终将大学视作独特的机构，并形成了尊重大学、尊重大学学者和尊重大学的学术自由的传统。

中国对知识的认知恰恰与西方相反，中国传统学术认为"天人合一"，不存在主客二分，认为知识并非外在于人的东西，而是人对"天道"的自我体悟和践行。因此，知识不仅仅是一种主观认识，更是一种以毕生行为去验证的信念。这种认知决定了中国传统学术的视角必然是实现论而非纯认知论。"由孔子所确立的儒学传统，其思想的重心始终专注在生活的世界，而非认知性抽象理论体系的构建。"[①]因此，中国自古以来就没有真正给纯粹探究、为学术而学术的观念和实践留下多少市场。正如加拿大学者许美德所说，在中国的学术文化传统中，"既没有自主权之说，也不存在学术自由的思想。"[②]邬大光也提出了类似的看法，他认为由于我国近代大学制度是一种舶来品，所以作为大学制度根基的学术自由和大学自治本身就与我国的学术传统有很大差别。[③]相应地，在中国，学术要么依附于政治，要么依附于伦理纲常，纯粹学术领域被简单视为"术数"，甚至"奇巧淫技"而归于社会诸门类之末。在中国历史上，专注于纯粹学术探究的人如张衡、祖冲之、沈括、毕昇、李时珍等，在其所处时代往往郁郁不得志，而地动仪、圆周率、《梦溪笔谈》、印刷术和《本草纲目》等重大学术成果在正史中也很少被浓墨重彩过。近代大学产生以后，源自西方的新学术因难以与传统的伦理纲常之教相融合而实际上被绝大多数人所轻视。作为中国第一所近代学校的京师同文馆，在其开馆的最初几年里本就极少有人愿意报名入学，在1867年增设天文算学馆并计划招收部分科甲正途出身者入馆修习时，遭到了保守派的猛烈抨

---

① 李景林：《哲学的教化与教化的哲学——论儒学精神的根本特质》，《天津社会科学》2005年第6期，第19—26页。

② [加] 许美德：《中国大学1895—1995：一个文化冲突的世纪》，许洁英主译，教育科学出版社2000年版，第9页。

③ 邬大光：《现代大学制度的根基》，《现代大学教育》2001年第1期，第30—32页。

击，报名入馆学习的士子甚至要面对亲朋好友俱与其绝交的境况。对新学术的排斥，直接导致了对新学校的忽视，学校自治和学术自由的观念根本不可能自发地形成。我们从京师同文馆完全隶属于总理衙门也可以看出近代大学所处的从属地位。此后，不断兴起的救亡运动又进一步挤压了纯学术的空间，"救亡先于启蒙"的特殊历史背景让一批批抱有"为学术而学术"及"学术报国"理想的人改变了自己的志趣投身于政治和社会运动。在中国大学中，学术群体还未真正成长起来，学术积淀极为薄弱。

同时，中西方对知识的不同认知也导致自治传统的迥异。西方强调知识超越行动的理性自由，于是，在以"求真"为目的的知识理性推动下，西方产生了以研究高深知识为己任、以学者行会为主要形态的大学组织，这就奠定了西方大学"出世"的文化传统，从而使其在近千年的发展历程中始终能与社会、国家保持一定的距离而享有相对的自治传统。中国则看重知识的实践价值，所以，在"求实"的目的推动下，中国传统高等教育机构就发展成了以"经世之学"为中心，以养士和选士为目的的国家官僚机构。自此千年，无一改变。大学为学者搭建了"学而优则仕"的桥梁，从历史上就未形成超越政治现实的"出世"地位，自然也难形成相应的自治传统。

简而言之，几千年来中国学术研究的根本理念是实用，而到了近代，由于内忧外患，"救亡图存"成了发展教育最重要的理由。在这样一种社会背景下，虽然有识之士力倡学术自由和大学自治，但终究没有完全扎根于中国文化的土壤。中华人民共和国成立后，我国的大学制度又一次被迫"断裂"与"转型"，"服从"和"服务"成为大学制度建构的根本指导思想。如今，在改革改到深处和痛处、各种矛盾交织之时，大学也陷入了前所未有的迷茫和徘徊，既无法做出满足政治需要的应对，也缺乏探寻大学之基的智慧和勇气，更无法应对社会的需求和挑战。大学迷失了方向。

在很多时候，我们倾向于将大学缺乏自治和自由归因于政治经济体制的影响，并因此而认为大学无法改变自身的自治与自由状况。不可否认，一国特定的政治经济体制必然影响到其所在国家的大学的自治与自由的程度，但我们同时也必须看到，大学自治与自由的程度，并不完全取决于政治经济体制。在同样的民主政体及市场经济体制下，英国、德国和美国大学就享有程度完全不同的自治权，而在许多中央集权的国家，甚至在历史上的一些专制国家（如9—10世纪的阿拉伯帝国、19世纪的普鲁士），大学或其他学术机构也可能享有极大的自由。在这里，我们会发现，传统的积淀发挥着更为重要的作用。在一个缺乏学术独立传统的国家里，大学要想获得更大的自治和自由，首先须发展学术力量。从辩证法的角度，某种程度上正是中国大学学术自治传统的缺乏助长了今天中国大学行政权力的强势和一支独大，也正是学术自治传统的缺位导致的不对称和不制衡形成了今天中国大学的权力形态。

四 法治环境有待完善

当我们以21世纪初中国高等教育状况作为问题解析平台并苦苦思索答案之际，一些问题的某些部分或某些问题的表现方式和程度正在发生着变化。"落实和扩大学校办学自主权"，"完善中国特色现代大学制度"，"各类高校应依法制定章程，依照章程规定管理学校。尊重学术自由，营造宽松的学术环境"，"以转变政府职能和简政放权为重点，深化教育管理体制改革"①，对于中国高等教育而言，当前呈现出来的发展态势似乎十分乐观。但我们务必清醒，深层次的问题不解决，春去秋来，大起大落、忽左忽右的表现亦将是未来发展之必然。就最根本的管理体制改革而言，政府职能如何转变？政府管理部门如何放权？放到什么程度？是真正放权还是假"放权"之名行"收紧"之实？行动来自政策，政策来自决策，决策取决于判断，判断最终实际上取决于领导人的认识。

今天，不管有多少人沉醉在"4%"②的亢奋还是有多少人痴心

---

① 《国家中长期教育改革和发展规划纲要（2010—2020年）》（http://www.gov.cn/jrzg/2010 - 07/29/content_ 1667143. htm）[2016 - 05 - 01]。

② 《国家中长期教育改革和发展规划纲要（2010—2020年）》规定，"提高国家财政性教育经费支出占国内生产总值比例，2012年达到4%。"

于提高质量的理智,每一个研究者都应该意识到,"4%"和"简政放权"的"春天"固然美好,但是符合大学教育自身规律的风景任何时候都有其难以抵御的美丽和不可估量的价值。然而,我们在大学发展进程中所期盼和依靠的"春天"本该可以通过对经济发展、社会环境和教育本身的状况来加以预测和规划,但其表现却是如此不稳定和脆弱。一个五年计划,一个上级部门颁发的文件,某次会议的精神甚至是某领导在特定场合的讲话,都可能让教育事业从"明媚的春天"转瞬进入"寒冷的冬天",反之亦然。大学缺乏"春天",也经历过"冬天",但更缺乏为知道"明确的四季更替"而去准备的播种和耕耘。

  面对中国大学发展过程中出现的种种问题,许多学者认为症结在于国家对教育的关心关注程度不够,需要更加重视,需要加强保护,还需要加大管理力度,但实事求是地说,大到高度集中的管理体制,中到表述日新月异的文件精神和步调一致的教学计划,小到"学生冬季长跑指纹打卡"[1],无不体现出"重视",问题恰恰出在整体上过分"重视"以及应该重视的反而没有重视。"教育行政机关以及以媒体为代表的社会舆论,给大学带来了双重的压力。眼看着逼急了,几乎所有的大学都在'大干快上'。我有点担心,这样做,不踏实、不从容,效果不好。办大学,需要胆识,更需要汗水,老老实实地办,别老想着创造奇迹。具体到教学和科研,现在是浮躁之气弥漫整个中国的大学校园。各种考核、评奖、争项目、夺排名,目不暇接,以致师生们没有了认真读书思考的时间。这感觉很不好。因为,心境浮躁,对于从事专深的学术研究非常不利。"[2]"办教育应当拒绝急转弯,拒绝大跃进,不急不慢,不卑不亢,走自己认准的路。这样坚持五年、十年、二十年,中国大学才有可能走出一条适合自己的'康庄大

---

[1] 《全国高校推冬季长跑学生须指纹打卡》(http://news.163.com/10/1026/04/6JT6J33R0001124J.html)[2013-05-01]。

[2] 陈平原:《大学公信力为何下降》,《中国青年报》2007年11月14日第9版。

道'。"①

在这种"重视"中,"成也萧何,败也萧何"。所以,"千校一面"就成为必然,大学角色及大学与政府、社会的关系自然也会出现问题,而这一切问题的根源在于缺乏完备的大学法治保障。"中国高等教育的短缺不是单纯的数量性短缺,更重要的是一种制度性短缺。"② 这种制度性短缺主要体现在中国高等教育管理体制长期运行在政府支配的制度环境中。这种制度环境中,"第一,国家对社会占据绝对的支配地位,甚至在很大程度上摧毁了一个相对自主的社会的存在。第二,在这样的体制中,利益是高度不分化的,至少不同利益是受到严厉的压制的,国家的利益代替了社会的利益,整体的利益代替了不同部分的利益。第三,在国家政权内部,存在一个高度团结的精英集团,国家机构是高度整合的,国家对社会实行着严密的控制。第四,在上下级的等级机构中存在着严格的服从关系,各级官员和干部,并不是地方或单位利益的代表,而是国家利益的忠诚的代理人,从而下级单位的自主性是不存在的。"③ 正是这种制度性的短缺,导致与国家和政府行为保持天然紧密联系的大学行政权力的随意膨胀和坐大;正是缺乏法治环境的刚性保护,导致与之制衡的学术权力的逐步弱小和式微。

我国文化中虽然缺乏明确的维护大学自治与学术自由的内容,也未形成强有力的学术传统,但在引入西方大学的组织形式的时候,其实也在逐渐输入大学自治与学术自由的理念。上世纪初,经过一大批学者的鼓与呼,学术独立、学术自由、兼容并包的思想已经开始赢得越来越广泛的认同。更为重要的是,以蔡元培为代表的一部分实干家致力于将这些思想付诸实践,由此开创了中国近代大学发展的大好局面。但这种局面未能持续下来,除了历史、政治、经济以及文化的原

---

① 陈平原:《内地/香港互参:中国大学的独立与自信》,《探索与争鸣》2014 年第 9 期,第 13—16 页。
② 刘伟:《解读中国教育》,教育科学出版社 2000 年版,第 173 页。
③ 李江源:《简论我国高等教育制度的特征及缺陷》,《高教探索》2001 年第 1 期,第 11—15 页。

因外，根本原因还在于缺乏制度的保障。也许，我们曾建立过一些保障大学自治与学术自由的制度，但这些制度大多是因少数杰出校长的作用而形成的，其内容多半是共同认可的惯例，并未真正见之于法律法规。由于缺少法律法规的硬性支持，大学的生存环境始终变动不居。即使《中华人民共和国高等教育法》规定的七项大学办学自主权[①]：

> 第三十二条　高等学校根据社会需求、办学条件和国家核定的办学规模，制定招生方案，自主调节系科招生比例。
> 第三十三条　高等学校依法自主设置和调整学科、专业。
> 第三十四条　高等学校根据教学需要，自主制定教学计划、选编教材、组织实施教学活动。
> 第三十五条　高等学校根据自身条件，自主开展科学研究、技术开发和社会服务。
> 国家鼓励高等学校同企业事业组织、社会团体及其他社会组织在科学研究、技术开发和推广等方面进行多种形式的合作。国家支持具备条件的高等学校成为国家科学研究基地。
> 第三十六条　高等学校按照国家有关规定，自主开展与境外高等学校之间的科学技术文化交流与合作。
> 第三十七条　高等学校根据实际需要和精简、效能的原则，自主确定教学、科学研究、行政职能部门等内部组织机构的设置和人员配备；按照国家有关规定，评聘教师和其他专业技术人员的职务，调整津贴及工资分配。
> 第三十八条　高等学校对举办者提供的财产、国家财政性资助、受捐赠财产依法自主管理和使用。

从今天的办学实践来看，很多权利是否落实、落实到何种程度依

---

① 《中华人民共和国高等教育法》（http：//www.moe.gov.cn/s78/A02/zfs_ left/s5911/moe_ 619/201512/t20151228_ 226196.html）[2016-05-01]。

然掌握在政府手中而不是大学手中。正是由于缺乏完备的法治保障，中国大学可能还将长期处于行政权力"坐大"之中。尽管中国大学依法办学和依法治校依然在路上，但从党的十八大以来特别是以习近平同志为核心的党中央依法治国的理念在全党和全国的深入贯彻和落实，我们有更多的理由和更强的信心，坚信中国依法治国的道路会越走越稳，法治环境会越来越改善。

第五章 权力的土壤
——中国大学行政权力的合法性基础与危机

从逻辑和现实而言，中国大学行政权力不仅具备如前所述的公共责任、科层管理、政治合法和资源依赖的普遍意义上的合法性基础，同时由于中国自身的政治制度、管理体制和大学肇始和发展历程等因素，决定了中国大学行政权力在普遍之上又有自身的特殊合法性基础。这种一般和特殊相结合的合法性基础是我们理解和认识中国大学行政权力不能回避也无法回避的前提，某种程度上这既是它的合法性基础，也是它的合法性"限制"。理解了这种看似矛盾的吊诡，就能理解大学"去行政化"为什么众说纷纭而又裹足不前，也就理解了大学行政权力为什么"千夫所指"而又"难安其位"，更能理解大学行政权力的合法行使是多么任重道远！

第一节 大学行政权力的中国语境

众所周知，对概念基本相同的理解是进行深入讨论的前提和基础，而对于大学行政权力而言，这种前提和基础似乎也难存在。作为理论概念，行政权力蕴涵隽永，言近旨远，即便其提出者也未能就其内涵、构成等达成共识。尽管已有研究不乏真知灼见，但部分研究由于忽略了特定的背景和语境，致使没有对大学行政权力的普遍适用性和特质性进行区别，讨论在陷入真空的同时也对大学行政权力造成许多误读。正如习近平总书记在哲学社会科学工作座谈会上指出的"一切刻舟求剑、照猫画虎、生搬硬套、依样画葫芦的做法都是无济于事的"①。因此，明确大学行政权力"定义"的中外差异，客观认识中国大学行政权力的特殊性，澄明大学行政权力的部分误读，是理性构建中国大学行政权力合法性基础的前提。

一 中国大学行政权力的澄明

（一）大学行政权力的中外定义

从前述有关中西方关于大学行政权力的比较研究中不难发现，中西方对于大学行政权力的研究都经历了"隐"和"显"的过程，只不过西方研究中的"隐"是基于西方社会和国家对大学的理解和认识以及大学对自身认识的"自然之隐"，而中国研究则经历了"体制掩映下的'隐'"到"权力冲突下的'显'"的过程。

中国学界理解的西方大学行政权力基本上仍然没有脱离伯顿·克拉克所划分的个人统治、集团统治、行会权力、专业权力、魅力权威、董事权力（来自于院校）、官僚权力（来自于院校）、官僚权力（来自于政府）、政治权力以及高等教育系统的学术寡头权力等10种②权力范畴。从伯氏的界定看，董事权力、官僚权力和政治权力当属大学行政权力范畴，不过由于他们所观察到的西方大学的行政权力由于其内生性和服务性而没有明说而已。西方学者之所以对大学行政权力界定模糊，其深层背景在于大学行政权力在大学中的定位和边界既符合大学价值也符合大学行政权力本身价值，而不像中国大学行政权力因越界和逾矩而呈现冲突和危机。

中国关于大学行政权力的研究发端于20世纪80年代，部分学者在研究高校管理体制、校长负责制等问题中开始涉及大学行政权力，而后由于中国高等教育改革必然带来政治权力、政府权力、市场权力等与大学内部权力的建构与演变，在此过程中必然涉及大学行政权

---

① 习近平：《在哲学社会科学工作座谈会上的讲话》（http://politics.people.com.cn/n1/2016/0518/c1024-28361421-3.html）[2017-12-16]。

② [加] 约翰·范德格拉夫等编著：《学术权力——七国高等教育管理体制比较》，王承绪、张维平、徐辉等译，浙江教育出版社2001年版，第186—198页。

力。同时，国内学者在对国外大学管理模式的介绍和研究中，学者的学术权力意识开始觉醒，进而在研究学术权力时开始涉及行政权力，在研究二者关系时从"世界二分"的思维出发基本上把二者关系界定为"矛盾冲突论"或者"和谐共处论"。学者谢安邦等认为行政权力是"制度化"的权力，表现为"科层化"特征①。别敦荣则认为行政权力来自学校或上级的法规制度，是授予权，它是以行政管理体制为基础，以行政管理职能为依据，由行政机构中行政人员行使的法定权力②。周光礼也认为行政权力的合法性在于法律的明确授权和组织的正式任命③。可以看出，中国学者对大学行政权力的界定更多强调的是授予和制度，这从一个侧面反映了大学行政权力明显的政府和科层制特征。

（二）大学行政权力的中国误读

梳理目前有关大学行政权力的研究可以发现，绝大多数的研究基本上是从内外两个方面切入，研究结论也大致相同。从大学行政权力的外部来说，主要是国家和政府权力过大，"院校级的官僚权力同高级的官僚权力"构成的权力链条被拴在了同一辆"马车"上④，进而形成"从最高教育行政机关到大学基本教学与学术单位，一元化的行政权力通天贯地，天下英雄，靡不在其彀中"⑤的局面，这种局面导致国家对大学管得过多、过细、过死，大学精神和办学自主权在沦为官僚体制和行政权力附庸的过程中逐渐丧失，"人类灯塔"的黯淡无光、"动力站"的缺乏动力和大学自身的乱象丛生皆由此起。在大学内部，由于国家和政府权力的强力嵌入，导致大学权力结构和治理结

---

① 谢安邦、阎光才：《高校的权力结构与权力结构的调整：对我国高校管理体制改革方向的探索》，《高等教育研究》1998年第2期，第20—24页。

② 别敦荣：《学术管理、学术权力等概念释义》，《清华大学教育研究》2000年第2期，第44—47页。

③ 周光礼：《重构高校治理结构：协调行政权力与学术权力》，《中国高等教育》2005年第19期，第8—9页。

④ 冯向东：《大学学术权力的实践逻辑》，《高等教育研究》2010年第4期，第28—34页。

⑤ 韩水法：《世上已无蔡元培》，《读书》2005年第4期，第3—12页。

构的行政化倾向日趋严重,行政权力的强势与越界侵入使大学学术权力受到挤压,行政权力与学术权力冲突不断,讨伐行政权力的呼声此起彼伏,大学去行政化的声浪日益高涨。

毫无疑问,从国家和政府权力链条的角度审视大学行政权力,既客观呈现了中国大学由于"遗传"导致的国家和政府强大行政权力主宰大学生存和发展的历史事实,从某种程度上说清了中国大学行政权力的本质,更是在国家治理体系现代化的框架下触及了国家与大学之间的治理体系和权力边界。从越界和侵入的视角审视大学行政权力,既回答了现实中存在的学术权力不彰、学术自由受压、学者身份失位和资源分配不公等问题,也给限制大学行政权力和大学去行政化提供了正当理由,更是对大学相对羸弱的学术权力进行了声援。

但是,值得注意的是,不管是从国家和政府权力链条的角度还是从大学内部管理的角度,似乎都有意无意地"遮蔽"和"悬置"了大学行政权力本身,大学行政权力成了链接各方的"节点"但似乎又是几无存在的"他者"。这种矛盾导致在对大学行政权力的批评声中不仅很少听到行政权力拥有者的"申辩",即使对大学行政权力本身的寥寥研究,也大都淹没在张扬学术权力的洪流中。大学行政权力的"不在场"和"失声失语"让自己被刻画成国家权力面前顺从和被动、大学内部强势和主导的可憎形象。单向度的视角和现实的吊诡产生的许多问题等待我们追问:大学行政权力的本质和边界何在?大学去行政化到底要去什么?大学行政权力"任尔东西南北风"到底是否有解?

二 中国语境下的大学行政权力范畴

正如 E. 阿什比所说:"任何类型的大学都是遗传与环境的产物"①。回望中国大学的发展史,大学的原点不管是肇始于太学,还是起源于京师大学堂,大学的发展始终未离开过政府的控制,这既是

---

① [英] E. 阿什比:《科技发达时代的大学教育》,滕大春、滕大生译,人民教育出版社1983年版,第6页。

中国大学的传统环境，某种程度上也是中国大学发展的"基因"。这种遗传和环境强调的就是国家对教育的干预，而干预的主要途径就是从中央政府到大学内部"链条式"的等级权力体系，这种权力体系也导致中国语境下的大学行政权力范畴远较国外要丰富得多，这与周光礼所言："美国教育法只谈学术权力，不谈行政权力；而德国教育法只谈行政权力，不谈学术权力"[①] 大相径庭，而是形成了韩水法所说的"中国大学的权力结构兼具欧洲大学的特点和美国大学的特点的同时更多具备着两类大学的缺点"[②]。这种特点和缺点就是中国大学行政权力形成了不但包含了制度化了的科层组织的行政管理权力，还将政治权力、政府权力以及部分学术权力甚至市场权力内化其中，形成无所不包的外延，铸成"天下通吃"的全能形象（如图5－1所示）。

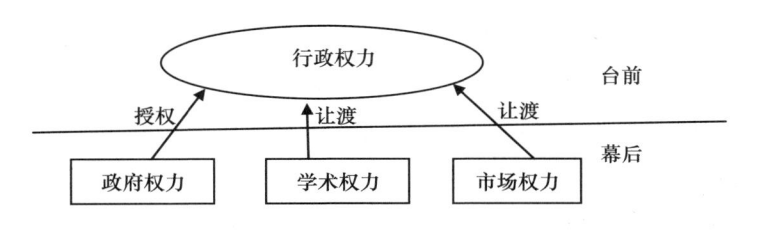

图 5－1　中国大学行政权力范畴

从图5－1可以看出，中国大学行政权力实际上来源于政府权力（政党权力）、学术权力和市场权力的授权和让渡，在实际运行中既代表各种权力，也是各种力量博弈的合法性阶段结果在台前的正式代表并承担相应责任。中国大学行政权力所呈现出的这一结构及特征，是中国现实的政治、经济以及社会文化的体现，具有"合理的不合理性"与"不合理的合理性"双重特性，这是理解中国大学行政权力的现实基础。部分学者在研究大学权力时言必称西方，动辄拿西方大

[①] 周光礼：《问题重估与理论重构——大学"学术权力"与"行政权力"二元对立质疑》，《现代大学教育》2004年第4期，第31—35页。
[②] 韩水法：《世上已无蔡元培》，《读书》2005年第4期，第3—12页。

学的权力结构和权力范畴的尺子量中国大学，这不仅是一厢情愿，也必然会量出"水土不服"的误差。习近平总书记在哲学社会科学工作座谈会上振聋发聩地指出："如果不加分析把国外学术思想和学术方法奉为圭臬，一切以此为准绳，那就没有独创性可言了。如果用国外的方法得出与国外同样的结论，那也就没有独创性可言了。要推出具有独创性的研究成果，就要从我国实际出发，坚持实践的观点、历史的观点、辩证的观点、发展的观点，在实践中认识真理、检验真理、发展真理。"① 因此，我们只有正视和明了这些不同，扎根中国大地理解中国大学，才能客观理性理解中国大学行政权力的合法性基础。

第二节　中国大学行政权力的合法性基础

中国大学作为普遍意义上的大学的组成部分，其行政权力毋庸置疑地具备前述的公共责任、政治合法、科层管理和资源依赖的合法性基础，但同时作为扎根中国大地的大学，其行政权力还具备国家主导和政党领导的合法性基础。这种一般和特殊的结合共同构成了中国大学行政权力的合法性基础。

一　国家主导

通过梳理大学产生和发展的过程，我们可以发现，中世纪大学产生的重要社会基础是行会组织和人才培养，尽管在其间也有世俗政权的社会经济文化发展的需要，但这种需要是建立在大学自身的基础之上，也才导致大学行政权力从学者权力中分化而来具备来源合法性。其后德国大学科学研究职能的肇始并为全世界大学所效仿，尽管也有当时普鲁士国王在德法之战中战败后寄希望大学来重振民族精神和国家发展的需要，但前提还是大学本身危机的加深，并且在改革过程中

---

① 习近平：《在哲学社会科学工作座谈会上的讲话》（http://politics.people.com.cn/n1/2016/0518/c1024 - 28361421 - 3. html）［2017 - 12 - 16］。

有施莱尔·马赫、费希特、洪堡等一批大学先驱在实践他们关于"大学完全独立于国家""教育复国、教育救国、教育强国""国家绝不应指望大学同政府的眼前利益直接联系起来,却应相信大学若能完成他们的真正使命,则不仅能为政府眼前的任务服务而已,还会使大学在学术上不断提高,从而不断开创更广阔的事业基础,并且使人力物力得以发挥更大的功用,其成效是远非政府的近前布置所能意料的"的理念[1],也才能使大学行政权力在服务大学承担使命中取得合法性基础。再后因赠地学院和威斯康星思想而让社会服务成为大学又一职责之后的美国大学,尽管也有国家产业革命和从农业社会向工业社会过渡的国家需要,但前提还是殖民地学院的基础和达特茅斯学院案带来的对大学的认识以及杰斐逊在弗吉尼亚州立大学的实践,所以表现为大学行政权力在服务大学使命中合法存在、安于其位、尽心履职。

　　反观中国近现代意义的大学发轫和发展的历史,我们也可发现,清末大学之所以产生,根本原因在于挽政权于即倒,图民族于将亡,尽管前有太学、国子监和翰林院的基础,但其本质上还是教育行政部门,与近现代意义上的大学仍存天壤之别。在这种外源性动力促动中匆忙产生的大学制度决定了晚清政府把大学的建立作为挽救自己摇摇欲坠的政权的工具和手段,根本不顾大学的本质、特点和发展采取顺应大学需要的自然干预,而是采取行政管理的方式和政府同构的设置来管理大学。自然,行政权力在中国大学肇始之初就具备天然的合法性并且以王者自居。民国政府时期,国家处于新旧世界的转换和新秩序的初创期,大学制度的建立主要采取移植的方式,《大学令》《修正大学令》《壬戌学制》《国立大学校条例》等都是以国家的名义颁布施行,大学行政权力自然占据优势,尽管有蔡元培、郭秉文等受西方大学思想影响的实践者,但只能是此消彼长而已,并没有根本改变国家主导大学的局面。到了国民政府时期,国共两党为争夺不同的民族振兴道路进行的斗争和随后为挽救国家民族危亡而进行的抗日战争,都决定了中国大学只能在国家政治制度的笼罩之下,大学院制、

---

[1] 贺国庆等:《外国高等教育史》,人民教育出版社2003年版,第191—198页。

大学区制的实验和《大学组织法》《专科学校组织法》的颁布都是国家主导的体现，至于所谓"中国大学发展的最好时期"，固然有一批坚守大学之道和大学制度的先贤们的努力，但从国家层面而言，之所以相对放松对大学的管制，乃非不为也实不能也。中华人民共和国成立以来，不管是中华人民共和国成立初期国家强力主导对大学的改造和大学制度的设计，还是后来随着社会经济发展的需要对高等教育管理体制的分分合合的改革，以及对于大学内部关于党委领导还是校长负责的不同管理体制的划分，都是国家意志的体现，都是国家主导大学的发展。

从中西方大学不同的发展道路观之，西方基于自身的社会发展历程和对大学的认知管理大学，更多的是基于历史和尊重大学特点采取顺势而为的自然干预。因此，大学行政权力在服务和辅助大学中获得合法性基础不言自明，也不存在行政权力做大或者与学术权力剧烈冲突的可能。同理，中国大学也是基于中国的社会发展历程和对大学的理解，更多的是在历史进程中采取了国家主导大学发展的干预方式。自然，大学行政权力自大学肇始之日起就与大学同生、与政府同构，其后的发展也与国家主导大学发展相随相伴、如影随形。这种国家主导大学发展的模式是中国大学与西方大学发展的最大不同，也是中国大学行政权力合法性的"中国基础"。

二 政党领导

自17世纪末政党产生以来人类就进入了政党政治时代。在这个时代，国家治理的主体从传统的精英治国转向政党治国。由此，政党治国成为了政党政治时代的普遍现象。按照可以合法执政（不是实际执政）的政党数量（唯一的还是两个及以上）及其相互关系，可以将目前的政党治国体制大致分为以下五种类型：①对比治国体制，主要存在于政党力量分布呈双峰对峙状态的国家，比如英国、美国、加拿大、澳大利亚、德国、法国等，其特点就是两大政党或政党联盟呈现对比竞争的关系，轮替治理是常态。②合作治国体制，主要存在有三个及以上政党且力量不均的国家，比如瑞典、瑞士、荷兰、芬兰、比利时等，其特点是竞争中的合作。③主导治国体制，主要存在于一党独大的国家，比如新加坡、马来西亚、南非、俄罗斯以及从前的印度、日本（自民党）、墨西哥（革命制度党）等，其特点是独大党长期稳定地主导国家治理，其他政党作用式微。④领导治国体制，典型代表就是当代中国，其特点就是中国共产党领导的多党合作和政治协商。⑤独占治国体制，主要存在于独党国家，比如土库曼斯坦、厄立特里亚以及过去的意大利、德国、苏联、匈牙利、罗马尼亚、南斯拉夫等，其特点是唯一的政党承担国家治理的全部责任[1]。

关于中国共产党领导治国的体制问题，习近平总书记在全国政协十三届一次会议政协联组会上指出，中国共产党领导的多党合作和政治协商制度作为我国一项基本政治制度，是中国共产党、中国人民和各民主党派、无党派人士的伟大政治创造，是从中国土壤中生长出来的新型政党制度[2]。这种"新"主要体现在三个方面：①政党制度类型既不是缺乏民主的一党专制，也不是势不两立的多党竞争，而是一党领导与多党合作的有机结合。②执政方式既不是执政党一党独占、别无分店，也不是多党竞争、轮流坐庄，而是执政党与参政党的有机结合。③民主实现形式既不是西方式的选举民主，也不同于西方学者讲的协商民主，而是中国式选举民主与协商民主的有机结合。④治理方式既是国家治理和治理能力现代化的重要制度保证，也是重要推动力量，通过政党协商这个民主形式和制度渠道，改变传统的单一权威主体进行的强制治理，形成以人民为中心的参与主体多元、各方利益兼顾的协商共治。

这种中国共产党领导治国的体制反映在大学的治理中就是大学要坚持社会主义办学方向，坚持为人民服务、为中国共产党治国理政服务、为巩固和发展中国特色社会主义制度服务、为改革开放和社会主

---

[1] 古洪能：《论政党治国的体制和困境》，《理论与改革》2017年第3期，第83—85页。
[2] 俞海萍：《新型政党制度是伟大的政治创造》，《光明日报》2018年3月7日第11期。

义现代化建设服务的办学定位，体现在大学制度设计上就是党委领导下的校长负责制，权力结构上就是党的系统和行政系统的领导与合作，执行层面就是政党治国的各种要求都通过政党权力和行政权力的分工与共治来实现。由于"中国共产党领导是中国特色社会主义最本质的特征"[1]的宪法规定和"党政军民学，东西南北中，党是领导一切的"[2]政治原则，于是，大学行政权力作为政党权力、行政权力、学术权力甚至是市场权力的杂糅混合体，在服务政党治国体制、符合宪法规定中获得了自身的合法性基础。这既是中国大学与其他国家大学管理体制的区别之所在，也是中国大学行政权力区别于其他国家大学行政权力的合法性的又一"中国基础"。

第三节 中国大学行政权力的合法性危机

中国大学作为世界高等教育的一种类型，毫无疑问应该遵循大学的基本规律和基本原则，在此基础上，结合中国的实际有所变化。这种大学的一般规律和中国大学的特殊规律的结合在中国大学的权力结构中表现特别明显。从遗传和环境的角度来说，中国大学缺乏大学一般规律的"遗传"，而更多的是中国特殊规律的"环境"产物，这种结合必然出现各种问题，呼吁和诟病自然也就势所难免。任何事情过犹不及，具体到大学行政权力的合法性基础上就会出现行政权力过度强化，过度强调科层制在大学的合法性和过度依赖政府的资源分配，在多方面都"过度"的情况下出现合法性危机也就成了必然，而大学行政权力本身的正当性和合法性反倒淹没此中，无人理会和无人问津了。

一 行政权力过度强化

中国大学行政权力强化的"基因"最早要追溯到中国近代大学的

---

[1] 《中华人民共和国宪法》，人民出版社2018年版，第7页。
[2] 《党的十九大报告辅导读本》，人民出版社2017年版，第20页。

起源——京师大学堂。从京师大学堂的创办主导者——清政府到京师大学堂的主管者——管学大臣乃至具体办学者——大学总监督，无一不是政府行政官员，无一不是在行使政府行政权力，而京师大学堂的内部架构也主要是与政府同构的模式设置，这种"出身"浓厚的行政权力的色彩一直伴随着中国大学的发展，这与西方中世纪大学起源于行会组织形成了天壤之别。而在随后中国大学的发展中，尽管因为各种原因，大学行政权力经历了起起伏伏，但总体上仍是大学权力结构中的重要力量，在绝大多数时候仍然主导着大学的发展，这与西方大学在发展过程中与皇权和教权的斗争中赢得自身权力、建立自身传统又形成了天壤之别。于是，在中国大学的起源和发展过程中，人才培养这个大学的根本和科学研究这个大学重要的使命较少强调，为国家和社会服务这个大学外化的功能反而成了大学的主要职责，这也必然带来大学行政权力的强化。

中华人民共和国成立后，不管是对大学的改造还是随后长达半个多世纪持续至今的高等教育体制的"合合分分"的改来改去，主要的出发点仍是国家和政府对大学的管理和控制，只不过在控制程度的强弱和控制"枝干和枝叶"的区别而已，大学自身的发展基本上没有在历次的改革中成为政策的逻辑起点，也没有成为历次改革中"舞台聚光灯照耀的中心"。大学在历次改革中成为了执行者和服从者，大学也改成了政府的"下属"和"附庸"，唯独没有改成"自己"，"我是谁"反而成为了历次改革后大学无法回答和困惑的问题，这不能不说是一种遗憾。

于是，经历历次改革后，高度集中的管理体制不仅依然故我，"官本位"造成的行政权力也愈加膨胀，各种利益诉求和各种利益主体的意志不断影响政府行政权力，而政府行政权力也通过各种手段和途径加强对大学的控制和管理。虽然《中华人民共和国教育法》把教育部以及教委、教育厅、局、办统称为教育行政部门，但事实上，除了这些专门的教育行政部门外，几乎所有的党政部门都可以约束和干预高校的内部管理。近年来政府对高校的控制不松反紧，更加全面和深入，呈现全能主义的趋势①。与之相对应，大学行政组织越来越多，大学行政权力也越来越强。社会和经济发展的要求、政府的指导和指令、高校资源的紧张和市场竞争的压力促使大学行政权力进一步强化，大学行政部门不仅在学校规划、资源调配等基本职能上权力越来越大，而且在招生、人才引进、专业设置、课程开设等传统属于学术权力的领域也日益渗透和强化，大有行政权力"一统天下"之势。

二　科层管理功能失调

中国大学是在借鉴西方大学的基础上结合中国自身特点发展起来的，在这个过程中西方大学的科层制管理和"延续时间较长的政治科层组织的典型——中国古代的中央集权组织"②"不谋而合"，形成了中国大学的科层制管理。这种科层制管理不仅具备一般科层制的特点，而且双重结合表现为大学科层制的实践困境③甚至表现为大学的科层化危机④，这种困境或危机被罗伯特·默顿称之为科层制的功能失调。默顿认为，一方面，科层制组织中的成员受到了严格的规则和程序训练，养成了照章办事的机械习惯，而不鼓励成员根据自己的判断进行决策或寻求创造性解决问题的办法，这种僵化导致"科层制仪式主义"。也就是说，在实际工作中即使有更好更适合的办法，仍然要不惜代价固守规则。另一方面，遵守科层制的规则，可能导致程序优先于目标的实现，从而失去对全局的把握。正是由于科层制的若干内在因素对其自身的平稳运转产生有害影响的功能失调使其难以应对需要特殊对待和处理的情况，而大学管理就常常面对着这种特殊情况，而中国大学"厚重"的科层制传统更加剧了科层制的功能失调，也就必然带来大学行政权力的合法性危机。

---

①　陈学飞:《高校去行政化:关键在政府》,《探索与争鸣》2010年第9期,第63—67页。
②　罗珉:《管理学前沿理论研究》,西南财经大学出版社2006年版,第59页。
③　马廷奇:《大学管理的科层化及其实践困境》,《清华大学教育研究》2006年第1期,第33—68页。
④　高见:《大学的科层化危机及其改造》,《高教探索》2004年第4期,第33—36页。

从中国大学的起源到随后的发展，我们可以发现，中国政府和各级教育主管部门以及大学本身都习惯于将行政化的组织原则与结构形态推衍到大学组织，依据或比照行政体制来塑造大学。大学不仅依靠科层制管理行政事务，而且用此管理学术事务，并由此导致大学组织内的人际关系及行为类似行政等级式的关系。在处理大学内部事务时，行政人员首先想到的是该事情是否符合程序，而大学制定程序、执行程序和解释程序的"一体化"以及程序的不透明、不公开常常导致行政组织的处长、科长甚至是办事员在程序问题上具有最终的决定权和话语权，办事员指挥教授团团转、职能部门指挥学院团团转的现象就比比皆是，这必然导致积怨进而引发大学行政权力的合法性危机。尤其值得关注的是，这种"科层制仪式主义"不仅规训行政人员，而且规训教师，导致大学组织成员的思维方式、价值观念、情感动机以及行为方式都有意或无意地受程序的影响和制约，常常忘记或忽略程序的目标是什么。大学除了公共行政管理事务外，更多的是学术事务，更多的是涉及人的事务，这两种事务说到底都是需要特殊处理的事务，而不仅仅是程序能够解决问题的，而中国大学行政权力"通吃"的现实决定了它无法处理这两种特殊的事务，功能性失调也就成为了必然。

三 资源分配过度依赖

按照前述资源依赖理论，资源来源的渠道单一和不可替代性势必加强资源提供方对资源需求方的控制。中国大学资源需求的现实是，除了少数民办院校和独立学院必须自我筹措资金外（民办院校和独立学院并不是不愿资源依赖，而是无法依赖。即使没有经费依赖，也面临着文凭和学科建设等对大学来说至关重要的"话语权"的依赖），绝大多数大学必须靠政府拨款来维持正常的运行和发展。中国大学为了正常的运行和发展，在资源来源单一化和缺少替代资源的局面下对资源提供者（政府及有关部门）除了"俯首称臣"外别无选择。同时，资源的有限性、资源控制的单一性以及大学运行所需资源的最大化、大学之间资源的竞争性等内在矛盾进一步加剧了大学对资源提供者的依赖和资源提供者对大学的控制。

（一）经费依赖

随着大学各方面规模的扩大和科学研究从注重思辨转向解决实际问题、从"小作坊"转向"大科学、大工程"，大学对经费的需求和依赖越来越大，争取经费成为大学生存和发展的前提，经费多寡成为决定大学核心竞争力的主要因素，经费来源要求成为大学办学行为的主要依据。

我国公立大学的经费主要包括国家财政性教育经费、学杂费和其他收入，其中国家财政性教育经费是大学经费的主要来源，主要包括"人头费"和项目费。从资源依赖的视角看，政府教育经费投入的有限性、投入方式的协商性和直接性以及大学经费来源渠道的单一性等诸多因素决定了大学对政府经费投入的高度依赖，依赖之下大学必然对政府要求做出积极回应，而大学与政府的组织本质、价值追求、管理方式和考核方式等诸多不同又决定了回应方式必然不能同时满足各自需求，矛盾、悖论和困境由此而生。

1. 首先，政府教育经费投入不足没能缓解资源短缺。众所周知，我国高等教育大众化从1999年国务院颁布《面向21世纪教育振兴行动计划》启动以来，仅用四年的时间，高等教育的毛入学率就从1998年的9.8%增至2002年的15%，基本实现大众化，直至2014年的37.5%；普通高校从1999年的1071所增至2014年的2529所（含独立学院283所）；在校研究生从1999年的23.35万增至2014年的184.77万，本专科在校学生从1999年的413.42万增至2014年的2544.7万[①]。1998年至2014年高等教育的毛入学率、在校生（不含研究生）和在校研究生增长率如图5-2所示。

---

① 《1999年全国教育事业发展统计公报》（http://moe.gov.cn/s78/A03/ghs_left/s182/moe_633/tnull_841.html）[2016-06-02]。《2014年全国教育事业发展统计公报》（http://www.moe.edu.cn/srcsite/A03/s180/moe_633/201508/t20150811_199589.html）[2016-06-02]。

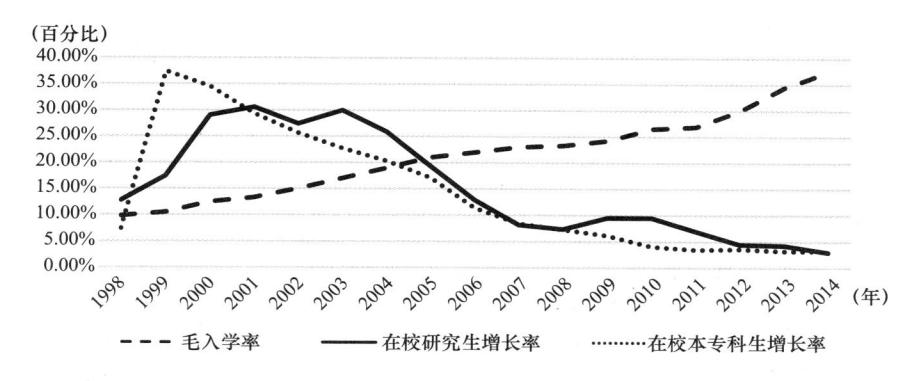

图 5-2 1998—2014 年高等教育毛入学率和在校生增长率
（数据来源：历年《全国教育事业发展统计公报》和《中国教育统计年鉴》）

在高等教育大众化高歌猛进的同时，政府教育经费的投入却增长缓慢，有时甚至呈现下降。1995 年颁布、2005 年修订的《教育法》规定："各级人民政府教育财政拨款的增长应当高于财政经常性收入的增长，并使按在校学生人数平均的教育费用逐步增长，保证教师工资和学生人均公用经费逐步增长。"1998 年颁布、2015 年修订的《高等教育法》也进一步强调："国务院和省、自治区、直辖市人民政府依照《教育法》第 55 条（第 56 条）的规定，保证国家兴办的高等教育经费逐步增长。"财政性教育经费占国内生产总值的比例长期徘徊在 3% 左右，直到 2012 年才达到 1993 年提出的 4% 的目标，与同期世界其他国家的平均水平（4.4%）有较大差距，不及东亚、太平洋地区的 4.7%，明显低于大部分发达国家的 5%，远落后于 26 个发达国家的 6%[1]。普通高校生均预算内事业费从 1996 年的 5956.70 元到 2014 年的 15591.72 元，年均增长 9%；普通高校生均预算内公用经费支出从 1996 年的 2604.36 元到 2014 年的 7637.97 元，年均增长 10.73%，其中 2000—2005 年、2013—2014 年这两项指标都呈逐年下降，没有实现法律规定的逐步增长（如图 5-3 所示）。

---

[1] 赵俊芳：《我国高等教育大众化十年盘点与省思》，《高等教育研究》2009 年第 4 期，第 29—33 页。

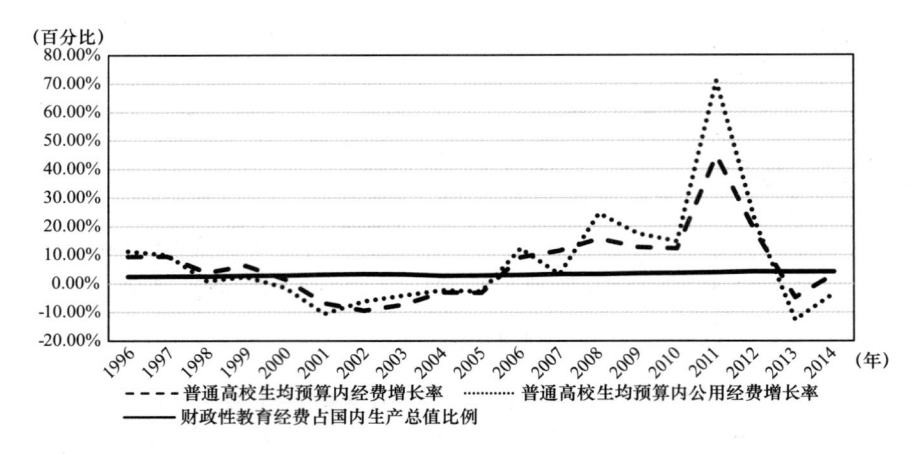

图 5-3 1996—2014 年财政性教育经费占 GDP 比例及各类经费增长率
注：正值代表增加，负值代表减少
（数据来源：历年《全国教育经费执行情况统计公告》）

我们可以看到，高等教育规模的急剧增长和教育经费投入的低位徘徊的反差在大学间形成了"僧多粥少"的竞争态势，资源的短缺为资源提供者控制大学埋下了伏笔。众所周知，"人头费"的核算标准和学生数目直接影响大学的经费收入。在"人头费"计算公式基本普遍适用的情况下，部委所属高校、省属高校、东西部高校等不同的"人头费"核算标准对大学的经费收入影响较大，这从一个侧面反映了高校为什么难以"各安其位"，而日前陆续公布的教育部直属高校 2016 年经费预算中动辄相差十几亿甚至几十亿的现实更是让许多大学五味杂陈。同时，"人头数"让大学只有维持并不断增加招生数才能保证"人头费"的不减甚至增加，而招生规模的核定是大学主管部门基于社会需求、办学条件、培养质量等各种因素决定的自由裁量权，是教育管理部门控制资源的有力手段。

2. 经费投入模式的协商性和直接性。尽管我国教育经费投入模式经历了"基数加发展""综合定额加专项补助""基本支出预算加项目支出预算"的模式变革，但基本上每种模式都具有较强的协商性。① 在协商规则下，得到资源较多的大学想得到更多资源，得到资源较少的大学也想得到更多资源，资源的获取除了与学校业务本身关联外，"跑部钱进"成为一个非常重要的途径。同时，由于我国的经费拨款机制是政府直接拨款和负责，没有设立类似西方发达国家的"中介"机构，如此一来，大学不仅对政府的意图和意志唯命是从，甚至会担心自己的行为没有跟上或满足政府要求甚至是具体办事人员的意愿而导致经费的减少或者缓拨，这在目前主要由各种工程和项目组成的项目费中体现得尤为明显。

近20年来国家层面主导推出了"211工程""985工程""2011计划""双一流建设""质量工程""卓越计划"等各种工程和项目，以及"长江学者奖励计划""千人计划""万人计划"等各种人才项目及各类支持学校发展的专项项目，与之相适应，各省也纷纷出台各类配套项目。这些工程和项目的核心是通过财政性教育经费的导向性、竞争性和选择性分配来实现政府想要的高等教育发展的国家导向和绩效目标。这些工程和项目不仅使部分高校获得了大量发展资金，还形成了明显的"马太效应"。数据显示，2009—2013年间，全国高等学校财政性科研经费的70%以上被112所"211"高校获得，其余2000多所高校不到30%；大学科研经费来自财政拨款的比例：大多数"985"高校在60%以上，其他"211"高校大致在40%以上，而非"211"高校普遍低于40%。②

从资源依赖的角度，政府作为大学经费的主要提供者，政府的意志和要求成为大学必须高度重视、慎重对待和积极回应的环境因素，这决定着大学的各类办学行为必须符合政府要求。在经费项目制、直接拨款和经费协商的大背景下，大学为了获取经费必然对政府产生依赖，而满足项目经费附加条件的行动更加形成了双重依赖。"以前'教育革命'主要靠政治威权，现在却主要是靠'利益驱动'，以形

---

① 钟云华、胡惠伟：《我国高等教育财政拨款模式演变及展望》，《黑龙江高教研究》2009年第1期，第74—76页。
② 《211，985高校拿走全国七成政府科研经费》（http://news.sina.com.cn/c/2014-11-19/024231166011.html）[2016-06-05]。

形色色的各类'工程'与相应的'课题'、'项目'经费促成'跨越'导向。同时，又拟订各种繁琐而脱离实际的指标体系与评审程序，迫使大学顺从就范。如果说过去的大学是屈从于政治压力，现今的大学则是倾倒于金钱的魔力"①，如此，"当大学最自由时它最缺乏资源，当它拥有最多资源时它则最不自由"②，也就不是一种奇怪现象了。

3. 大学经费来源渠道的单一性加剧了资源依赖。长期以来，我国大学的办学经费主要来源于政府的财政性教育经费的投入，基本稳定占经费总收入的50%以上。尽管自1992年国家确定建设社会主义市场经济体制的目标以来，大学的经费收入中学费收入呈现迅速增长趋势，以住宿费、事业费、民间社会力量办学投入（主要指民办高校和独立学院的资方投入）和社会捐赠经费为主体的其他收入也呈现缓慢增长态势，但财政性教育经费投入和学费收入之和依然长期保持在总收入的80%左右（如图5-4所示）。

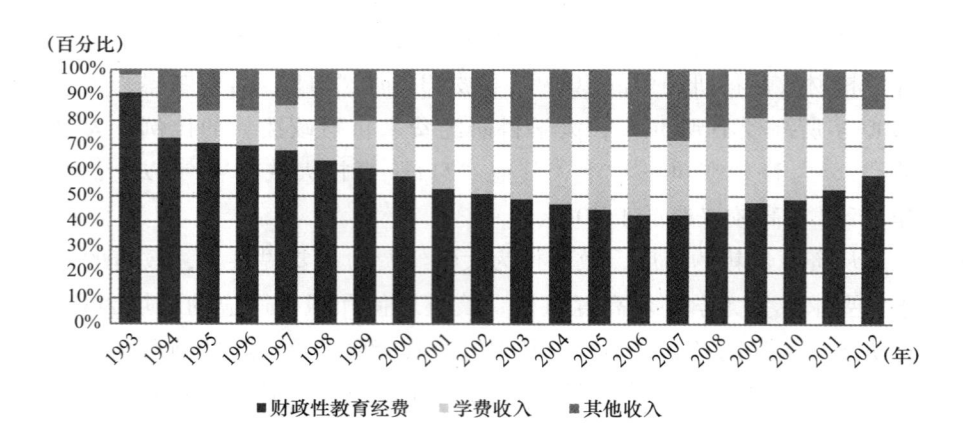

图5-4　1993—2012年高等学校收入构成比例
（数据来源：历年《中国教育经费统计年鉴》）

---

① 章开沅:《谁在"折腾"中国大学》,《同舟共进》2009年第6期,第28—29页。
② [美]伯顿·R. 克拉克:《高等教育新论——多学科的研究》,王承绪、徐辉、郑继伟等译,浙江教育出版社2001年版,第29页。

如前所述，主要由人头费和项目费组成的财政性教育经费占大学总收入的半壁江山，另外占三分之一左右的学费收入被政府通过核定招生规模和审核收费标准予以控制，而社会捐赠仅占大学总收入的极少部分，这种单一的经费来源除了让大学被动依赖政府外，几乎没有任何解决办法。从资源依赖的视角来看，正是因为政府控制着大学办学经费的配置、途径和使用，对大学而言又不存在可以进行资源替代的办法，单一的依赖也就成为了必然。即使我们经常言及的美国高等教育经费从公立大学和私立大学两种类型分别构成了政府财政投入、学杂费收入、销售和服务收入以及捐赠收入相对比较合理的结构，"大学依然是一个不得不服从联邦资助制度的那些高度集权的制度和规定的一个小贩"[①]，而况中国乎，只不过中国大学这个"小贩"依赖政府更深，行为的自主权更少而已。

（二）政策依赖

大学作为社会和学术兼具的双重组织，势必受到政策和政治的双重影响。作为社会组织，大学的生存必须依赖政府的行政认可和行政审批；作为教育机构，教育的政治属性和大学的社会中心地位决定了任何国家都必须把大学置于其控制之下。大学无论情愿与否，都势必直接间接地生存在政治的晴雨表下。正如布鲁贝克所说："对高等教育在政治上的合法地位用不着大惊小怪，所有伟大的教育哲学家都把教育作为政治的分支来看待。"[②] 随着大学职能的增加和地位的增强，大学对社会事务介入的广度和深度必然随之增加，自身政治化不可避免，而"高等教育越卷入社会的事务中，就越必要用政治观点来看待它。就像战争意义太重大，不能完全交给将军们决定一样，高等教育也相当重要，不能完全留给教授们决定"[③]。

从环境依赖的角度看，政治环境作为组织"将自己溶进社会系

[①] ［美］弗雷德里克·E. 博德斯顿：《管理今日大学为了活力、变革与卓越之战略》，王春春、赵炬明译，广西师范大学出版社2006年版，第107页。

[②] ［美］约翰·S. 布鲁贝克：《高等教育哲学》，王承绪、郑继伟、张维平等译，浙江教育出版社2001年版，第15页。

[③] 同上书，第32页。

统，并从中不断地获取支持与合法性的一种方式"①，对中国大学影响至深。检视中国大学的历史，自京师大学堂开始，政治环境的基因就深存其中，至新中国成立以来，大学为政权和阶级服务的要求伴随始终。如今，高等教育的指导思想、基本原则和领导体制等更从法律角度明确规定了大学政治合法的要求。正如习近平总书记2016年5月在哲学社会科学工作座谈会上提出的"坚持以马克思主义为指导，是当代中国哲学社会科学区别于其他哲学社会科学的根本标志，必须旗帜鲜明加以坚持"，同样，坚持马克思主义为指导和社会主义办学方向也是我国大学必须旗帜鲜明加以坚持的政治合法性要求。自然，大学从政治合法的要求出发，从办学方向、指导思想、课程设置和科学研究等方面都必须服从和服务于政治合法，进而在办学行为上形成政治合法性的依赖也是正常不过的事。

除此以外，政府还通过制定各种政策进行社会资源的分配让大学对政府和政策形成高度依赖。由于大学组织的特殊性，大学除了需要经费、人力和场地等有形资源的支持外，政策的特别权利、学校的办学声誉等无形资源也对大学发展产生重要甚至是不可或缺的影响，其中，对我国大学影响深远的主要是"211工程""985工程""2011计划"和"双一流建设"等政府主导的各类工程和计划以及分批次招生、大学升格和更名等政策。

研究表明，学生作为大学办学质量好坏的重要体现，能否进入"985工程"和"211工程"对高校的生源质量产生了根本性影响，重塑了我国高等教育的格局②，而招聘单位在明知违反国家法律和国家主管部门三令五申严禁的背景下，依然要求只招"985工程"或"211工程"高校毕业生的现实从反面折射出问题的严重。同时，在我国目前按批次录取的招生制度下，"提前批""第一批"和"第二批"等分批次录取不仅关乎生源质量，更是大学办学声誉和社会认可

---

① ［美］杰弗里·菲佛、杰勒尔德·萨兰基克：《组织的外部控制：对组织资源依赖的分析》，闫蕊译，东方出版社2006年版，第209页。

② 栗晓红、张莉娟：《"985工程"对高校本科生源质量的影响》，《北京大学教育评论》2014年第4期，第169—171页。

的体现。而高校的升格和更名对学校而言更是一件事关发展和脸面的大事，是学院还是大学，是区域性大学还是全国性大学事关学校发展空间、事关学校社会形象、事关学生招生就业、事关学校核心竞争力，兹事体大，谁敢不、谁能不趋之若鹜。学生的"一进一出"、强者恒强的"马太效应"固然是大学办学质量的综合体现，但学校是否是"211工程"或"985工程"学校、学校在哪个批次招生、学校是否是大学除了学校综合实力外，非常重要的是政府部门的自由裁量权。"985工程"按进入工程的时间先后有"小985"和"大985"之分，"211工程"也有"大小"之分（"小211工程"指入围中西部高校基础能力建设工程的100所高校）；学校在哪个批次招生就有国家划定的最低录取分数线托底；2013年5月至2015年4月，全国共有215所高校获准更名[①]。这些自由裁量权占据重要因素的政策带来的效应在公众很难评价复杂的大学教育，而社会又缺乏权威的评估机构的背景下，不仅意味着政府为这些政策担保，而且对公众认识高校和学生选择高校产生了重要影响，更是深刻地影响和左右着高校的发展。

（三）人事任免依赖

资源依赖理论认为："组织是充满巨大的力量和能量的社会工具，而最关键性的问题是由谁来控制这些力量以及控制的目的何在。"[②]英国著名教育家、原剑桥大学校长阿什比也曾说过："大学的兴旺与否，取决于其内部由谁控制。"[③]实际上，大学的兴旺与否，不仅取决于内部由谁控制，而且取决于外部谁在控制大学。大学的权力来源决定了权力主体向谁负责，反映谁的意志，执行谁的命令。西方大学的权力主要来自学者权力（学术权力）和政府授权（前期是教权和

[①] 郑晋鸣、许琳：《大学更名，何时不再被政绩左右》，《光明日报》2015年6月11日第6版。

[②] [美]杰弗里·菲佛、杰勒尔德·萨兰基克：《组织的外部控制：对组织资源依赖的分析》，闫蕊译，东方出版社2006年版，第25页。

[③] [英]E.阿什比：《科技发达时代的大学教育》，滕大春、滕大生译，人民教育出版社1983年版，第59页。

皇权，后面是政府授权），由于历史和环境原因，二者之间基本形成和保持了动态平衡，而我国大学权力从出生之日起就来自政府授权，加之在发展过程中又没有形成与之平衡的学术权力，故政府授权的权力在大学一枝独大。

尽管学者是大学的主体，大学的发展和活力也主要取决于学者的贡献，但在目前的环境下，中国大学的兴旺与否，毫不客气地说主要取决于校领导的控制，特别是党委书记和校长的领导，而在党管干部、党管人才的制度安排下，两个主要校领导甚至全部校领导都由上级组织部门和教育主管部门任命，自然校领导的行为主要是向上负责，而不是对全体教师和学生以及大学负责。尽管大学校长是大学的法人代表，是校内外众多利益相关者的协调人，会努力保持各种关系的张力平衡，但他的职权合法性由上级行政授权，本质上还是一种政治权力和行政权力，最终还必须把对上负责作为首选。大学中政治权力的强制性、功利性、操纵性和权威性[①]在当前全面从严治党和强调责任追究的大背景下，理性的校长们更是把对上负责和向上依赖作为首要和优先原则，既不能也不敢说不。

同理，大学在内部也通过任命各职能部门和学院、系、所等的负责人来实现对大学的内部控制和管理。由于组织不仅是各种利益的联合体，"同时又是影响力和控制力交易的场所，对那些提供较多关键和稀缺资源的参与者来说，他们就会获得对组织更多的控制权"[②]，于是，大学内部各层级的负责人作为政府权力链条末端的行使者自然承担起政府各种资源的争取和资源在大学内部的分配和管理，进而实现对大学的更多控制。所以，尽管我国大学存在着行政权力过度强化、政治合法过度突出、资源分配过度依赖、科层管理功能失调的合

---

① 任增元：《权力制约、资源依赖与公共选择：大学自治悖论的实践逻辑》，《清华大学教育研究》2016年第12期，第111—118页。
② ［美］杰弗里·菲佛、杰勒尔德·萨兰基克：《组织的外部控制：对组织资源依赖的分析》，闫蕊译，东方出版社2006年版，第286页。

法性困境①，政府和大学依然通过人事任免保证自己意志的顺利执行和大学的有序运转，而行政权力的内在逻辑、科层制的内在规定和深厚的文化传统也潜移默化地规训着大学各层级管理者依赖其中。

由于"中国所有正规大学被整合在这样一个官僚层级的体系之中，从最高教育行政机关到大学基本教学与学术单位，一元化的行政权力通天贯地，天下英雄，靡不在其彀中"②，而且中国大学"院校级的官僚权力同高级的官僚权力"被拴在了同一辆"马车"上③，政府教育行政部门通过被"化"成了政府行政权力"链条"末端的大学组织内部的行政权力将对大学的管理一直延伸到大学内部，同时政府教育行政部门手中掌握的公共资源也通过这根"权力"链条逐级分配到各个大学，大学行政权力自然地承担起与资源提供者的官僚权力打交道的责任。由于政府行政权力与大学行政权力两种权力具备类似的价值观、文化、规则和职责，大学行政权力于是在为大学发展获取资源的理由中并且在较易获取资源的现实中自然而然地"令人艳羡"地获得了自身的合法性。

而当政府行政部门垄断着科学研究所需资源分配，同时在资源的分配上又拥有最终的审批权以及学科建设规则制定的最终决定权时，作为政府行政部门在大学内部"代言人"的行政权力就因为拥有资源的分配权和影响学科建设规则制定的最终"话语权"而拥有了"魅力"的合法性，而这种"魅力"的合法性又因资源分配和学科建设规则制定的"话语权"的双重不对称依赖而树立了令人生厌的形象。

在中国大学行政权力过度强化、科层制存在功能失调和资源过度依赖的基础上，大学行政权力的合法性基础不牢也在所难免，而"基础不牢，地动山摇"带来的行政权力的文化认同危机、组织认同危机和程序认同危机也就成了题中之义。

---

① 李从浩：《中国大学行政权力合法性实践》，《高教探索》2015年第5期，第19—25页。
② 韩水法：《世上已无蔡元培》，《读书》2005年第4期，第3—12页。
③ 冯向东：《大学学术权力的实践逻辑》，《高等教育研究》2010年第4期，第28—34页。

第六章 权力的行使
——中国大学行政权力的合法治理

不管承认与否还是愿意与否，大学都不可能回到传统的"学术帝国"时代，行政权力必将作为政府的"代言人"和大学公共职能的执行者在大学的发展中扮演着重要的角色。既然现实不容回避，关键在于行政权力如何在大学中合法行使。首先，既然行政权力在大学主要是行使公权力，因此，必须赋予大学公法人的地位。其次，尽管大学行政权力是按照科层制的规则在行使，但依然必须认识到科层制在大学中的不足，进而在实际行使中遵循实质与程序合法。再次，为了保持权力的平衡，大学的学术权力、行政权力与政府权力之间都要在保持张力平衡的基础上进行合法性再造。最后，要在消除依赖的同时制订权力清单，把大学行政权力关进"制度的笼子"。

第一节 自我改造与清醒认识

一 中国大学的公法人改造

权力天然的扩张性和中国行政权力的强势现实让大学行政权力"自我救赎"成为"应然"无异是与虎谋皮。只有通过法律规定大学的法律地位，国家才能通过法律影响大学，大学也才能通过法律捍卫大学权力，而大学行政权力也才能在规制中合法行使。

公法人与私法人的划分起源于公法与私法的划分，而公私法的划分则肇始于罗马乌尔比安提出的"公法是调整罗马帝国的利益，私法调整个人的利益。"① 因此，凡依据公法由公共团体设立、行使国家权力和政府职能，为公共利益而存在的为公法人；反之则为私法人。依照公私法划分的主要是法德等大陆法系国家，它的公法以行政法为核心，私法以民法为核心。

我国现代法律制度"师从日本"，而"日本仍保持着受德国行政法影响的传统理论和大陆法系行政法的特征"②，尽管中华人民共和国成立后，法学界认为无公私矛盾，无需划分公私法，但现在许多法学研究认为，公私法的划分与社会制度的形态并无必然联系，而是政治国家与市民社会分化的结果。因此，"当前我们强调公私法划分，重点在于正确认识民事法律属于私法而不是公法，为社会主义市场经济法律体系的建立奠定坚实的理论基础，且承认并区分公法与私法，将导致法观念与国家观念的变化。公法之设，目的在于保护私权。由此出发，才有可能摆正公法与私法、公权与私权、国家与人民、政府与社会、政治与经济等重大关系。"③

中国大学目前的法律地位主要来源于《民法通则》《教育法》和《高等教育法》的规定。《民法通则》第 50 条规定："具备法人条件的事业单位、社会团体，依法不需要办理法人登记的，从成立时起，具有法人资格；依法需要办理法人登记的，经核准登记，取得法人资格。"而《事业单位登记管理暂行条例》第 2 条规定："事业单位是指国家为了社会公益目的，由国家机关举办或者其他组织利用国有资产举办的，从事教育、科技、文化、卫生等活动的社会组织"。可见，大学是事业单位。而《中华人民共和国教育法》第 31 条规定："学校及其他教育机构具备法人条件的，自批准设立或者注册登记之日起取得法人资格。"《中华人民共和国高等教育法》第 30 条规定："高等学校自批准设立之日起取得法人资格。高等学校的校长为高等学校的法定代表人。"由此可见，该法及其上位法都将大学界定为事业单

---

① 彭梵得：《罗马法教科书》，中国政法大学出版社 1992 年版，第 5 页。
② 申素平：《论我国公立高等学校的公法人地位》，《中国教育法制评论》（第 2 辑），教育科学出版社 2003 年版，第 14—36 页。
③ 梁慧星：《民法总论》，法律出版社 1996 年版，第 29 页。

位的"私法人"①。

既然如此，我们看看决定大学法人资格的教育法的性质。关于这个问题，目前主要有两种观点：一是认为教育法是调整教育领域内各种关系的法律规范的总称，因而教育法是一个独立的法律部门②；二是认为教育法是调整教育行政关系的法律规范的总称③，因而应属行政法，这种观点在大陆法系国家也被普遍认可。本文认同后一种观点。

首先，我国法律部门的划分是按调整对象和调整方法来划分的，在现有法律分类的实践和研究基础上，教育法按领域划分成独立法律部门在理论和实践上不具备可行性，同时也会造成法律部门之间的重叠和交叉。

其次，由于教育的公共性和公益性，需要国家和政府从公权力的角度进行管理、教育是政府行政的重要方面、政府需要通过制定教育法来行使政府教育行政管理职权等观点和实践已成普遍共识，而我国教育法也是如此。因此，教育法应视为行政法的一部分。

再次，教育领域存在的民事或刑事法律关系与教育法归属于行政法并不矛盾。因为在现代社会中，任何个体或组织发生的纠纷都不仅是单纯的行政法律关系，而是多重法律关系的交叉和重叠。将教育法归属于行政法并不是说教育领域不存在其他法律关系，更不等于用行政法来统领教育领域的所有法律关系。

既然教育法在我国法律体系中属于行政法，那么作为教育法体系重要组成部分的《教育法》和《高等教育法》在性质上也应属于行政法。既然高等学校的法人地位来源于《教育法》和《高等教育法》，因此，由公法设立、行使或分担着高等教育的公权力，为知识和人才的公益目的而存在的我国公立大学法人化应以公法人为方向更为合适，应当淡化我国公立大学作为民事主体的色彩。通过中国大学

---

① 韩春晖、常森等：《大学章程：我国大学治理模式变革的呼唤》，《中国高等教育》2011年第9期，第21—23页。
② 罗宏述、米桂山主编：《教育政策法规》，科学普及出版社1995年版，第46页。
③ 劳凯声主编：《高等教育法规概论》，北京师范大学出版社1999年版，第52页。

的公法人改造，从根本上确立大学的公法人地位，进而为大学行使各种公权力提供法律依据，某种程度上就是为大学行政权力行使提供合法性依据，这既有利于规范大学行政权力的行使场域，也有助于大学从政府行政权力的控制转为法律对大学的"庇护"，根本上解决大学与政府的依赖和控制关系，而在大学公法人改造的过程中，中国大学急需《中国大学法》来厘定各种性质，确定各种关系。

二 客观认识大学科层管理

尽管科层制作为社会组织中经典的管理模式已得到普遍实践，并且也在大学组织中得到迅速发展，但作为以高深知识为逻辑起点、以培养高级专门人才为基本任务的大学并不是典型意义上的社会组织，也就是说注重制度理性和追求效率的科层制对于一般社会组织的适切性并不一定完全适应大学组织，即科层制在大学组织中具有明显的异质性，而认识到这种异质性对于大学行政权力客观审慎认清自身，进而合法行使具有重要的先导价值。对照韦伯的理想类型的科层制特征，大学科层制的异质性特征主要表现在以下几个方面。

（一）目标的分散性

一般社会组织最基本的管理要求是个体目标服从组织目标，而从教师、学生和行政人员这三个大学的主要部分来看，组织目标与成员目标之间存在着分散性。作为大学成员，教师作用的发挥部分依赖于大学，学生的成长成才与大学息息相关，行政人员完全依附大学，这三者总体上与大学组织的目标是一致的。但同时还要看到，教师首先是独立自主的专业人员，他们主要生活在学院和学科的矩阵之中，"他们关心的是学科，不必是学校"[1]。如果大学的组织目标与教师的专业目标发生冲突时，教师往往倾向于捍卫自己的专业目标，甚至选择脱离大学组织来实现自身的专业目标，这在今天中国大学的人才流动中已经成为了一种普遍化的趋势。而学生的日益多样化带来的追求

---

[1] ［美］赫钦斯：《教育现势与前瞻》，姚柏春译，今日世界出版社1976年版，第109页。

的多元化也导致学生的自身发展的追求与大学组织的目标之间出现越来越多的离散倾向，由于实行教育成本的分担这种情况在中国将会愈加明显。因此，大学通常不像一般社会组织那样自上而下地设定组织目标，而更多的是自下而上、通过协调各类主体的利益来进行目标预设，同时，在组织目标和成员目标之间还存在不同程度的疏离。

（二）管理的不确定性

大学管理的不确定性首先来源于知识的不确定性，而由于知识的不确定性带来的知识探索和创新过程的不确定性是大学与一般社会组织实现确定目标的最大区别，而这种区别通过科层制的系统化来弥补又是非常困难的。大学师生探究高深学问，不仅其目标是模糊的，而且过程也存在很大的不确定性，甚至结果也存在较大的无法预见性，不可能按照一般社会组织的科层化管理原则进行具体化和计量化的流程管理。

其次，来源于教育对象的不确定性。大学的基本任务是培养人才，而人是这个世界上最复杂最易变化的动物。教育对象来源的多样化、成长经历的多样化、成长目标的多样化、成长过程影响因素的多样化等各种复杂的因素决定了对大学生的教育和管理不可能完全采取科层制的模式管理。著名的"钱学森之问"某种程度上反映了这种复杂性，而目前中国许多大学从科层制出发设计的制度重"管"不重"教"的导向也从某种程度上回答了"钱学森之问"。

再次，来源于教育过程的非理性。作为教育基本过程的教学，教师在传授知识的过程必然涉及教师与学生之间知、情、意、行的交流与共生。如果按照科层制的要求，摆脱个人感情，教学活动中的教师和学生就变成了传授和接受知识的机器，不再是具有主体性的人，也谈不上什么"教学相长"了。即使在学生的各种日常管理过程中，如果严格依照程序和要求进行管理，摒弃个人感情，那也谈不上什么教育了，"以器育人"的理念在如今的中国大学管理中比比皆是，所以张楚廷先生大声疾呼：以人为本，"人在哪里"①。

---

① 张楚廷：《以人为本与教育学改造》，《高等教育研究》2004 年第 5 期，第 6—10 页。

（三）权力结构的多元性

一般社会组织的权力分布呈"金字塔型"，塔顶的领导拥有权威的领导权和决策权。依据科层制建立的规章制度不仅是提高组织工作效率所需，也是维护决策层的权威和权力，以实现组织对下属的有效统治。大学的多元权力结构以及权威的多元化存在与一般社会组织的一元集权式存在着较大差异。

大学组织中除了传统意义上的学术权力和行政权力，还有诸如学生权力、市场权力、政治权力等诸多权力，并且都在大学权力结构中占有自己的位置，按照各自不同的要求在大学的权力博弈中追求各自最大的话语权。这种权力结构既不存在"谁上谁下"的问题，也不存在"谁说了算"的问题，更多的是通过协调和共识取得各方权力博弈的平衡。这种"政出多门"的形态既是大学与一般社会组织在权力结构上的最大区别，也是大学权力场的真实写照。

权力结构的多元性必然带来权威的多元化。按照韦伯传统权威、魅力权威和法理权威的分类又可以将权威具体分为官方的和法定的权威以及专业的或理性的两类。一般社会组织中官方的或法定的权威占据主导地位，大学组织中存在法定权威的同时还存在大量的专业的或理性的权威，他们的权威来自于本领域的同行认可而非科层制的上司决定。

因此大学组织中权力结构的多元性和权威的多元化存在不仅对科层组织的制度化和程序化造成冲击，也导致大学的管理事实上是传统型统治和法理型统治的过渡类型[①]，或者说是二者的混合类型。

（四）公权力的私人性

公权力的公共性很容易为大家理解和接受，但作为一种抽象存在，"无论如何都要被个人或者最多是个人的少数联合体掌握的权力总是以人的现有条件为趋向，并依附于作为主体的个人和组织。这种

[①] 苏晓秋：《学术领域的合法统治》，《清华大学教育研究》2004年第2期，第41—45页。

公共权力与个人主体的相关性,即公共权力的私人性"①。也就是说,组织的公权力的最终载体是组织成员个人,是这些个体使得组织的公权力得到实现和执行。既然公权力无论如何都无法割裂它与私人主体的天然关系,那公权力的私人主体出于人性本能必然表现为一种占有逻辑,即个人不断向周围环境占有各类资源而获取物质生存条件和精神满足。这种占有的对象首先是各类资源,它们是权力获得其实质性意义的必然客体。没有资源的追逐和占有,权力就会失去动力和方向。公权力的私人主体有时甚至利用既有的权力剥夺他人获取资源的机会,进而为自己垄断社会资源创造更有利的条件。

大学行政权力作为一种公权力也体现着这种私人性。一方面,个人出于自我满足和自我实现的动机,以个人能力和社会关系为主要因素,通过各种制度成为了公权力的私人主体,也就是大学行政权力的具体执行者。另一方面,出于权力的内在追求和资源占有,大学行政权力不断以公权力的名义制定各种规则来抢占和扩大自己的权力场域,并且不断地实行对资源的最大化占有。目前大学行政权力的泛化和对资源的强力控制就是这种公权力的私人性的重要体现。

(五) 公权力的内部监督

公权力的公共性与私人性决定了公权力既可以成为实现公共利益的权力形式,也可以成为个人或组织专权、滥权和谋私的通道。公权力的这种内在冲突要求必须对公权力进行限制,将权力严格限定在公共领域,并确保运行符合和有利于公共利益。而公权力一旦失去正确的目标和必要的限制就会走向非公共性,并最终丧失其存在的依据。而一个被授予权力的人总是面临着滥用权力的诱惑,面临着逾越正义和道德界限的诱惑,这种附在权力上的不可抵抗的咒语②从历史和现实都证明了权力需要制约。从中国大学行政权力的来源和合法性基础可以看出,中国大学行政权力主要应该受到政府和学术权力的监督,

---

① 刘圣中:《私人性与公共性》,《浙江学刊》2003 年第 2 期,第 70—74 页。
② Meinecke, Machiavellism, D. Scott, New Haven, 1957, E. 博登海默:《法理学——法律哲学与法律方法》,邓正来译,中国政法大学出版社 2004 年版,第 376 页。

但由于大学行政权力与政府行政权力天然被拴在了同一辆"马车"上[①]，导致了大学行政权力形成了"内部人监督"，也就事实上造成了无人监督。同时，由于各种原因导致的学术权力弱化，使学术权力既没办法与行政权力形成制衡机制，更没办法对行政权力形成监督。由此，我们看到，没有制衡力量和没有监督力量的大学行政权力必然自我膨胀。

认清大学与一般社会组织的区别，进而认清科层制在大学的异质性，对于大学行政权力认清自己的行使环境，进而认清自己依赖的科层制在环境中的局限性具有重要的潜在价值。只有认清了科层制在大学组织中的异质性，才能较好地纠偏大学行政权力"天下通吃"的"老子心态"，知道还有"我所不能"，也才能在行为上"谨小慎微"，知道还有"我所不应"。

第二节 恪守合法性基础

一 承认中国大学行政权力的合理存在

近几年来，社会各界和高等教育界对大学"去行政化"的问题越来越关注，特别是随着《国家中长期教育改革和发展规划纲要（2010—2020年）》的颁布，"高校去行政化"上升为国家意志后更显热闹，似乎大学一取消行政级别，大学存在的问题就一了百了；似乎大学行政权力越小，大学就越符合本身的要求；似乎学术权力越大，大学就越能健康发展。笔者认为，姑且不论取消大学行政级别的社会环境是否具备，也不论大学行政化的路径依赖，单是保持清醒头脑就显得特别重要。

首先，大学所处的时代和大学本身都发生了巨大变化。我们不能将今天的大学与学术权力至高无上的"象牙塔"直接类比，因为大学所处的"语境"、大学本身等都发生了巨大的变化。我们不能因深

---

① 冯向东：《大学学术权力的实践逻辑》，《高等教育研究》2010年第4期，第28—34页。

情缅怀过去的学术权力时代而简单地要求限制甚至取消行政权力，也不能将大学行政权力的强势简单地归结为中国传统文化的"官本位"，而是要看到大学行政权力于今日之大学存在和发展的必要性和合理性，更要看到大学行政权力于今日之大学如何要、要多少的问题。

同时，要明确大学行政权力只是大学诸多权力中的一种而已。应该说，行政权力在大学中的作用主要在于提高大学管理效率，确保大学实现目标。从这个意义上讲，大学行政权力本质上只是一种实现大学组织目标的管理模式和管理方法，应该与当前广遭各方诟病的大学行政权力泛滥区分开来。大学行政权力泛滥是指以官僚科层制为基本特征的行政权力在大学管理中被泛化或滥用，即把大学当作行政机构来管理，把学术事务当作行政事务来管理。规范权力行为和行使范围并不意味着取消权力。

再次，行政权力的泛滥并不必然意味着行政权力与学术权力的冲突。当前，许多学者在讨论行政权力与学术权力的关系时，总喜欢或习惯把两种权力置于一种互相矛盾、此消彼长的对抗关系之中。现实是大学不只存在这两种权力，即使只存在这两种权力，也不一定"非友即敌"，而要从统一观点看到两者的兼容性、互相依存性和互补性。

当前大学行政权力最主要的不是应不应该存在的问题，而是应该如何规范、如何划界行使的问题。而就目前的现状，关键在于大学行政权力行使时要坚持"实质合法和程序合法"的原则。

二 大学行政权力行使要实质和形式合法

如前所述，大学行政权力并非在大学中具有天然的合法性，它只是大学在发展过程中因为社会和大学自身的需要由政府和大学授权和让渡而来，尽管它基于各种因素取得了合法性基础，但并不意味着它一定在其合法性基础上按照一定的合法程序在行使，也就是说权力的合法存在并不当然地代表着权力的合法行使。

按照合法性理论的基本观点和前述大学行政权力的合法性基础，判定大学行政权力是否合法行使应遵循"实质合法"与"形式合法"。

所谓实质合法，也就是韦伯所说的"人们相信这个政权是合法的"[1]，就大学行政权力而言就是大学行政权力是否符合理性、正义等基本原则和大学的基本属性，是否得到大学这个学术组织成员的普遍认可，也就是是否符合前述大学行政权力合法性定义中的大学法则。

所谓形式合法主要指大学行政权力是否符合国家相关法规及大学内部相关规范性文件所规定的程序、规则和方式，也就是是否符合前述大学行政权力合法性定义中的大学法规。只要大学行政权力的生成和运行过程符合规定的程序、规则、方式，无论实质合法与否，均可视为形式合法。而公共选择理论也认为，尽管在存在利益冲突的不同个体间达成一个包容所有人利益的集体行动是不可能的，但是在对规则的选择和规则之下的行为选择这两类行为选择中只要采取集体行动必须满足的条件和程序的规则制定得到了一致同意，则执行这个规则而形成的任何决议逻辑上也就是一致同意的结果[2]。这里所说的"规则的制定"的核心就是程序。而在制订规则的程序上，由于大学是重心下沉的组织，因此，"自下而上"的程序可以导致有序结果的产生，而"自上而下"的有序安排也会产生无序[3]。

综上，大学行政权力的合法程度、被认同程度以及权力的稳定性与大学行政权力合法性的判定标准的关系可以用下表表现：

判定标准	合法程度	认同程度	稳定性
实质合法　形式合法	完全合法	普遍	强
实质不合法　形式不合法	完全不合法	无（或被迫）	危机

---

[1] ［德］马克斯·韦伯：《经济与社会》（上册），林荣远译，商务印书馆1998年版，第139页。

[2] 苏振华、郁建兴：《公众参与、程序正当与主体间共识》，《哲学研究》2005年第11期，第63—69页。

[3] ［美］伯顿·R. 克拉克：《高等教育系统——学术组织的跨国研究》，王承绪、徐辉、殷企平等译，杭州大学出版社1994年版，第27页。

续表

判定标准	合法程度	认同程度	稳定性
实质合法　形式不合法	不完全合法	较普遍	较弱
实质不合法　形式合法	不完全合法	较少	较强

第一种情形是实质与形式的双重合法。在这种情况下,大学行政权力能够获得大学成员大多数的认同,权力的稳定性较强,但可惜的是它基本上只是一种理想形态,现存的大学行政权力只能无限地趋近它。即使发展较为成熟、这种双重合法较为接近的西方大学,也存在行政权力不被认同的时候①。

第二种情形是实质与形式的双重"违法"。这种情况下,大学行政权力的确立与运行既不遵循程序,也不符合大学本质,大学管理及决策具有较大的随意性,缺少广泛的集体认同,此情形在我国许多办学层级较低、办学历史较短的大学中比较普遍。因为大学行政权力的大小与大学规模的大小和大学的文化特质有较大关系,越是规模较大的学校越有加强行政权力控制的内在驱动力,越是办学层次较低、办学历史较短的大学,其文化特质越趋向行政权力的强化。

第三种情形是实质合法而形式不合法,而形式不合法又有两种情况:一是制定规则的程序不合法。由于没有遵守规则始于基层,尽管符合大学基本特性,但认同程度并不高。二是规则下的行为选择上程序不合法,没有满足法规和科层制的内在规定性。这两者形式上的不合法都会导致行政权力自身的稳定性有所减弱。这种情形在一些历史较短、管理体制不健全的大学较为普遍,其行政权力的运行多以实质合法代替形式合法。在中国大学的实际运行中也曾经出现过重实质而不重形式的阶段,但随着中国法制化进程的加快和责任追究制的实行,大学管理者在行使行政权力的过程中更加注重形式合法。尽管在规则制定的程序合法上还存在不少问题,但自身行为在程序上的合法

---

① 王英杰:《大学学术权力和行政权力冲突解析——一个文化的视角》,《北京大学教育评论》2007 年第 1 期,第 55—64 页。

已有所改善。这固然与实质合法难以操作和表现有关，也与行政权力本身避害自保有很大关系。形式合法既有利于行政权力向大学组织的其他成员特别是学术人员解释，也有利于行政权力本身符合法律和科层制要求。

第四种情形是实质不合法而形式合法，这是中国大学目前最常见亦是最难解决的问题。由于形式合法较实质合法更易操作，更易显现，也更易于量化与评价，所以成为许多大学在建立现代大学制度过程中最直接最现实的目标。实际工作中，行政组织以符合法律条文或程序合理为由，以"民主暴力"相胁迫，甚至以形式合法为其基本工作目标或唯一工作目标，致使行政权力的行使合法（形式合法）不合理（实质合法），这是目前中国大学行政权力合法行使存在的最大问题，也是遭人诟病最多、制约中国大学发展的主要问题。

中国大学行政权力运行必须同时满足实质合法和形式合法两条原则才能取得合法性，也只有在二者最大的契合度下行政权力才能得到大学各种不同利益群体的认可，才能最大程度地提高行政组织的有效性，推动大学发展。

第三节 依赖消除与应对

一 依赖消除

资源依赖理论认为，解决单一资源或者市场的过度依赖的办法是缓和组织与不稳定状况之间可能发生的碰撞。对我国大学而言，要缓解目前的这种碰撞常态，关键在于政府放权，要真正实现市场在资源配置中起决定性作用。因为放权不仅在于取消限制，更在于资源分配与控制的调整。事实上，十八大以来的各项改革措施主要也是涉及资源分配方式的改革。比如，国务院发布的《关于深化考试招生制度改革的实施意见》要求"创造条件逐步取消高校招生录取批次"；《关于进一步落实和扩大高校办学自主权，完善高校内部治理结构的意见》提出要"探索实施高校依法自主办学负面清单管理""不得在行政审批事项公开目录之外实施其他行政审批"，"编制确需保留的评审评估评价和检查事项目录清单，不得开展目录清单外的评审评估评价和检查事项"；《关于深入推进教育管办评分离，促进政府职能转变的若干意见》提出："严格控制针对各级各类学校的项目评审、教育评估、人才评价和检查事项，大幅减少总量"。可以预见，若这些措施真正能够实现，必将不同程度改变大学对政府的依赖。

当然，既然大学消耗了社会资源，社会就要评价大学活动的有用性和合理性，但由此引发的谁有权利评价、谁来评价、按照什么标准评价等问题就显得尤为重要。尽管政府承诺引入市场机制，委托第三方评估，但若第三方背后依然是政府推动或者是第三方与政府有千丝万缕的联系，资源分配的方式依然不能打破。目前号称由第三方独立开展、实则由教育部学位与研究生教育发展中心主导的第四轮学科评估之所以引起各大学高度重视、紧锣密鼓准备，主要还是因为教育部的背景和评估结果与资源分配直接联系。所以说，资源分配方式是否能够真正落实，考验政府的决心和诚意。

从现实考量，在目前资源依赖难以一时消除的情况下，以稳定、规范和透明的方式获取资源也是消除依赖的一种途径。毕竟，"对一些组织来说，稳定性比收益和增长更为重要。重要资源的不稳定性使组织的生存变得更不确定。""只有当组织所需要的资源在环境中更加稳定和更加丰富时，才能看到组织生存的连续性。"① 因此，对大学财政性教育经费的投入实行以固定系数和各高校参数计算的定额拨款就不失为一种比较好的办法。这从政府在《关于进一步落实和扩大高校办学自主权，完善高校内部治理结构的意见》提出的"提高基本支出经费比例，降低专项经费的比例"和高校管理者提出的"当前的着力点应该是进一步提高定额拨款占总体拨款的比例，提高定额的标准，确立生均定额拨款为主的财政经费分配基本模式，让高校能够有更大的经费统筹安排自主权和办出特色的资源配置基础"② 就可

---

① ［美］杰弗里·菲佛、杰勒尔德·萨兰基克：《组织的外部控制：对组织资源依赖的分析》，闫蕊译，东方出版社2006年版，第52页。

② 徐明稚：《中国高校怎样才能办出自己的特色》（http://mxliuvip. blog. sohu. com/309154644. html）［2016 - 06 - 10］。

得到证明。

当然，定额拨款并不等于否定市场竞争。"高等教育中不同机构之间竞争不仅是可能的，而且从总体上来说是最好不过了"①，但关键在于政府是否允许和鼓励充分市场化的资源竞争。如果政府不垄断和主导各类评估，各种各样有影响力的评估和评估机构就会发展起来；如果政府鼓励和支持社会提供各种教育资源，教育资源的提供者和来源就会多样化，大学就会在各种不同的评估标准和资助标准中做出选择。自然，在资源充分竞争的条件下，大学的特色和定位就会得到充分体现，目前单一依赖政府资源而导致的"千校一面"的局面也会得到缓解。

除此以外，在目前大学依赖中占据重要地位的还有人事任命依赖。不解决校领导任命和考核问题，目前国家层面的各种放权措施在实际中都难免会打折扣，国家力推的取消大学行政级别也可能是"换汤不换药"。《高等教育法》和《中国共产党普通高等学校基层组织工作条例》都规定："普通高等学校实行党委领导下的校长负责制。"若能实行由大学举办者、师生代表、校友代表和其他利益相关者代表组成的大学校长招聘委员会，提出校长候选人选报举办者任命，并且在实际工作中能真正让校长从对上负责转变为对大学负责，这将对我国大学的发展起到巨大的推动作用。

二 大学的顺从与应对

资源依赖理论认为，组织对环境的依赖性使得外部限制和对组织行为的控制成为可能，甚至是不可避免，所以组织主要采取顺从环境、控制对特定资源的依赖和影响改变环境等策略来应对环境，获取资源。

顺从是目前我国大学处理与资源主要提供者——政府之间关系的主要策略。政府一方面通过分配办学经费、核定招生规模、人事任免

---

① ［美］玛丽·亨克尔、布瑞达·里特：《国家、高等教育与市场》，谷贤林等译，教育科学出版社2005年版，第169页。

和出台各类管理政策等法定管理权来迫使大学服从政府管理。当然，管理的过程也是资源分配的过程。另一方面又通过设立各类工程和项目、实行大学分层、强化各类考核和评估等多种手段，分配对大学发展至关重要而又不可替代的资源来增加对大学的影响途径和影响能力。例如，政府按照在校生数拨款的政策激发了高校大规模扩招的冲动，短期内实现了拉动经济、缓解就业和高等教育大众化的目标，随之而来的教育质量下滑、就业困难又导致各类质量工程和考核高校就业率等政策的出台，伴随其间的所谓专业"红黄牌"和核减招生人数等高悬利剑让大学除了顺从别无选择。同时，从理性选择的角度，既然不能、不敢、不愿也不值得有其他选择，而选择顺从反而有助于获取各种资源，何乐而不为呢。

　　当然，顺从并不是无代价的。顺从意味着决定权的损减，承认自治权的有限性，并不符合组织的长期利益。因此，"最直接的解决办法就是将组织发展成为一个依靠各种交换，较少依赖单个交换的状况"[①]。控制对特定资源或特定资源来源的依赖就成为组织的另一种必然选择。如前所述的大学对办学经费的依赖就从以前的对政府办学经费的单一依赖逐渐转变成政府投入、学杂费收入、社会服务收入和社会捐赠收入等多种依赖；而未进入"985""211"等各类工程的大学则选择突出办学特色、提高办学质量、紧密联系社会等各种途径来提高声誉，换取即使顺从也无法获得的各类资源。需要注意的是，在目前的环境中，由于政府掌握着大量资源，而大学在政府之外寻找资源的空间有限，客观上也造成了高校寻找替代资源的积极性不高，效果不好，反过来进一步加剧了大学对政府的资源依赖。

　　如果我们认为"组织不仅受到经济、社会、政治和法律环境的制约，而且事实上，法律、社会规范、价值观和政治成果，也部分地反映了组织为了实现生存、增长和增进利益所采取的行动"[②]的话，那

---

　　① [美]杰弗里·菲佛、杰勒尔德·萨兰基克：《组织的外部控制：对组织资源依赖的分析》，闫蕊译，东方出版社2006年版，第120页。

　　② 同上书，第209页。

么影响和改变环境就是可能的积极行动,其中参与标准的制定和政策的调整就是其一。对大学而言,行动之一就是向社会和政府通过不同途径、以不同方式反复说明自身的理想、规律和价值。毫不讳言,我国目前社会和政府对大学的理解和要求与大学自身的理解存在较大差距,社会和政府要求大学注重实用,而大学则强调其价值追求,两者之间差距的弥补甚至是形成张力平衡需要大学和大学学者通过媒体、论坛、智库等各种平台不断说明和鼓与呼。在具体领域,大学非常乐意派出本校专家参与国家各类项目的咨询和评审,也非常积极派出自带薪水的干部到国家各部门挂职,除了掌握话语权、获取信息和做好公关外,影响环境也是重要因素。当然,所有的出发点都是为了更好、更快、更便利地获取资源。

大学为了获取资源,可以采取各种行动影响外部环境,同时,为了更好获取资源和控制资源的分配,进行内部的机构设置也是创造环境的重要组成部分。我国大学从肇始之初到如今,校内机构的设置基本保持了与政府的同构,一方面有历史和政治的原因,另一方面就是与政府同构的校内机构方便与政府对接,从而对上获取资源,对内实现资源分配。资源依赖理论认为,组织中力量的聚集是围绕着关键和稀缺资源组织起来的,而影响组织内部机构实力的因素主要包括获取资源的能力、资源的可替代性和组织的可替代性。从这个角度就比较容易理解大学中饱受诟病的行政权力为什么凌驾于学术权力之上。实事求是地说,我们也很难想象由学术共同体来决定资源的分配和学者能获取政府控制的资源。如果资源的获取和分配方式不发生改变的话,掌握资源的校内机构和由此代表的行政权力的强势基本很难改变,自然,"去行政化"也可能变成"永远在路上"的常态。

第四节　保持张力平衡

大学权力关系和权力结构既是大学各种权力在各权力主体之间分配的结果,也是大学内外各种力量博弈的结果。这种权力分配从来就没有一劳永逸的回答,这种博弈也从来没有停止过,但在权力分配中形成权力平衡,在重复博弈中达成纳什均衡就成为了一个基本原则。

现阶段我国大学行政权力合法行使主要要解决政府与大学的权力分配和大学内部权力结构的调整两个问题,前者主要是政府与大学的权力分配问题,表现为与政府权力制衡的大学自主权;后者主要是行政权力与学术权力的博弈,表现为各自合法性再造。

一 政府与大学的张力平衡

在西方,政府与大学关系的核心是控制与自治的矛盾。西方大学发展史某种程度上就是一部政府(教会)与大学的控制与反控制的斗争史。从最早的中世纪大学迁校来捍卫学术自由和大学自治,到现在大学经常对政府事关大学的决定说"不",都反映了这种控制与反控制。也正是在这种控制与反控制的博弈中,大学捍卫了学术自由和大学自治的传统,政府也形成了不干涉学术自由和大学自治的传统。

从前面梳理我国大学权力的历史可以看出,我国政府控制与大学自治表现出与西方大学截然不同的状态。这种既是中国大学的"遗传",也是中国大学的"环境",在今天的大学仍然无处不在。近代大学的起源和定位在今天依然清晰可见,国家和政府对大学的高度控制导致的政府与大学权力分配上的"合合分分"依然"你方唱罢我登场"。跨越百年时空,大学依然故我。

保持政府与大学之间的张力平衡在西方的社会认知、法律规范和各自行为之间得到了较好实现,但作为"天生弱者"的中国大学要想在中国的社会认知、法律规范和各自行为与政府保持张力平衡不仅知易行难,任重道远,恐怕也是一种理想状态,现实难为。从制衡政府权力的另一极、涉及大学根本并以《高等教育法》形式规定的"办学自主权"的情况就可管中窥豹。

首先,办学自主权依然与政治经济同构。从 1979 年 12 月 6 日《人民日报》上苏步青等大学领导《给高等学校一点自主权》的呼吁以及随后政府及教育主管部门为了使大学更好地适应社会经济和社会发展要求"放权"给大学而制定的一系列政策到现今各项高等教育政策的制定无不优先考虑政治经济的需要,就是没有大学自身的需求。

其次,办学自主权依然路径依赖。邓小平的"所谓大学办学自主权是指大学在法律上享有的为实现其办学宗旨,独立自主地进行教学管理活动的资格和能力"[①]在实际操作中却异化成了"在有限的范围内,政府让渡给大学的一部分教育行政管理权"[②],大学自主权中的自治与自由内涵外化和窄化为大学的行政管理权,于是文化期待、社会规范、观念制度、历史制度等为人们"广为接受"的社会事实就构成了大学行政化现状的路径依赖[③]。而长期形成的"大国家,小社会"格局,也导致无所不能的行政权力不仅压缩着大学自我发展的空间,也导致大学真正意义上的自主权也要从行政权力的威权式命令中寻求正当性理由和可执行的依据。这样的路径依赖其实是一种加剧大学行政权力"无限全能"的催化剂。

再次,办学自主权依然没法落实。一方面政府对大学的直接干预已经形成惯性,而曾一度出现的"一放就乱"的情况更给政府增添了"一乱就收"的口实,而政府的惯性以及政府对大学管理权力的缺乏约束和《高等教育法》规定的大学的办学自主权缺乏可操作性等诸多因素导致大学办学自主权的无法落实。同时,大学长期形成的依附心理和大学自治能力的弱化,也变相加剧了办学自主权的落空。于是,"跑步前进",低眉邀宠,口号满嘴既成了现实的无奈选择,也成了无能无骨的真实写照。

任何人都清楚也无意否定,政府管理和大学自治对于大学发展是不可或缺的两个方面,历史也证明了二者的对立统一,但关键在于"让耶稣的归耶稣,恺撒的归恺撒,亚里士多德的归亚里士多德。"中世纪的欧洲大学通过教皇谕令确立的"法权自治"实现了收回大学特权、回归法治的目标,而中国大学自主权的实现则是延伸到大学

[①] 《邓小平文选(1975—1982)》,人民出版社1983年版,第327页。
[②] 熊庆年:《对落实高等学校办学自主权的再认识》,《复旦教育论坛》2004年第1期,第65—68页。
[③] 戚务念:《高校行政化归因与出路借鉴:组织社会学的分析》,《教育学术月刊》2011年第2期,第49—53页。

内部、控制大学的行政权力收回特权的过程①。只有大学自主权从法律的角度回归了大学本身，大学才能形成"自身的臭氧层保护"②，从而享有真正意义上的办学自主权，政府也才能依照法律对大学施加影响，二者也才能在保护各自利益的同时兼顾对方需要，张力平衡也才能形成。

二　张力平衡中的合法性再造

为中国大学学术权力与行政权力和谐共生"开药方"的研究不少，但大致都脱不了界定各自行使范围、重新配置权力等窠臼，这些建议和对策无疑是正确的，但在实际中总给人"水中花、镜中月"的感觉。谁都知道应该怎样做，谁都知道这样做不对，但愈演愈烈的"应然"与"实然"的差距生出了巨大的无法解释的空间，也许"它不只是认定一就是一，二就是二，而且还关注一何时不是一，二何时不是二"③，甚至关注一怎么就变成了二，二又怎么演化成一。从这个角度来说，合法性再造就不是建议和对策了，而成了现象和事实的描述，也成了更有价值的建议，但蕴藏其中的平衡反倒成了最贴近现实的观察。

大学的学术权力与行政权力的合法性之争既是两种权力之争，也是两种文化之争，有学者就认为："从根本上说，学术权力与行政权力的冲突起源于学者和行政管理者对于大学性质和使命的不同认识。"④ 而这种不同认识实际上也是谁主导大学发展、谁是大学正统之争，有时甚至明显地体现在大学的话语权之争，而话语权之争有学者通过研究大学网站首页新闻的内容和频率，非常形象地展现了这种

---

① 高飞：《大学"去行政化"的宪政思考》，《学园》2011年第1期，第76—79页。
② 顾建民、刘爱生：《走出教授治学的现实困境》，《中国高等教育》2011年第21期，第17—19页。
③ 张楚廷：《教育学为何需要哲学》，《高等教育研究》2011年第9期，第1—5页。
④ 王英杰：《大学学术权力和行政权力冲突解析——一个文化的视角》，《北京大学教育评论》2007年第1期，第55—65页。

话语权之争①。

　　学术权力至上的观点认为，大学作为学术和真理的殿堂应秉承学术自由、真理至上的价值追求，更应体现出与其他社会组织截然不同的理想和自由的特征。因此，知识和真理在大学中处于绝对地位，在此意义上，学术是大学之本，教师是大学主人，进而，学术权力应成为大学发展的主导，而现在"学校教育由各种科层制的行政力量所控制，导致行政权力大于教师权力和教学权力，或者以行政思维推行教育活动，造成教育教学与行政的隔离，学校官本位化，作为学校教育的主体力量——教师队伍处于各层行政权力的监控、处置、摆布和'领导'之下。"② 这样的大学充斥着僵化的科层制管理，追逐着功利性的外在目标，亵渎了大学特有的自治、平等、神圣的教育尊严。大学变成了"校长—走廊，处长—礼堂，科长—操场"的官场，大学变成了行政官员"跑马圈地逐利"的名利场。

　　行政权力导向的观点则认为，大学是社会的组成部分，它的根本任务是通过各种途径为社会提供服务，大学自身就是社会的"服务站"。因此，大学不仅是学者的天下，也是多元群体的集合，而行政权力是多元群体公共利益的"代言人"，而仅为学者群体所独享的学术权力没有能力主导大学的发展，也没有资格成为大学的"代言人。正是由于行政权力的公共性，使其"关注普遍利益而不是私人利益"③，更有利于大学张扬普适价值，更好地承担公共责任。正是由于行政权力的科层制保证了大学的服务效率和服务质量，克服了学者自由散漫带来的不足，促进和推动了大学的发展。在行政管理人员的眼中，教师"往好处说，缺乏理解能力的人，往坏处说，制造麻烦的

---

　　① 顾海兵、陈小重：《高校网站不该重官轻学》，《中国改革报》2008年12月2日第3期。
　　② 金生鈜：《中国教育制度变革滞后带来的三个问题》，《中国教育学刊》2008年第12期，第19—23页。
　　③ ［英］戴维·毕瑟姆：《官僚制》，韩志明等译，吉林人民出版社2005年版，第4页。

人和敌对的人"①，对大学发展构成阻碍的恰恰是学术权力追求的自由和自我的言行。所以，为使大学更好地服务社会，目标清晰、组织规范、管理有序、赏罚分明的科层化管理成为大学发展的必需，教师也属于被管理的对象。

从中可以看出，只要大学存在学术权力和行政权力，这两种权力的合法性之争就是大学发展无法消弭的一个常态，只是在不同的环境下此消彼长而已。大学组织中的成员都清楚，行政权力和学术权力必须保持一定的张力，而保持张力的前提是界分，没有界分的权力必然带来争夺。但分离是手段，协作才是目的，也就是说，形式上要分离，实质上必须统一。目前中国大学行政权力越俎代庖导致的两种权力纠缠不清成为了常态，所以合法性之争就比较显现。

但是，中国大学目前的这两种权力的合法性之争除了划分各自的势力范围、捍卫各自的价值、彼此抵制和排斥外，吊诡之处还在于有意识地借助对方的资本，将自己变成"寄居蟹"，通过相互妥协、共生共荣来扩大自己的权力和赢得合法性。

首先，学术权力披上了行政的外衣。在中国大学日益行政化的当下，在行政权力掌握资源分配权和话语权的现实中，学术权力自知单凭理想和呼吁难以取得自己的地位。因此，开始以学术资本为资源来获取一定的行政权力，通过披上行政权力的外衣并通过行政权力的合法行使来实现学术权力的合法性再造，进而实现学术权力难以实现的事情，提高学术权力在大学发展中的话语权，以期推动大学按学术的轨道前行。稍有成就的学者都热衷于在校内谋个"一官半职"，而这个"官"在经济待遇上不会超过他的教授待遇，"官"本职的干事平台也不是他想要追求的东西，唯一可以给他带来好处的是，"官"的身份对外可以方便寻找资源，对内可以控制资源，最终的目的都是希望做大做强自己的学术领地。除了学者自身有趋近行政权力的内在冲动外，大学也乐于以给学者"官帽"的形式来展现大学重视学术的

---

① Clark, B, R: *The Higher Education System: Academic Organization in Cross-National Perspective*, Berkey: University of California Press, 1983: 89.

形象和作为挽留学者的重要手段,似乎通过给学者"一官半职"就可以证明学者学问的高低,而这种导向更引发了学者通过"官帽"来体现自我价值的他人承认的驱动性。于是,与大学发展至关重要、掌握着重要资源的分配权、有强势话语权的科研、教学、规划、设备等岗位的领导职务就成了学者追逐的对象,一方面能带来更多利益,另一方面更能体现自己价值的重要。

笔者认为,所谓"双肩挑"的官员学者制度本身还是以彰显学术为主要目标和出发点的,认为学术人员掌握行政权力对学术的保护和张扬最差也比行政权力强,毕竟是"同行"和"内行",不管从心里的接受程度还是工作的推动力度;同时也希望学者官员更多地以学者的视角来行使行政权力,更多地以学者的身份来理解行政权力,从而保证行政权力在大学的合法性,进而在学术和管理之间架起沟通的桥梁。但不幸的是,"知识一套上追求权力这个重轭,它就失去了其本质特征,必然变为辅助性的了。将知识套在权力的战车上,也就阉割了它。"[1] 在权力的内在驱动下,学者官员开始把权力以及权力带来的丰厚回报作为首要目标,行政权力下的学术责任反而退居遥远的角落。人们突然发现,有时学者官员在行使行政权力时反倒不如行政管理人员对学术和学者有利,因为同为学者的官员正在"通过上述那个行政体系依靠非学术的因素获得巨大的学术控制权。"[2] 学者官员利用手中的权力将自身的逐利与学者的争利合法化,君不见,目前所谓行政权力对学术资源的入侵和垄断的背后有多少学者官员的身影。

其次,行政权力被赋予学术的光环。其实,行政权力也自知科层制组织与大学的传统理念和本质特征不是严格的契合,所以,行政权力就借鉴和利用学术在大学中的传统根基,凭借自己掌控的行政资本将行政权力披上学术的合法外衣,以所谓内行的专家角色遮蔽行政、管理的外行介入嫌疑,使自己的合法性更合理,更符合大学的逻辑,

---

[1] [美]刘易斯·科塞:《理念人——一项社会学的考察》,郭方等译,中央编译出版社 2004 年版,第 204 页。

[2] 韩水法:《世上已无蔡元培》,《读书》2005 年第 4 期,第 3—12 页。

确保自己的权力行使的正当性，从而更深层次控制大学的发展。因此，不少行政干部就热衷于想方设法弄一顶"教授帽"，进而名正言顺地进入学术圈和各种学术组织，而后又利用手中的权力开始在学术领域"跑马圈地"。如此"良性循环"后，行政领导既是领导又是教授，名正言顺的双重身份使其在两个完全不同的领域"游刃有余"的跨界和"通吃"。有学者以学术中的"官味度"来分析行政权力如何为自己披上合法的学术外衣①，甚为形象。而大学各级领导提拔时要求的高学历、高职称倾向和提拔之后追求高学历、高职称的倾向进一步助长了这种风气，提高了学术中的"官味度"。

应该清醒地看到，无论是学术权力还是行政权力，互相介入对方领域并借助对方资源形成自身的合法性的目的并不是要促进对方的发展，而是利用各自在大学中的合法性成分维护自身的权力和对资源更大化的占有，从而隐蔽自己对大学的独占，从根本上说还是权力扩张和逐利（力）的原始冲动。而彼此采取的这种合法性策略导致的结果很可能适得其反，在前行的道路上无法回望出发的起点，彼此都背离了大学的内涵。当学术充斥着争权夺利的官僚气息时，也就面临着异化的危机，大学也因此失去对知识和真理的敬畏以及探索的内在动力，而"官僚机构窒息了受其控制的系统或子系统，同时也窒息了自身"②。

客观地说，行政权力和学术权力彼此利用对方的优势再造自身合法性的出发点是好的，运用得当确实也能促进大学的良性发展，关键

---

① 这种"官味度"特指权力级别在学术评价中所占的比重。例如，以某全国性社会科学研究奖为样本，研究结论证明了常识：一等奖的"官味度"为2846，二等奖的"官味度"为2009，三等奖的"官味度"为1493。奖项越高，官味特征越明显。同样，以近5年全国优秀博士学位论文中的文科论文（含管理学）的导师们为样本，依然是将他们按行政级别不同而给定分数，最后取平均值。统计结果显示，获奖论文的导师的总体"官味度"接近副院长级别。更重要的一个结论是，"从五年的动态趋势看，'官味度'呈上升趋势。2007年的'官味度'比2003年高137%，年均增长24%。"参见沈亮《"官味度"揭开教育科研官本位面纱》，《今日政坛》2009年第4期，第42—44页。

② ［法］利奥塔尔：《后现代状态：关于知识的报告》，车槿山译，生活·读书·新知三联书店1997年版，第119页。

在于如何最大化地利用对方的优点,如何界定不同权力行使的场域,这只能说是一种理想的状态。

三 学术权力纠偏基础上的张力平衡

目前大多数人都认为,大学学术权力之所以彰显不力是因为大学强大的行政管理体制制约和束缚了学术权力的彰显,很少有人注意到学术权力本身出现的偏移。学术权力的客体从学术事务转移到权力本身、权力目标由追求真理转向追求利益、权力主体从学者群体转移到学者个人等偏移现象,在行政权力的"增"和学术权力的"减"中形成"马太效应",使二者明显失衡,一定程度上也妨碍了大学的发展。

首先,从学术转移到权力。就学术权力来说,不管是从权力主客体定义还是从权力来源定义甚至是本文从知识生产来定义,核心的因素都是知识和基于知识的学术,除此以外,学术权力将像大学行政权力离开大学一样无所依附和失去灵魂。而现在的学术权力正在失去灵魂,异化为权力本身。学术权力的掌控者正在利用权力赢得资本,有时甚至是利用权力压制学术,而学术本身和学术事务反倒退居次要甚至被忽略和忘记。这一异化在今天中国的大学已经显现:涉及教学各个环节的纯粹的学术事务已不能引起学者的兴趣,反倒是校外各种规划、指南的编制和各种评审更让学者感兴趣;校内许多会议都以"教学中心"作为开场白,而后学者开始谈经费、谈人事,就是不谈教育本身;今天大学里的许多教师带着"千年不变"的讲稿急匆匆地赶往课堂,开始讲社会、怨待遇,就是不讲知识和学术本身,而前述学者官员在各种场合也变得比行政官员更加具备"官的味道"。

学术权力从学术向权力的偏移不仅使学术失去支撑,而且破坏了学术彰显的土壤。"假如一种权力仅仅因为它是权力而受到人尊敬,并无其他任何原因,这种权力就是暴力。"[①] 当大学充斥着浓厚的权

---

① [英]伯特兰·罗素:《权力论:新社会分析论》,吴友三译,商务印书馆1998年版,第69页。

力暴力，学者不关系学术更关心权术时，大学不再是大学，大学被行政权力一统天下也就成为了必然。

其次，从追求真理转向追求利益。任何国家、任何领域的学者都应该是以追求知识和真理作为自身存在的使命和价值，尽管"学术世界与所有的社会世界没什么两样，也是争斗的场所；学者们彼此争夺对学术世界和一般社会世界的真理的掌握权"①，但现在却在经济的引导下部分地从学术发展转向学术利益的获得。以前"小科学"时代科研活动不计功利的绅士风度在"大科学、大工程"时代由于科研经费的大量投入被完全打破②，科学研究不仅本身利益化，也使得学者个人为利益之争逐渐演变为学者群体内部的权力之争。前述的学术权力和行政权力彼此的合法性再造从现实的角度来说还是利益。可以说，利益正使部分学者从"远离经济和工业世界，反对生活的经济化和商业化，反对实际的和理论上的物质主义和功利主义"③ 转变为经济主义的代言人、物质享受的推崇者和经济利益的争夺者。"学术研究利益化正在严重阻碍中国科学的进步，已经到了非解决不可的时候了"④，而"中国科研经费仅40%用于项目，肆意挥霍成潜规则"⑤ 的报道从一个侧面印证了"非解决不可"。

第五节 实行大学行政权力清单制度

权力清单制度是十八大以来党中央为了建立"职能科学、权责法定、执法严明、公开公正、廉政高效、守法诚信"的法治政府，基于

---

① ［法］皮埃尔·布迪厄、华康德：《实践与反思——反思社会学导引》，李猛、李康译，中央编译出版社1998年版，第103页。

② 赵群：《知识经济时代大学科研的趋势与隐患》，《江苏高教》2007年第3期，第42—44页。

③ 陈洪捷：《德国古典大学观及其对中国的影响》，北京大学出版社2006年版，第80—195页。

④ 笑蜀：《怎么让朱熹平式的成功更多涌现》，《南方周末》2006年6月8日第10版。

⑤ 《中国科研经费仅40%用于项目，肆意挥霍成潜规则》（http://news.sohu.com/20111105/n324585439.html）［2016-12-25］。

"法无授权不可为"的理念,要求政府及其组成部门依法以清单公开的形式对行政权力事项进行清理,对行政权力的职权边界、权力责任和工作流程等进行规定的一项重要行政制度安排,是全面依法治国、提升治理体系和治理能力现代化的重要举措。目前在全国上下、各行各业已经形成广泛共识,由权力清单、负面清单、责任清单构成的权力清单模式开始成为政府管理社会的手段。大学行政权力实行清单管理模式将有助于实现大学行政权力的合法治理和大学治理的现代化。

一 何以可能:逻辑与依据

大学权力多种多样,为何只有行政权力能够制订清单?从逻辑上讲,大学行政权力的本质和现代大学治理的需要让以限权为目的的清单制度在行政权力上成为可能。从现实上看,国家治理体系现代化需要而推出的清单制度以及中国大学行政权力由于遗传和环境所形成的特点或"缺点",为大学行政权力清单制度提供了外部依据。

(一) 内在逻辑:限权与治理

限权是大学行政权力的内在逻辑。在大学各种权力类型中,学术权力作为学术共同体管理大学内部各种学术事务的公权力,其产生和存在是为实现和保障学术自由,而学术自由作为教师和学生不受法律、学校各种规定的限制或公众不合理的干扰而进行讲课学习、探求知识及研究的自由[1],是基于大学的知识本质和探索知识所必需的自由。这种权力作为适用于一切法领域的客观价值秩序[2],由于对知识的探索、人类和社会的进步以及大学的发展具有非同寻常的意义,这就要求国家不仅就这种权利的行使履行消极保护的义务,还应通过组织和制度设计,促进和保障这种权利的实现[3]。换言之,学术权力从本质上就不适合以限权为目的的清单制度,反而应该遵循"法无禁止

---

[1] 美国不列颠百科全书公司:《不列颠百科全书》(国际中文版第一卷),中国大百科全书出版社1994年版,第38页。
[2] 张翔:《学术自由的组织保障:德国的实践与理论》,《环球法律评论》2012年第4期,第105—115页。
[3] 蔡海龙:《论高等学校的学术权力》,《教育学报》2016年第6期,第10—16页。

即可为"的原则。行政权力由于自身的本质使然，在追求政治合法、责任履行和资源分配的过程中，具有天然、内在的扩张冲动，在现实中由于政治权力、行政权力、学术权力、学生权力和市场权力等各种权力糅杂和集于一身，更是犹如"闯入瓷器店的公牛"在大学随意越界和侵入其他权力领域。大学行政权力为什么会屡越自身合法性基础而无解？大学行政权力的边界到底在哪里？大学行政权力如何在服务大学和学术中恪守实质合法和形式合法？产生这些问题的根本原因在于大学行政权力没有受到限制或者没有制度设计去限制大学行政权力。从"有权必受限""公权力更应受限"出发，行政权力作为各种公权力的集合，限权是必然逻辑和解决问题的必然选择，而在其他各种权力羸弱而无法与之形成平衡的状况下，以限权为出发点的清单制度更是勒住这匹脱缰野马的无奈选择。

大学行政权力清单制度是大学治理现代化的必然要求。大学治理作为大学内外利益相关者参与大学重要事项决策的结构和过程，其现代化的主要内容就是要"顺应中国国情和时代要求，完善和发展现代大学制度，构建政府、大学和社会之间的新型关系，形成政府宏观管理、大学自主办学、社会广泛参与的多元合作共治格局，建立和健全系统完备、科学规范、运行有效的大学治理结构和治理制度体系，促进大学治理体系和治理能力现代化"[1]。《国家中长期教育改革和发展规划纲要（2010—2020年）》明确提出："完善中国特色现代大学制度。完善治理结构。公办高等学校要坚持和完善党委领导下的校长负责制。健全议事规则与决策程序，依法落实党委、校长职权。"[2] 可见，多元共治的治理结构是大学治理现代化的标志和目标，而多元共治的前提是不同权力和权力主体在治理结构中都有发挥作用和保障利益的渠道和机制，让不同主体、不同利益和不同阶段的博弈能够相互平衡，实现相互制约，形成相互协调。权力清单制度就是以清单的形

---

[1] 文少保：《权力清单推进大学治理现代化的价值、困境及路径研究》，《中国高教研究》2016年第6期，第60—64页。

[2] 《国家中长期教育改革和发展规划纲要（2010—2020年）》（http://www.moe.gov.cn/srcsite/A01/s7048/201007/t20100729_171904.html）[2017-12-28]。

式明确规定不同权力和权力主体在不同范围、不同阶段的"为"与"不为"以及"何为"的问题。大学行政权力实行清单制度是建立多元共治结构和实现大学治理现代化的必然要求。某种程度而言，没有大学行政权力的清单制度，一权独大的局面就无法破解，也就无法形成多元共治的权力结构，自然谈不上大学治理的现代化。

（二）外部环境：制度与现实

国家推行清单管理为大学行政权力清单制度提供了外在的制度依据。众所周知，新中国成立以来，高等教育管理体制一直在"一收就死，一死就放，一放就乱，一乱就收"的循环往复中前行，一直在政府的"收放"担心和大学的"放担"矛盾中徘徊，没有找到比较适合中国国情和大学实情的改革之路。随着社会的发展和认识的深化，政府应该管什么、怎么管和大学应该办什么、怎么办等根本性问题逐渐达成共识，特别是党的十八大以来，党和政府为实现依法治国而推行的权力清单制度更是为大学行政权力实行清单制度提供了外部的制度依据。

具体来说，2013年党的十八届三中全会提出"推行地方各级政府及其工作部门权力清单制度，依法公开权力运行流程"，2015年3月中办、国办印发《关于推行地方各级政府工作部门权力清单制度的指导意见》，2015年12月中央全面深化改革领导小组第十九次会议通过《国务院部门权力和责任清单编制试点方案》，至此，权力清单制度在全国范围内全面铺开。为落实党和国家的工作部署，2014年国家教育体制改革领导小组办公室在《关于进一步落实和扩大高校办学自主权完善高校内部治理结构的意见》中提出："深化教育行政审批制度改革，探索实施高校依法自主办学负面清单管理，清单之外的事项由高校自主行使并依法接受政府、社会及校内监督。"[1] 2015年教育部在《关于深入推进教育管办评分离促进政府职能转变的若干意见》中又具体提出实施意见："在有条件的地方和学校开展负面清单

---

[1] 《关于进一步落实和扩大高校办学自主权完善高校内部治理结构的意见》（http://www.dgpt.edu.cn/symk/dzxw/2014-09-19-2179.html）[2017-12-28]。

管理试点，清单之外的事项学校可自主施行，要尽量缩减负面清单事项的范围，更多采取事中、事后监管方式。"[1] 按照有关文件要求，十八大以来仅教育行政审批事项，就取消了中央指定政府实施的涉及"境外办学实施专科教育或者非学历高等教育审批""自学考试专科专业审批""副教授评审权审批"等11个事项[2]，教育部取消下放了涉及"国家重点学科审批""教授评审权审批"等16个事项[3]，公布了中央指定地方实施的教育行政许可事项清单和教育部行政许可事项清单。国家和教育主管部门的这些政策导向和具体措施为制订大学行政权力清单提供了坚强的制度依据和参考路径。

　　大学行政权力面临的各种问题为实行大学行政权力清单制度提供了现实土壤。众所周知，大学行政权力由于逾越边界导致大学管理的"行政科层化、大学行政权威的绝对化、学术在大学被边缘化"[4] 以及"学术事务的行政化、资源分配的行政化、高校及其人员的行政化、人事任命和聘用的行政化"[5] 等问题有愈演愈烈之势，这种态势必然使"大学异质化，导致大学核心价值转移，大学精神不彰，大学权力错位和学术腐败"[6]。如何解决大学行政权力不受制约的问题，有人认为应该取消大学行政级别[7]；有人认为应该减少"大学被政府

---

[1] 《教育部关于深入推进教育管办评分离促进政府职能转变的若干意见》（http://www.moe.gov.cn/srcsite/A02/s7049/201505/t20150506_189460.html）[2017-12-28]。

[2] 《本届政府以来取消的中央指定地方实施的教育行政审批事项清单》（http://www.moe.gov.cn/s78/A02/A02_ztzl/ztzl_xzxk/xzxk_sxqd/201702/t20170209_295925.html）[2017-12-29]。

[3] 《本届政府以来教育部取消下放的行政审批事项清单》（http://www.moe.gov.cn/s78/A02/A02_ztzl/ztzl_xzxk/xzxk_sxqd/201701/t20170106_294142.html）[2017-12-29]。

[4] 别敦荣、唐世纲：《我国大学行政化的困境与出路》，《清华大学教育研究》2011年第1期，第9—24页。

[5] 龙献忠：《治理理论视野下的政府与大学关系研究》，湖南大学出版社2007年版，第107页。

[6] 彭道林：《大学行政化的外在表现及其危害》，《高等教育研究》2010年第10期，第19—23页。

[7] 杨德广：《关于高校"去行政化"的思考》，《教育发展研究》2010年第9期，第19—24页。

行政化,要重构学术与政治的关系,通过制度设计实现学术与政治的相对分离,让大学行政回归本位"①;有人认为应该防止大学内部行政管理过度化,要在高校内部重新进行资源配置和权力分割,通过"决策过程的分权化、学术事务管理的学术化和人员职权划分的明确化",提高学术人员在资源配置中的地位②。一言以蔽之,大学行政权力在实际运行过程中存在许多问题,这些问题为大学行政权力清单制度提供了现实土壤。尽管政府和学界为解决大学行政化的问题提出了各种思路和办法,但从实际效果来看依然有待完善。从解决实际问题和操作可行的角度出发,大学行政权力清单制度不失为解决目前大学行政化困境的办法之一。

二 关键问题:界边和章程

将权力清单制度引入大学,是推进大学治理能力现代化的有益探索和重要举措,但就大学行政权力清单这个新生事物而言,由于事涉国家、政府、社会、政党和大学的关系,事涉大学内部各利益主体之间的关系,事涉大学行政权力、学术权力、政治权力和学生权力等不同权力的边界和内容,内容广博而复杂。从抓主要矛盾和矛盾的主要方面的角度出发,制订大学行政权力清单过程中划定大学行政权力的边界和制订有效的大学章程显得尤为关键。

(一)界边:价值、法制和专业

界定行政权力的边界是制订清单制度的前提。正如孟德斯鸠所说:"一切有权力的人都容易滥用权力,这是万古不易的一条经验。有权力的人们使用权力一直到遇有界限的地方才休止。"③纵观目前大学行政化的诸多问题,不管是国家政策和体制带来的外部行政化还是大学内部管理行政化,主要问题都是大学行政权力逾越自身边界而

---

① 王建华:《中国大学转型与去行政化》,《清华大学教育研究》2012年第1期,第23—32页。
② 马健生、孙珂:《高校行政化的资源依赖病理分析》,《北京师范大学学报》(社会科学版)2011年第3期,第40—46页。
③ [法]孟德斯鸠:《论法的精神》,严复译,商务印书馆1961年版,第154页。

起。如何从价值、法制和专业的角度界定大学行政权力的边界自然成为重中之重。

从价值边界来说，行政权力在认识和处理大学事务时以追求规范和效率为价值目标，强调一元性、服从性和时效性，这种特点在一般的社会组织管理中是一种优势，但在大学这种社会和学术兼备的特殊组织管理中，由于忽视了大学知识生产的特殊性、教育本身的不确定性、大学权力结构的多样性、学者主要生活在学科和学院矩阵的现实性等问题而带来的大学管理的不确定性[①]，试图用管理的确定性来应对必然存在的不确定性，这必然导致行政权力在追求管理的确定性中逾越教育和大学的价值边界，由此而生的诸多问题都是价值边界本末倒置的结果。从权力清单的理念来说，行政权力要守住自身的价值边界就是要让其他的权力主体充分体现"法无禁止即可为"。

从法制边界而言，不管是《中华人民共和国教育法》《中华人民共和国高等教育法》等法律，还是教育行政法规、文件甚至是大学章程，都规定了大学行政权力履行公共管理职能的范围。作为一种授权性的权力主体，大学行政权力只能在法律、法规和制度的授权范围内履行职责，不能任意甚至肆意地扩充自己的权力范围或者自以为是的以公权力的名义"自我授权"，这种逾越法制边界之举于法理和法律而言都是广义上的违法。大学行政权力只有守住了自身的法制边界，才能说自己的一切行为合法，也才能得到其他权力主体的认可和实现自身的管理目标。从权力清单的角度来说，大学行政权力的法制边界就是要严守"法无授权不可为"的底线。

就专业边界而谈，专业的体现就是用专业的方法做专业的事。大学行政权权力之所以能在大学存在和发展，前提是大学本身的存在，离此，大学行政权力就是"无本之木""无源之水"。换言之，大学行政权力不同于政府行政权力，不同于社会管理的行政权力，大学行政权力只有在服务大学中才可能存在，才有存在价值。这看似不言自

[①] 李从浩：《中国大学行政权力合法性实践》，《高教探索》2015年第5期，第19—25页。

明的道理，就是大学行政权力应该固守而又难以守住的专业边界，现实中行政权力渗透和蚕食其他权力带来的大量问题某种程度上也是大学行政权力"不专业"的体现。同时，行政权力在坚持理性、正义和大学基本属性等实质性合法的基础上恪守有关法律、规章等规定的程序、规则和方式，做到实质合法和形式合法的统一，也是大学行政权力基本的专业边界，而实践中大学行政权力经常无视或无法守住形式合法的专业边界。

（二）章程：定位与重构

通过大学章程"法定"行政权力是制订清单制度的关键。大学行政权力清单只有上依国家法律法规和制度，下靠大学章程才能合理合法，自然有效的大学章程是有效的大学行政权力清单的基础和关键。

大学章程作为大学生存和发展的制度性根基，承载大学精神，彰显大学使命，是大学依法自主办学的基本依据和大学治理的"宪章"。它作为上依国家法律法规的"下位法"，主要规定作为大学举办者的政府、作为大学管理者的教育行政机关和作为办学者的大学之间的权责关系，目的是保障大学的办学自主权。众所周知，从大学的起源和发展来看，大学章程先后经历了教皇和皇室特许状、特权向法权的转变过程，在此消彼长的博弈过程中才形成了政府与大学之间以章程为"契约"的控制与自治、干预与自主的各自边界，达成了"大学治理，从源头上即依据章程进行的治理"[1] 共识。中国大学由于特殊的肇始起源、自身定位和发展历程，自治始终没有内化为大学的根基和传统，而是在长期实践中演变成中国特色的高校办学自主权。自然，大学章程在废除、取消或名存实亡的境遇下形同虚设。某种意义上来说，没有大学章程，就没有办学自主权，也就没有真正意义上的大学，也就必然有外部行政权力的渗透和蚕食。

大学章程同时也是下启校内所有规章制度的"基本法"，校内各种规章的制定必须以此为依据，而"调整内部治理结构、弘扬和保障

---

[1] 湛中乐、徐靖：《通过章程的现代大学治理》，《法制与社会发展》2010 年第 3 期，第 106—124 页。

学术自由是大学章程的核心功能"①。由于大学章程对健全内部治理结构具有基础性作用，所以完善内部治理结构就是大学章程建设的重点，其实质就是要对大学内部各主体权力，特别是行政权力和学术权力进行重新定位和制度重构，建立科学、合理、协调的运行机制。如果没有大学章程对内部各主体权力的规定和保障，内部行政权力必然越界和膨胀。

　　章程要重构高校办学自主权。高校办学自主权首先要澄清的是，它既不是政府下放或授权给高校的权力，更不是政府恩赐给大学的权力，而是大学基于学术自由和学术自治属性的与生俱来的权力，是高校的"基本人权"和高校作为独立法人组织必需和固有的"自然权利"②。高等教育作为准公共产品，"政府干预大学发展具有合法性和合理性，但并不意味着政府可以全面干预乃至控制大学，政府干预应当局限在公共领域的范围之中"③，"当政府认为受到保护的高等教育的'自治部分'的权力过大时，想的并不是废除这些特权，而只是想缩小它的范围"④。政府对大学的干预"不能超越大学作为一个具有独立法人地位的学术组织所拥有的对自身内部事务的基本自治权利"⑤。政府对大学办学的管理和监督必须通过大学章程明确其权职范围和界限，不能以高高在上的恩赐心态随意而为。章程不仅规定大学办学行为，也规范政府管理大学行为。

　　章程要重构行政权力与学术权力的关系。"中国大学的问题，根

---

　　① 顾海良：《完善内部治理结构建设现代大学制度》，《中国高等教育》2010年第15、16期，第6—7页。
　　② 阮李全：《大学章程对高校办学自主权的界分与保障》，《现代教育管理》2015年第10期，第7—13页。
　　③ 刘虹：《控制与自治：美国政府与大学关系研究》，复旦大学出版社2012年版，第53页。
　　④ [美] 伯顿·R. 克拉克：《高等教育新论——多学科的研究》，王承绪、徐辉、郑继伟等译，浙江教育出版社2001年版，第165页。
　　⑤ 刘虹：《控制与自治：美国政府与大学关系研究》，复旦大学出版社2012年版，第83页。

本原因是行政控制一切"[1]。因此，章程要明确行政权力与学术权力各自的职能使命，确立学术至上和行政权力服务、执行的理念；要划分行政权力与学术权力的界限，廓清权力主体、事项范围，在制度设计上实现权力相对分离、事务相对区分、身份相对分开，从源头上避免"双肩挑"，阻断"利用行政手段获取学术资源，利用学术成就为行政加分"[2]的情形，让"学术归学术、行政归行政"，形成有机分工、相互制约的态势；要建立行政权力与学术权力沟通协商平台，减少因分歧、利益而起的矛盾，实现共同利益的最大化。

中国大学长期形成的行政主导的管理模式有其深厚的历史、政治和文化根源，行政权力长期缺乏制度约束是主要原因。在全面推进依法治国的进程中，通过权力清单制度扎紧大学行政权力的制度"笼子"，尽管任重道远，但对于改善大学治理环境、完善大学治理结构、守护大学精神、回归大学本位，依然具有重大意义。

---

[1] 马陆亭：《制定高等学校章程的意义、内容和原则》，《高校教育管理》2011 年第 5 期，第 1—11 页。

[2] 郑毅等：《组织结构视角下的中国大学行政权力泛化》，《高等教育研究》2012 年第 6 期，第 25—29 页。

参考文献

一 中文部分

（一）著作类

[美]阿尔蒙德等：《比较政治学：体系、过程和政策》，曹沛霖等译，上海译文出版社1987年版。

[美]阿尔温·托夫勒：《权力的转移》，刘江等译，中共中央党校出版社1991年版。

[法]埃哈尔·费埃德伯格：《权力与规则——组织行动的动力》，张月等译，上海人民出版社2005年版。

[英]安德鲁·甘布尔：《政治和命运》，胡晓进译，江苏人民出版社2003年版。

[英]安东尼·吉登斯：《民族——国家与暴力》，胡宗泽等译，生活·读书·新知三联书店1998年版。

[美]彼得·布劳：《社会生活中的交换与权力》，孙非等译，华夏出版社1988年版。

[美]别敦荣：《中美大学学术管理》，华中理工大学出版社2000年版。

[美]伯顿·R. 克拉克：《高等教育系统——学术组织的跨国研究》，王承绪等译，杭州大学出版社1994年版。

[美]伯顿·R. 克拉克：《高等教育新论》，王承绪等译，浙江教育出版社2001年版。

陈洪捷：《德国古典大学观及其对中国的影响》，北京大学出版社2006年版。

成有信等：《教育政治学》，江苏教育出版社 2000 年版。

《党的十九大报告辅导读本》，人民出版社 2017 年版。

［美］戴维·伊斯顿：《政治生活的系统分析》，王浦劬译，华夏出版社 1999 年版。

［美］丹尼斯·K. 姆贝：《组织中的传播和权力：话语、意识形态和统治》，陈德民等译，中国社会科学出版社 2000 年版。

［美］丹尼斯·朗：《权力论》，陆震纶、郑明哲译，中国社会科学出版社 2001 年版。

［美］德里克·博克：《走出象牙塔——现代大学的社会责任》，徐小洲等译，浙江教育出版社 2001 年版。

邓正来：《哈耶克法律哲学的研究》，法律出版社 2002 年版。

邓磊：中世纪大学组织权力研究，人民出版社 2014 年版。

丁学良：《什么是世界一流大学》，北京大学出版社 2004 年版。

冯天瑜等：《中华文化史》，上海人民出版社 1990 年版。

［德］弗里德曼：《选择的共和国——法律、权威与文化》，高鸿钧等译，清华大学出版社 2005 年版。

高宣扬：《当代社会理论》，中国人民大学出版社 2005 年版。

郭咸纲：《西方管理思想史》，经济管理出版社 2002 年版。

［德］哈贝马斯：《合法化危机》，刘北成、曹卫东译，上海人民出版社 2000 年版。

［德］哈贝马斯：《交往与社会进化》，张博树译，重庆出版社 1989 年版。

［德］哈贝马斯：《作为"意识形态"的技术与科学》，李黎、郭官义译，上海学林出版社 2002 年版。

［美］亨廷顿：《变革社会的政治秩序》，王冠华等译，华夏出版社 1988 年版。

［美］亨廷顿：《第三波——二十世纪末的民主化浪潮》，刘军宁译，上海三联书店 1998 年版。

［美］华勒斯坦等：《学科·知识·权力》，刘健芝等译，生活·读书·新知三联书店 1999 年版。

教育部中外大学校长论坛领导小组：《中外大学校长论坛文集》，中国人民大学出版社2004年版。

[美] 杰弗里·菲佛、杰勒尔德·萨兰基克：《组织的外部控制：对组织资源依赖的分析》，闫蕊译，东方出版社2006年版。

[美] 克拉克·克尔：《高等教育不能回避历史——21世纪的问题》，王承绪译，浙江教育出版社2001年版。

[法] 克罗戴特·拉法耶：《组织社会学》，安延译，社会科学文献出版社2000年版。

李景鹏：《权力政治学》，黑龙江教育出版社1995年版。

李路路等：《中国的单位组织——资源、权力与交换》，浙江人民出版社2000年版。

[美] 李普塞特：《政治人——政治的社会基础》，张绍宗译，上海人民出版社1997年版。

李元书：《政治发展导论》，商务印书馆2001年版。

李飞：《中国高校内部管理"去行政化"研究》，世界图书出版公司2014年版。

刘泽华：《中国的王权主义》，中国社会科学出版社2000年版。

[法] 卢梭：《社会契约论》，何兆武译，商务印书馆1982年版。

卢晓中：《当代世界高等教育理念及对中国的影响》，上海教育出版社2001年版。

[美] 罗伯特·G.欧文斯：《教育组织行为学》，温建平、王越泽等译，华东师范大学出版社2001年版。

[美] 罗伯特·伯恩鲍姆：《大学运行模式》，别敦荣译，中国海洋大学出版社2003年版。

[美] 罗伯特·杰克曼：《不需暴力的权力：民族国家的政治能力》，欧阳景根译，天津人民出版社2005年版。

[美] 罗尔斯：《正义论》，何怀宏译，中国社会科学出版社1988年版。

[美] 罗纳德·H.奇尔科特：《比较政治学理论》，潘世强等译，社会科学文献出版社1998年版。

［英］罗素：《权力论——新社会分析》，吴友三译，商务印书馆 1998 年版。

龙耀：《行政权力三边界论》，广西人民出版社 2013 年版。

《马克思恩格斯选集》（第 1 卷），人民出版社 1972 年版。

《马克思恩格斯选集》（第 4 卷），人民出版社 1972 年版。

［法］马克·夸克：《合法性与政治》，佟心平等译，中央编译出版社 2002 年版。

［德］马克斯·韦伯：《经济与社会》，林荣远译，商务印书馆 1997 年版。

［德］马克斯·韦伯：《学术与政治》，钱永祥等译，广西师范大学出版社 2004 年版。

［德］马克斯·韦伯：《社会科学方法论》，杨富斌译，华夏出版社 1999 年版。

马凤岐：《教育政治学》，人民教育出版社 2003 年版。

马廷奇：《大学转型：以制度建设为中心》，社会科学文献出版社 2007 年版。

［美］迈克尔·曼：《社会权力的来源》，刘北成等译，上海人民出版社 2002 年版。

冒荣、刘义恒：《高等学校管理学》，南京大学出版社 1998 年版。

［英］米勒、波格丹诺合编：《布莱克维尔政治学百科全书》，邓正来主编译，中国政法大学出版社 1992 年版。

［法］米歇尔·福柯：《规训与惩罚》，刘北成、杨远婴译，生活·读书·新知三联书店 1999 年版。

米俊魁：《大学章程价值研究》，中国海洋大学出版社 2006 年版。

苗素莲：《中国大学组织特性历史演变研究》，华东师范大学图书馆 2004 年版。

［法］莫里斯·迪韦尔热：《政治社会学——政治学要素》，杨祖功译，华夏出版社 1987 年版。

睦依凡：《大学校长的教育理念与治校》，人民教育出版社 2001 年版。

睦依凡：《大学的使命与责任》，教育科学出版社2007年版。

［德］诺贝特·埃利亚斯：《论文明、权力与知识——诺贝特·埃利亚斯文选》，刘佳林译，南京大学出版社2005年版。

潘懋元、王伟廉：《高等教育学》，福建教育出版社1995年版。

潘懋元：《多学科观点的高等教育研究》，上海教育出版社2001年版。

庞元正主编：《当代西方社会发展理论新词典》，吉林人民出版社2001年版。

曲士培：《中国大学教育发展史》，北京大学出版社2006年版。

覃壮才：《中国公立高等学校法人治理结构研究》，北京师范大学出版社2010年版。

茹宁：《中国大学百年：模式转化与文化冲突》，知识产权出版社2012年版。

［美］斯蒂芬·P. 罗宾斯：《管理学》，窦卫霖等译，中国人民大学出版社1999年版。

孙华：《大学之合法性》，中国社会科学出版社2010年版。

［美］唐纳德·肯尼迪：《学术责任》，阎凤桥等译，新华出版社2002年版。

王逢振：《美国大学批判》，天津人民出版社2004年版。

王亚南：《中国官僚政治研究》，中国社会科学出版社1997年版。

吴康宁：《教育社会学》，人民教育出版社1998年版。

谢维和：《教育活动的社会学分析》，教育科学出版社2000年版。

熊明安：《中国高等教育史》，重庆出版社1988年版。

［加］许美德：《中国大学——一个文化冲突的世纪》，许杰英主译，教育科学出版社2000年版。

许杰：《政府分权与大学自主》，广东高等教育出版社2008年版。

徐小洲：《自主与制约——高校办学自主政策研究》，浙江教育出版社2007年版。

［古希腊］亚里士多德：《政治学》，吴寿彭译，商务印书馆1982年版。

杨洪兰等：《现代组织学》，复旦大学出版社 1997 年版。

姚启和：《高等教育管理学》，华中科技大学出版社 2000 年版。

王飞：《制度突破与文化变迁——透视中国大学发展的百年历程》，云南大学出版社 2010 年版。

俞可平：《全球化时代的"社会主义"》，中央编译出版社 1998 年版。

袁方等：《中国社会的结构转型》，中国社会出版社 1999 年版。

［美］约翰·S. 布鲁贝克：《高等教育哲学》，王承绪等译，浙江教育出版社 2001 年版。

［加］约翰·范德格拉夫：《学术权力——七国高等教育管理体制比较》，王承绪等译，浙江教育出版社 2001 年版。

［英］约翰·亨利·纽曼：《大学的理想》，徐辉等译，浙江教育出版社 2001 年版。

［英］约翰·基恩：《公共生活与晚期资本主义》，刘利圭等译，社会科学文献出版社 1999 年版。

［美］约瑟夫·劳斯：《知识与权力——走向科学的政治哲学》，盛晓明等译，北京大学出版社 2004 年版。

［法］雅克·韦尔热：《中世纪大学》，王晓辉译，上海人民出版社 2007 年版。

［美］詹姆斯·杜德斯达：《21 世纪的大学》，刘彤等译，北京大学出版社 2005 年版。

［美］詹姆斯·马奇、［美］马丁·舒尔茨、周雪光：《规则的动态演变——成文组织规则的变化》，童根兴译，上海人民出版社 2005 年版。

张斌贤等主编：《大学自由、自治与控制》，北京师范大学出版社 2005 年版。

张德祥：《高等学校的学术权力与行政权力》，南京师范大学出版社 2002 年版。

张德祥、黄福涛主编：《大学治理——权力运行制约与监督》，科学出版社 2016 年版。

张俊宗：《现代大学制度：高等教育改革与发展的时代回应》，中国社会科学出版社 2004 年版。

张维迎：《大学的逻辑》，北京大学出版社 2004 年版。

张应强：《高等教育现代化的反思与建构》，黑龙江教育出版社 2000 年版。

查永军：《大学权力冲突论》，陕西人民教育出版社 2011 年版。

朱新梅：《政府干预与大学公共性的实现：中国大学的公共性研究》，教育科学出版社 2007 年版。

朱家德：《权力的规制：大学章程的历史流变与当代形态》，中国社会科学出版社 2013 年版。

郑登云：《中国高等教育史》，华东师范大学出版社 1994 年版。

周雪光：《组织社会学十讲》，社会科学文献出版社 2003 年版。

竹立家等编译：《国外组织理论精选》，中共中央党校出版社 1997 年版。

朱家德：《权力的规制——大学章程的历史流变与当代形态》，中国社会科学出版社 2013 年版。

［波兰］兹纳涅茨基：《知识人的社会角色》，郏斌祥译，译林出版社 2000 年版。

（二）期刊类

别敦荣：《论高等学校管理权力》，《高等教育研究》2001 年第 2 期。

别敦荣：《我国高等学校管理权力及其改革》，《辽宁高等教育研究》1998 年第 5 期。

别敦荣：《学术管理、学术权力等概念的释义》，《清华大学教育研究》2000 年第 2 期。

蔡海龙：《论高等学校中的学术权力》，《教育学报》2016 年第 6 期。

陈学飞：《高校去行政化：关键在政府》，《探索与争鸣》2010 年第 9 期。

董成惠：《"权力清单"的正本清源》，《北方法学》2017 年第 2 期。

董云川：《论大学行政权力的泛化》，《高等教育研究》2000 年第 2 期。

冯向东：《大学学术权力的实践逻辑》，《高等教育研究》2010 年第

4 期。

冯向东：《高等教育结构：博弈中的建构》，《高等教育研究》2005 年第 5 期。

冯向东：《高等学校定位：竞争中的抉择》，《北京大学教育评论》2004 年第 2 期。

高丙中：《社会团体的合法性问题》，《中国社会科学》2000 年第 2 期。

高见：《大学的科层化危机及其改造》，《高教探索》2004 年第 4 期。

关辉：《大学学术权力偏移现象分析》，《黑龙江高教研究》2008 年第 11 期。

眭依凡：《论大学学术权力与行政权力的协调》，《现代大学教育》2001 年第 4 期。

郭靖超：《权力清单制度探析》，《法学研究》2016 年第 10 期（下）。

郭卉：《反思与建构：我国大学治理研究评析》，《现代大学教育》2006 年第 3 期。

甘永涛：《大学治理结构的三种国际模式》，《高等工程教育研究》2007 年第 2 期。

韩春晖等：《大学章程：我国大学治理模式变革的呼唤》，《中国高等教育》2011 年第 9 期。

韩水法：《世上已无蔡元培》，《读书》2005 年第 4 期。

胡四能：《学术权力与行政权力并非对称的概念——对学术权力与行政权力二分法的质疑》，《大学教育科学》2007 年第 1 期。

胡娟：《厘清权利性质是落实高校办学自主权的关键》，《中国高教研究》2009 年第 6 期。

郝宇青、马婧：《观念·制度·社会：实施权力清单制度面临的三大难题》，《晋阳学刊》2015 年第 5 期。

黄彬：《论公立高校外部行政权力法治化》，《教育发展研究》2015 年第 11 期。

黄彬：《高校行政权力型态及其法治化路径》，《现代教育管理》2016 年第 2 期。

韩建华：《高校去行政化的理性审视》，《教育发展研究》2010 年第 5 期。

蒋后强：《高等学校自主权及其限度》，《高等教育研究》2006 年第 2 期。

蒋达勇、王金红：《现代国家建构中的大学治理》，《高等教育研究》2014 年第 1 期。

金东瑞、韩卓、宋婉春：《国家治理现代化视角下高校行政权力规范问题研究》，《黑龙江高教研究》2018 年第 1 期。

康宁：《高等教育资源配置：规律与变迁趋势——学术、市场、政府在优化高等教育资源配置中制衡的约束条件》，《教育研究》2004 年第 2 期。

劳凯声：《创新治理机制，尊重学术自由与高等学校改革》，《教育研究》2015 年第 10 期。

罗春明、李和中：《完善高校行政权力监控体系的路径分析》，《中国高等教育》2015 年第 9 期。

林荣日：《论高校内部权力》，《现代大学教育》2005 年第 2 期。

林善栋：《去行政化与现代大学制度的建立》，《教育评论》2008 年第 6 期。

刘圣中：《私人性与公共性》，《浙江学刊》2003 年第 2 期。

刘亚敏：《大学内部权力结构及其调整》，《现代大学教育》2004 年第 2 期。

刘少雪：《我国近现代大学行政化管理模式的历史探索》，《清华大学教育研究》2011 年第 2 期。

刘金龙：《行政权力与学术权力在大学章程中的设计与重构》，《现代教育管理》2015 年第 10 期。

刘虹、张端鸿：《国家教育行政权力清单的规范研究——以教育部行政权力为研究对象》，《复旦教育论坛》2016 年第 1 期。

刘尧：《大学内部治理亟待突破的八大困境》，《高校教育管理》2017 年第 1 期。

刘亚平、山姆·布朗：《政治行政二分：起源、争议与应用》，《中山大学学报》（社会科学版）2010 年第 6 期。

刘玉君、张济洲：《高校行政权力合法性限度及其规制探析》，《现代教育科学》2017 年第 10 期。

刘冬梅：《章程视域下的大学治理法治化》，《教师教育研究》2018 年第 3 期。

李从浩：《中国大学行政权力的合法性限度》，《高等教育研究》2012 年第 5 期。

李从浩：《中国大学行政权力的合法性辩护》，《中南民族大学学报》2015 年第 1 期。

李从浩：《中国大学行政权力的合法性实践》，《高教探索》2015 年第 2 期。

李从浩：《资源依赖下的大学行为选择》，《高教探索》2017 年第 4 期。

李健希：《大学章程中的内外部关系》，《教学学术月刊》2016 年第 9 期。

李立国：《大学发展逻辑、组织形态与治理模式的变迁》，《高等教育研究》2017 年第 6 期。

李雪岩、龙耀：《教育行政权力三边界论》，《现代教育管理》2012 年第 11 期。

龙耀：《论教育行政权力的边界》，《教育学术月刊》2011 年第 6 期。

马廷奇：《大学管理的科层化及其实践困境》，《清华大学教育研究》2006 年第 1 期。

马陆亭、范文曜：《我国现代大学制度的建设框架》，《国家教育行政学院学报》2009 年第 5 期。

马健生、孙珂：《高校行政化的资源依赖病理分析》，《北京师范大学学报》（社会科学版）2011 年第 3 期。

蒲瑞：《政府与学校关系重建：一种制度分析的视角》，《教育研究》2009 年第 3 期。

彭江：《论分散化的大学公共治理》，《复旦教育论坛》2004 年第 6 期。

彭道林:《大学行政化的外在表现及其危害》,《高等教育研究》2010年第 10 期。

祁占勇:《大学章程的法律性质及其完善路径》,《高教探索》2015 年第 1 期。

秦惠民:《我国大学内部治理中的权力制衡与协调——对我国大学权力现象的解析》,《中国高教研究》2009 年第 8 期。

覃红霞:《中世纪大学自治的误读与重释》,《高等教育研究》2017 年第 6 期。

阮李全:《大学章程对高校办学自主权的界分与保障》,《现代教育管理》2015 年第 10 期。

申素平:《论公立高等学校的公法人趋势》,《清华大学教育研究》2002 年第 3 期。

申素平:《论我国公立高等学校的公法人地位》,《中国教育法制评论》2003 年第 2 期。

申国昌、周洪宇:《论教育史研究中历史与逻辑的统一》,《湖北大学学报》(哲学社会科学版) 2007 年第 1 期。

涂又光:《文明本土化与大学》,《高等教育研究》1998 年第 6 期。

唐汉琦:《论我国高等学校内部权力的构成、来源与性质》,《苏州大学学报》(教育科学版) 2016 年第 3 期。

王英杰:《大学危机:不容忽视的难题》,《探索与争鸣》2005 年第 3 期。

王英杰:《大学学术权力和行政权力冲突解析——一个文化的视角》,《北京大学教育评论》2007 年第 1 期。

王世权、刘桂秋:《大学治理中的行政权力:价值逻辑、中国语境与治理边界》,《清华大学教育研究》2012 年第 4 期。

王海莹:《以章程为载体的现代大学治理》,《江苏高教》2016 年第 5 期。

王建华:《中国大学转型与去行政化》,《清华大学教育研究》2012 年第 1 期。

王长乐:《大学"去行政化"争论的辨析》,《教育发展研究》2010

年第 9 期。

王飞、王运来：《制度拯救：大学"去行政化"及其合法性的复归》，《现代大学教育》2012 年第 2 期。

文少保：《权力清单推进大学治理现代化的价值、困境及路径研究》，《中国高教研究》2016 年第 6 期。

文明：《我国大学行政化的深层背景与根源探析》，《国家教育行政学院学报》2010 年第 4 期。

魏志荣：《大学章程：历史、现状与未来》，《现代教育科学》2016 年第 11 期。

汪渊智：《理性思考公权力与私权利的关系》，《山西大学学报》2006 年第 4 期。

谢安邦、阎光才：《高校的权力结构与权力结构的调整——对我国高校管理体制改革方向的探索》，《高等教育研究》1998 年第 2 期。

许建领：《论大学学术权力扩大的可能与限度》，《江苏高教》2001 年第 2 期。

许杰：《政府分权：大学自主的主导型因素》，《高教探索》2006 年第 2 期。

肖金林：《公立大学治理中行政权力与政治权力的冲突与协调》，《黑龙江高教研究》2017 年第 3 期。

徐浪、王建华：《论世界一流大学建设中的清单管理》，《现代大学教育》2017 年第 3 期。

宣勇：《外儒内道：大学去行政化的策略》，《教育研究》2010 年第 6 期。

阎亚林：《论我国高校学术权力行政化》，《陕西师范大学学报》2003 年第 1 期。

阎登科：《治理现代化视野下高校权力清单制度建设的现状及对策研究》，《黑龙教高教研究》2017 年第 9 期。

阎光才：《关于高校"去行政化"议题的省思》，《清华大学教育研究》2011 年第 2 期。

杨冬艳：《论公共行政权力的基本特征》，《郑州大学学报》2009 年第

6 期。

杨德广：《关于高校"去行政化"的思考》，《教育发展研究》2010 年第 9 期。

杨东平：《治理教育行政化弊端的思考》，《教育发展研究》2010 年第 9 期。

余利川、段鑫星：《逻辑、困境与规制："府学关系"的权力边界观照》，《黑龙江高教研究》2017 年第 5 期。

张康之：《合法性的思维历程：从韦伯到哈贝马斯》，《教学与研究》2002 年第 3 期。

张力、任晓春：《论我国权力清单制度的运行逻辑与现实考量》，《东南学术》2016 年第 5 期。

张应强：《大学管理现代化研究》，《高等教育研究》2001 年第 4 期。

张应强、程瑛：《高校内部管理体制改革：30 年的回顾与展望》，《高等工程教育研究》2008 年第 6 期。

张建林：《高校去行政化需要找准平衡点》，《学习月刊》2009 年第 11 期。

张洪娟：《大学治理体系中行政权力的角色定位》，《当代教育科学》2018 年第 3 期。

赵海立：《政治合法性理论及其分析架构》，《厦门大学学报》2004 年第 5 期。

赵俊芳：《论大学学术权力的合法性》，《东北师大学报》2008 年第 2 期。

赵峰：《论高校的政治权力与"去行政化"》，《西北师范大学学报》（社会科学版）2011 年第 3 期。

周光礼：《题重估与理论重构——大学"学术权力"与"行政权力"二元对立质疑》，《现代大学教育》2004 年第 4 期。

周光礼、叶必丰：《"学术权力"与"行政权力"之争的行政法透视》，《武汉大学学报》（人文社科版）2004 年第 4 期。

周光礼：《大学的自主性与现代大学制度》，《现代大学教育》2005 年第 4 期。

周光礼:《教育行政与教育法——法学视野中的学术自由与政府干预》,《江汉论坛》2003年第6期。

周光礼:《重构高校自治结构:协调行政权力与学术权力》,《中国高等教育》2005年第19期。

查永军:《中国大学"行政化"的文化背景分析》,《高等教育研究》2011年第7期。

钟秉林:《关于大学"去行政化"几个重要问题的探析》,《中国高等教育》2010年第9期。

二 英文部分

Altbach P, The Logic of Mass Higher Education, Tertiary Education and Management, 1999.

Archibugi, Daniel and David Held, Cosmopolitan Democracy: An Agenda for a New World Order, Cambridge: Polity Press, 1995.

Beetham, David, Max Weber and the Theory of Modem Politics, Cambridge: Polity Press, 1995.

Bobbio, Norberto, The Future of Democracy: a Defense of the Rules of the Game (Tran, by Roger Griffin), Edited by Richard Bellamy, Cambridge: Polity Press, 1987.

Budge, Ian, The Challenge of Direct Democracy, Cambridge: Polity Press, 1996.

C Bay, Needs, Wants and Political Legitimacy, Canadian Journal of Political Science, V, 1, 1968, (2).

Clark, B, R, The Higher Education System: Academic Organization in Cross-nationad Perspectives, Berkeley: University of California Press, 1983.

Commission On Global Governance, Our Global Neighbourhood, Oxford: Oxford University Press, 1995.

Derek Bok after 20 years at Harvard's Helm, An interview, LHE, 1990, (11).

Dibiaggio, T, A, The president's role in the quality of campus life, Educational Record, Vol. 70, 1989 (2).

Dye, Thomas R, ed, The Political Legitimacy of Market and Governments, London: JAI Press, 1990.

Finder, A, Healy, P, D, Zernike, K, President of Harvard resigns, ending stormy 5 – year tenure, New York Time, 2006, (2).

Fishkin, James S, The Voice of the People: Public Opinion and Democratic, NewHaven: Yale University Press, 1997.

For college presidents, a loss of faculty confidence can lead to war-or dialogue, CHE, 1988, (7).

Foucaul, Michel, The history of sexuality, Power knowledge: Selected tnterviews and other writings, ed, Colin Gordon, trans, Leo Marshall, John Merpham, and Kate Soper, New York: Pantheon, 1977.

Gilles Paquet, Covemance Through Social Learning, Otta wa: University of otta wa Press, 1999.

Hirst, Paul and Grahame Thompson, Globalization in Question: the internationaleconomy and the possibilities of governance, London: Polity Press, 1996.

John Scott, Studying Power, In the blackwell companion political sociology, Edited by Kata Nash and Alan Scott, Blackwell, 2001.

Karl Mannheim, Man and Society in an Age of Reconstruction, London, Routledge and Kegan Paul, 1951.

Kenichi Ohmae, The End of Nation State: The rise of regional economies, New York: The Free Press, 1995.

Lee, M, Higher Education in Hong Kong and Singapore: An optimistic or pessimistic future? Paper presented at the Australian Association for Research and Education (AARE) Sydney 2000 Annual Conference on "Education Research; Towards an Optimistic Future", December, The University of Sydney, 2000.

Lindblom, Charles E, Democracy and Market System, Oslo: Norwegian

Universities Press, 1988.

Lipset, S, M, "Some Social Requisites of Democracy: Economic Development and Political Legitimacy", American Political Science Review, Vol. 53, 1959.

Minar, Zdravko, Individuation and globalization: the transformation of territorial social organization, In Zdravko Mlinar, ed, Globalization and Territorial Identities, England, Avebury, 1992.

Ohmae, Kenichi, The End of Nation State: The rise of regional economies, New York: The Free Press, 1995.

Peter Bogason, Public Policy and Local Govemance: Institutions In Postmodern Society, Edward Elgar Publishing, 2000.

Peter Digeser, The fourth face of power, The Journal of Politics, 1992, (11).

Pfeffer, J and Salancik, G, The External Control of organizations: A Resource Dependence Perspective, New York: Harper and Row, 1978.

Power and Politics, the fifth chapter of the book called Sociology Today, by Sucan Calvent and Peter Calvent, 1992.

R, Rhodes, The New Govemance: Goveming without Government, Political Studies, XII, 1996.

Robert Leach, Janie Percy-Smith, Local Governance In Britain, New York: Palgrave, 2001.

Rothschild, J, "Political Legitimacy in Contemporary Europe", in B, Benitch, ed, Legitimization of Regimes, Beverly Hills: Sage Publications Inc, 1979.

Sartori, Giovanni, Comparative Constitutional Engineering: An Inquiry into Structures, Incentives, and Outcomes, London: Mac Millan, 1994.

Summers to step down as president at end of academic year, Harvard University Gazette, 2006, (2).

The Theories of Society, Foundations of Modern Sociological Theory, The Free Press of Glencoe, Inc, 1961.

Uilliam R, Brown, Academic politics, Alabama: The University of Alabama Press, 1982.

Walker, D, E, The president as ethical leader of the campus, Professional Ethics in University Administration, Edited by R, Stein, M, C, Baca, 1981.

WalterJ, M, Kickert, Erik-Hans, Klijin, Managing Complex Networks, London: Sage Publications, 1997.

Walzer, Michael, On Toleration, New Haven and London: Yale University Press, 1997.

World Bank, Govemance and Development, Washington, World Band, 1992.

后　　记

　　有关大学权力，特别是大学学术权力的研究一直是高等教育研究领域的一个热门话题，对此学界不仅研究较多，也研究较深，而与之形成鲜明对比的大学行政权力则几乎处于一个无人问津的境地，即使偶尔提及也基本上是在学术权力的话语之内，这与大学行政权力的职能定位、作用发挥和实际地位形成了天壤之别，这不能不说是一个有趣的现象。大多数的研究一提到大学行政权力，直接甚至是本能的反应就是行政权力强化、学术权力弱化，所以对大学"去行政化"首先从感情上就是欢呼雀跃，而从理性上既不追问"大学行政化"到底指的是什么，到底"去"的是什么，更不追问"大学去行政化"到底能不能解决中国大学存在的诸多问题，这也不能不说是一种遗憾。

　　笔者在攻读博士学位期间注意到这种现象和遗憾，想为此贡献一点绵薄之力，为此在导师冯向东教授的指导下选择了"中国大学行政权力的合法性"作为我的研究方向。攻读博士学位期间，限于自己有限的水平，许多研究非常粗糙，尚不够深入细致。毕业多年发现，尽管中国大学随着大学内外部环境的变化自身也在悄然发生变化，但大学权力结构和大学行政权力的合法行使的变化与社会的巨大变化而言甚微，甚至有某种程度的倒退。这种差距重新激起了我研究的兴趣，于是萌生了进一步修改和完善我博士论文的想法，也就出现了呈现在各位读者面前的拙作。本研究既无意于为研究颇多的学术权力"添砖加瓦"，也无意于为行政权力与学术权力的和谐共处"献计献策"，只希望对大学行政权力从相对理性的角度做一些基本的梳理和廓清，这既有利于我们客观认识大学行政权力，也有助于理性认识中国大学目前的权力现状。

通过研究，本书得出以下粗浅的结论：（1）大学行政权力是在大学历史发展中通过学者权力让渡和政府权力授权而来，是适应大学发展的内在需要从大学组织内部"生长"出来的，是大学历史实践的必然结果，也是大学发展的逻辑必然。（2）大学行政权力通过学者权力的让渡实现对大学的内部管理，通过执行政府的授权实现大学的公共职责，在二者的统一中取得自身的合法性来源。（3）在大学这个"学术—行政共同体"中，大学行政权力不能实现学术与行政的二分，也不能完全成为"学术意志"和"大学意志"的执行者，学术与行政的"共生共荣（融）"一同决定了大学的形态。（4）大学行政权力基于公共责任、科层制、政治合法和资源依赖而具有合法性基础，中国大学行政权力在此基础上还有国家主导和政党领导的合法性基础。大学行政权力遭遇的合法性危机是逾越合法性基础的结果。（5）中国大学行政权力由于自身过度强化、科层制功能失调、资源分配过度依赖政府等合法性基础的坍塌导致行政权力合法行使面临危机。（6）中国大学行政权力合法性危机要靠法律赋予大学真正的自治权来形成大学与政府的权力分配平衡和学术权力与行政权力博弈平衡才能得到解决。（7）中国大学行政权力在实践中只有做到实质合法与形式合法的统一才能具备更强的稳定性，但现实中二者的不合法都不同程度地存在，并且有用形式合法代替实质合法的趋势。（8）制订大学行政权力清单制度是实现把权力关进制度的笼子中的客观选择。

当然，笔者深知，本研究不仅粗浅，也还存在许多有待进一步完善的地方：（1）大学行政权力以及中国大学行政权力在行使哪些具体职能没有探讨，这在某种程度上影响了研究的深入。（2）大学行政权力的实质合法和形式合法在实践中如何具体体现和实现没有涉及。（3）中国大学行政权力的历史演变单从行政权力的角度廓清不够，大学行政权力的国际比较还缺乏。（4）大学行政权力清单制度的许多问题还未涉及和展开等。遗憾只能在继续研究中弥补了。

后 记

在读博期间和本书的撰写完善过程中，得到了华中科技大学、湖南大学、扬州大学、中南民族大学、武汉纺织大学等学界同仁们的教诲、启发和指正，正是他们缜密的思维方式和严谨的学术素养启发和推动我努力前行。特别感谢冯向东教授，吾师以其睿智引领我深刻观察和理解世界，努力洞察别样的生活，享受自己的幸福和内心的宁静；吾师以其学术素养、学术视野和人格魅力让我逐渐理解教育的真谛和师生的情谊，让我内生敬仰之情，行生模仿之意。吾爱真理，吾亦爱吾师。

还要特别感谢我的双亲，是他们含辛茹苦把我从大山深处送进了繁华的都市，他们的坚韧和善良督促我不断前行，提醒着我心怀感激。爱人无私的奉献和培养女儿成长的过程让我时刻思考教育的真谛和意义。最后还要感谢所有本书参考和引用的各类文献的作者，是他们的智慧给了我丰富的启迪和借鉴。

本书的出版得到了中南民族大学中央高校基本科研业务费及中南民族大学马克思主义学院学科建设经费的资助。中国社会科学出版社的各位老师，特别是田文编审高效出色的工作让本书增辉不少。要感谢的人还很多，只有长留心中，努力前行才能对得起他们的帮助和支持。

限于笔者的研究能力和研究水平，书中难免有诸多不足之处，恳请各位同行和读者不吝赐教。

李从浩
2018 年 3 月于武汉